打造世界一流创新企业

Building World-class Innovative Enterprises

陈　劲
刘海兵
著

企业管理出版社
ENTERPRISE MANAGEMENT PUBLISHING HOUSE

图书在版编目（CIP）数据

打造世界一流创新企业 / 陈劲，刘海兵著. -- 北京：企业管理出版社，2022.5

ISBN 978-7-5164-2595-4

Ⅰ. ①打… Ⅱ. ①陈… ②刘… Ⅲ. ①企业创新—研究—世界 Ⅳ. ① F279.1

中国版本图书馆 CIP 数据核字（2022）第 060287 号

书　　名：打造世界一流创新企业
书　　号：ISBN 978-7-5164-2595-4
作　　者：陈　劲　刘海兵
策　　划：朱新月
责任编辑：尤　颖　刘　畅
出版发行：企业管理出版社
经　　销：新华书店
地　　址：北京市海淀区紫竹院南路 17 号　　邮　　编：100048
网　　址：http://www.emph.cn　　电子信箱：zbz159@vip.sina.com
电　　话：编辑部（010）68701661　　发行部（010）68701816
印　　刷：河北宝昌佳彩印刷有限公司
版　　次：2022 年 6 月第 1 版
印　　次：2022 年 6 月第 1 次印刷
开　　本：710mm × 1000mm　1/16
印　　张：30.5 印张
字　　数：390 千字
定　　价：88.00 元

| 推 | 荐 | 语 |

企业家精神的核心是创新。放眼望去，每一个成功的企业家，莫论中外，无不是创新企业的掌舵人，无不是创新思维的导引者。陈劲教授和刘海兵博士最新完成的专著《打造世界一流创新企业》，展示了一批企业通过创新取得成功的甄选案例，十分精彩。希望读者细心品读时，不仅看到创新带来的丰硕成果，还能看到企业家那颗不甘平庸、追求卓越、矢志创新的心。

——中国企业联合会、中国企业家协会党委书记、常务副会长兼理事长　**朱宏任**

本书全面深入地梳理了全球创新管理领域的最佳实践，对培育我国世界一流创新企业、实现高水平科技自立自强具有重要的借鉴意义，也对全面创新管理领域的研究具有重要的价值。

——中国工程院院士、浙江大学创新与发展研究中心主任　**许庆瑞**

科技领军企业是国家战略科技力量的重要组成部分，又是创新链条上从科技创新到产业转化的重要载体和实现者。陈劲教授《打造世界一流创新企业》一书通过国内外一流创新企业的案例分析，揭示了什么是科技领军企业和成为科技领军企业的规律启示与发展路径。《打造世界一流创新企业》一书为读者带来科技领军企业通过艰苦奋斗、锐意进取实现创新引领的完整画卷。本书对促进我国科技领军企业的培育和发展具有重要参考价值。

——中国科学院科技战略咨询研究院院长 **潘教峰**

建设世界一流创新型企业是建设科技创新强国的重要实现方式，也是实现企业高质量发展的关键环节，更是企业变革与引领未来的重大战略抉择。本书对世界一流创新型企业的理论基础与典型案例进行了系统的研究梳理，涵盖了美国、德国、韩国与中国等创新型国家中不同行业的典型创新型企业，总结出创新型国家中一流创新型企业的创新体系，案例翔实，内容丰富，对我国企业构建世界一流创新管理体系具有重要的启发意义与借鉴价值。

——中国企业管理研究会会长、中国社会科学院研究员 **黄速建**

理论升华于实践，又指导实践。摆在读者面前的就是一本从世界一流企业实践中研究归纳世界一流企业管理规律，同时又对当前我国建设具有国际竞争力的世界一流企业有重要指导意义的著作。陈劲教授是我国企业技术创新与管理领域的著名学者，而创新是世界一流企业的重要基因，这本著作向读者展示了世界一流企业的成功基因。

——中国社会科学院工业经济研究所所长、研究员 **黄群慧**

创新作为世界一流企业内驱因素如何发挥作用？本书以众多案例全景呈现，深入探索有关创新的科研原创能力、成果商业转化能力以及各方协同能力，深刻揭示支撑案例企业成长为世界一流创新企业的核心要素和关键机制，总结成世界一流创新企业的共性规律。

——北京大学国家发展研究院 BiMBA 院长 **陈春花**

序言

创新是企业的灵魂，是企业持续发展的保证，是引领发展的第一动力。打造世界一流创新企业是建设科技创新强国的有力支撑，也是建设世界一流企业的重要内容。2020 年 10 月 29 日，中国共产党第十九届中央委员会第五次全体会议提出，“坚持创新在我国现代化建设全局中的核心地位，把科技自立自强作为国家发展的战略支撑”。2016 年 5 月 19 日，中共中央、国务院印发《国家创新驱动发展战略纲要》，提出到 2030 年跻身创新型国家前列，到 2050 年建成世界科技创新强国，成为世界主要科学中心和创新高地。培育世界一流创新企业，对于把我国建设成为世界科技创新强国、成为世界主要科学中心和创新高地具有重要意义。

我一直关注世界一流创新企业的发展动向，先后对谷歌、微软、IBM、3M 公司、西门子、苹果公司等进行调研，近年来与我国的优秀创新企业华为、中国中车、海尔、美的、中国电科等进行深度的科研合作，2000 年以来先后出版了《最佳创新公司》《最佳创新企业》等书。本书是在这两本书的基础上对世界一流创新企业的进一步系统研究，涵盖了美国、德国、韩国与中国等创新型国家中不同行业的创新型领军企业，力图总结出世界一流创新企业的创新战略、组织体系、资源配置和文化制度，希望对我国企业构建科技领军企业以及世界一流创新企业有借鉴价值。

在本书成书过程中，得到了中国企业联合会、中国企业家协会党委书记、常务副会长兼理事长朱宏任先生的推荐和支持，还得到了我和刘海兵博士共同的博士论文导师、浙江大学创新与发展研究中心主任许庆瑞先生，中国科学院科技战略咨询研究院院长潘教峰先生，中国社会科学院研究员黄速建先生、黄群慧先生，北京大学国家发展研究院 BiMBA 院长陈春花女士等的大力支持，并专门撰写了推荐语。同时也得到了清华大学技术创新研究中心各位师生的鼎力支持。2021 年清华大学技术创新研究中心的 12 位国内访问学者对 17 家企业的案例进行了扼要的点评。

在本书出版过程中也得到了企业管理出版社孙庆生社长、王仕斌副社长、陈静副总编、华阅分社朱新月社长的大力支持，在此表示衷心的感谢！

清华大学经济管理学院 教授 陈劲

目录

1

第 1 章

成为世界一流创新企业

现状、概念与行动

一、加快培育世界一流创新企业

党的十九大对我国企业不断增强创新力和国际影响力提出了更高的要求和新的奋斗目标，明确提出要“培育具有全球竞争力的世界一流企业”。2016 年 5 月，中共中央、国务院印发《国家创新驱动发展战略纲要》，提出到 2020 年进入创新型国家行列，到 2030 年跻身创新型国家前列，到 2050 年建成世界科技创新强国，成为世界主要科学中心和创新高地。“十四五”规划时期是我国进入创新型国家前列、全面推进世界科技强国建设的关键时期。2020 年 10 月 29 日，党的十九届五中全会提出，“坚持创新在我国现代化建设全局中的核心地位，把科技自立自强作为国家发展的战略支撑”。

2018 年 5 月 28 日，中共中央总书记习近平在中国科学院第十九次院士大会、中国工程院第十四次院士大会上的讲话中，首先肯定了党的十八大以来我国科技事业取得的历史性成就，但同时指出了亟待解决的突出问题，“我国基础科学研究短板依然突出，企业对基础研究重视不够，重大原创性成果缺乏，底层基础技术、基础工艺能力不足，工业母机、高端芯片、基础软硬件、开发平台、基本算法、基础元器件、基础材料等瓶颈仍然突出，关键核心技术受制于人的局面没有得到根本性改变。我国技术研发聚焦产业发展瓶颈和需求不够，以全球视野谋划科技开放合作还不够，科技成果转化能力不强。我国人才发展体制机制还不完善，激发人才创新创造活力的激励机制还不健全，顶尖人才和团队比较缺乏”[①]。2021 年 5 月 28 日，中共中央总书记习近平在中国科学院第二十次院士大会、中国工程院第十五次院士大会、中国科协第十次全国代表大会上的讲话中再次指出：“我国原始创新能力还不强，创新体系整体效能还不高，科技创新资源整合还不够，科技创新力量布局有待优化，科技投入产出效益较低，科技人才队伍结构有待优化，科技评价体系还不适应科技发展要求，科技生态需要进一步完善。”[②]

简而言之，科技创新驱动的企业创新能力尽管有了明显提升，取得了历史性的进步，但与世界一流创新企业相比，还存在原始创新能力不足、创新协同度不高、科技成果转化率低、产业链整体竞争力不强等不足。也正是这些不足，形成了我们学习世界一流创新企业成长经验的动力。

（一）原始创新能力不足

当前，我国经济进入转型发展的攻关期，创新能力中原始创新能力被提到前所未有的高度。原始性创新（Original Innovation，OIN）是基于中国创新发展背景提出的概念，陈劲等认为原始性创新体现为基础研究和高技术研究领域的重大发明或突破。整体来看，原始性创新内涵包含以下几点：其一，原始性创新是创新的最高层次，并强调其延展性；其二，原始性创新是实现长久竞争优势的关键途径。原始性创新多为根本性创新（Radical Innovation，RI），更强调从“0”到“1”的突破及其带来的颠覆性意义与价值实现，是其他创新的基础。本书认为原始创新能力更体现为创新主体

---

① 新华社．习近平：在中国科学院第十九次院士大会、中国工程院第十四次院士大会上的讲话，中国政府网，http://www.gov.cn/xinwen/2018-05/28/content_5294322.htm。

② 新华社．习近平：在中国科学院第二十次院士大会、中国工程院第十五次院士大会、中国科协第十次全国代表大会上的讲话，中国政府网，http://www.gov.cn/xinwen/2021-05/28/content_5613746.htm。

对根本性主导技术的控制力及其获取突破性附加价值的能力。要突破科技发展的瓶颈，实现“超越追赶”，就应重视原始性创新能力，提高国家核心竞争力[①]。因此，原始创新能力不足是中国当前创新发展中面临的最基本、最严峻的挑战。

当前，原始创新能力不足主要体现在以下方面：第一，产业链安全性不高。据数据显示，在中国工程院 2019 年展开的 26 类代表性制造业产业的产业链安全性评估结果中，仅有 6 类产业的安全性显示自主可控，占比达 23%；依赖度极高、依赖度高的产业分别占比 30.8%、0.77%。总体上看，虽 60% 的产业安全可控，但仍有 40% 的产业依赖国外。第二，中国产业处于全球价值链中低端。2019 年中国工程院对代表性制造业进行的国际对比性分析结果显示，中国的飞机、机器人、节能汽车、新材料等产业与世界尚有差距，而在集成电路、操作系统与工业软件、智能制造、航空发动机等产业,中国与世界的差距较大。第三,产业链存在严重的“卡脖子”短板。周济指出，中国在如高端芯片、核心软件、关键材料等领域产业基础能力弱，“卡脖子”的关键技术环节仍严重依赖进口，核心关键技术受制于人，存在“卡脖子”的隐患。第四,高水平科技奖项、国际量级大科学家的缺失。数据显示，中国至今为止只有一项诺贝尔自然科学奖项，国际量级大科学家数量与发达国家差距悬殊。综上所述，亟须通过科技创新，提升国家整体原始创新能力，引领经济高质量发展。

“2018 中国企业 500 强”共申报发明专利 34.55 万件，比上年大幅增

① 陈劲、谢靓红:《原始性创新研究综述》，载《科学学与科学技术管理》，2004（2）: 23 ~ 26。

长51.72%，增速较上年提高了31.79个百分点。然而，“2018中国企业500强”专利总量中，发明专利占比仅为36.16%，却远低于欧美日等发达经济体企业90%以上的占比[①]。

（二）创新协同度不高

中国产业整体的创新协同度不高是中国高质量发展中的又一大挑战，主要体现在：首先，创新主体要素间的沟通程度低，大学以及科研机构作为知识的主要生产者和提供者，与其他主体的沟通差，信任程度低，使得产生的知识商业化程度低，没有实现知识增值。何录菊、马李以浙江省台州市173家制造类企业及9所高校院所为调查对象，研究了影响双方产、学、研合作的因素，其中选择“合作伙伴缺乏诚信”“合作研发结果不佳”的企业占比高达63%和65%；其次，创新主体要素间的协调程度低，高校科研成果与企业技术需求间存在断层。孙锦礼对近5年河南省20余所应用型大学的科研成果转化情况研究发现，大量科研成果缺乏市场适应性，无法满足企业的真实需要；再次，创新主体间的合作积极性不高，由于各主体的利益不同，往往难以保障其合作密切程度。正如糜志雄、张斌分析产、学、研协同现状时指出，企业、科研机构以及高等院校不同主体之间由于在创新成果、创新理念以及利益诉求方面存在较大的差异，导致创新主体间合作的积极性程度低；最后，协同整体呈现的匹配度较低。政府制定的各项经济政策与实际经济运行实践之间的匹配度，高校研究成果与企业的技术需求之间的匹配度，系统内部知识、资源、行为的匹配度都偏低。因此，优化企业内部协同创新模式，提升创新主体要素的知识增值能力，提高创新协同度，已成为亟待解决的重要问题。

---

① 《“2018中国企业500强”榜单公布 争创世界一流企业任重道远》，载《人民日报》，2018年9月。

（三）科技成果转化率低

中国科技成果总量不断跃升，居世界前列，但科技成果转化率却较低，一方面，高校等科研机构的科研成果转化率低。公开数据显示，2014 年，科技部开展的国家主体科技计划成果统计测算结果显示，在其收集到的 9302 个样本数据中，仅有 47.3% 的课题成果得到了转化应用；2015 年，清华大学陈劲教授团队收集了全国 682 所高校关于科技成果转化率的专项问卷调查数据，经测算，"高校近 5 年的科技成果转化率平均估值为 17.6%"；2016 年，国家知识产权局展开的专利利用率测算中，以截至 2014 年年底的 905 家高校和科研机构的全部有效专利数据为研究样本，测算出"高校专利许可率 2.1%、转让率 1.5%，科研单位专利许可率 5.9%、转让率 3.5%"；基于 PatSnap 数据库 2008—2017 年的联络出售专利数据，可以推算中国科技成果转化率约为 6%，而美国科技成果转化率高达 50%。另一方面，中国专利实行一次性售卖机制，即一项专利只能属于一个合同、一个受让方，可能几个专利包含在一个技术转让合同中，而无法将专利重复出售给不同企业。美国的技术转移则采取非独家许可制，一个专利可以同时许可给不同的企业，大大增加了科技成果的转化渠道。

（四）产业链整体竞争力不强

中国是世界上产业种类最齐全的国家，拥有世界上最完整的产业体系，产业整体规模大，但如飞机、舰船、汽车的发动机和芯片等方面的生产水平不足，是中国制造业在整体产业链中的薄弱环节。中国产业链整体竞争力不强的问题显著表现在以下几点：第一，产业整体技术含量低，拥有自主知识产权的企业比重也较低。中国只有少数行业的极少数企业能够深入掌握核心技术，参与到行业核心技术的创新演进中。产业整体处于全球产业链的中低端，以简单的合成组装等 OEM 生产模式的企业占比仍然较大。2016 年，中国诸多行业的对外技术依存度超过 40%，这一指标远远高于日美等发达国家；第二，中国产业整体投入产出效率、资源配置效率低。2015 年我国创新型产业集群科技资源配置效率均值为 0.864，2016 年为 0.942，与发达国家数据仍有较大差距。整体来看，中国产业链治理模式需改进，治理水平偏低，产业集群之间的协同程度低，资源共享、创新协作程度低，资源要素在产业间的循环利用程度低；第三，产业结构整体亟须调整优化，高新技术产业占比低，发展程度不足，品牌方阵尚未形成规模。高新技术产业的发展，能够推动传统产业的升级转化，决定了产业链整体的可持续发展和持续盈利能力。但是与发达国家相比，我国高新技术企业整体起步较晚，与科研机构、高等院校难以实现高效协同发展。创新资源分布不均衡，创新网络的覆盖能力有限等问题仍然十分显著。

（五）经营能力低于国际水平

其一，国际化方面，世界一流创新企业能够有效整合全球人才、技术、管理、金融等生产要素及自然资源，形成全球化运作架构和经营布局。2018 年 9 月 2 日公布的“2018 中国跨国公司 100 大”显示，中国企业入围门槛为 72.22 亿元，比上年增长 17.49%；且海外资产占比、海外营业收入占比、海外员工占比分别为 18.79%、20.86%、9.76%，虽较上年均有提高但仍然远低于国际水平。

其二，企业效益方面，“2018 中国企业 500 强”的营业收入利润率、净资产收益率分别为 4.5% 和 9.6%，比同年世界企业 500 强低了 1.8 个百分点和 1.3 个百分点；世界 500 强平均利润 38 亿美元，中国 500 强约为其 1/4。

在世界新一轮产业变革与中国经济转型发展交汇的大背景下，国家之间的竞争就是产业链水平之间的竞争。因此，培育和发展世界一流创新企业，提升产业基础能力，改造升级传统产业，培育壮大新兴产业，促进新兴产业集群式发展，实现产业新旧动能接续转换，提升产业链整体竞争优势迫在眉睫。

创新是成就世界一流企业的核心驱动力。“世界一流创新企业”是在新时代加快培育具有全球竞争力的世界一流企业的背景下提出的新的实践概念，这一概念对创新型企业的领先状态提出了更高的要求。中国创新创业环境的日益改善，催生了一批创新型企业，同时，企业通过转型创新，实现跨越式发展，涌现出华为技术有限公司（以下简称华为）、海尔集团（以下简称海尔）、中国中车股份有限公司（以下简称中国中车）、中国电子科技集团有限公司（以下简称中国电科）等一批具有国际竞争力和影响力的创新型企业。但是也必须看到，中国企业仍普遍面临产品附加值低、全球价值链的“低端锁定”、关键技术自主可控能力弱等困局，这些短板与不足使得中国企业距离世界一流创新企业仍存在一定的差距。当今世界正处于百年未有之大变局，新一轮科技革命和产业变革正在重构全球创新格局，中国企业只有明确定位、认清差距，才能进行针对性改善，从而抓住机遇，抢占新一轮创新制高点，成长为世界一流创新企业。

二、世界一流创新企业的内涵

什么是世界一流创新企业？创新型企业、创新型领军企业和世界一流创新企业有何区别？世界一流创新企业应该具备哪些典型特点和竞争优势？以上问题是理解和学习世界一流创新企业的基础。

（一）创新型企业的内涵与本质

1912 年，“创新的先知”约瑟夫·熊彼特提出“创新”的概念，并将其定义为“生产要素的重新组合”，创新对于经济发展的驱动作用自此得到持续关注。早期“创新型企业”的相关研究主要关注知识要素和技术要素，关注企业的创新活动本身。“现代管理学之父”彼得·德鲁克首先提出“创新型组织”的概念，认为创新型组织就是把创新精神制度化而创造出一种创新的习惯。野中郁次郎关注在特定环境下的知识创造和转化行为，提出“知识创新型企业”概念。一些研究以价值创造为导向对创新型企业进行定义，关注创新型企业的绩效与价值，认为创新型企业是拥有自主知识产权的核心技术，推动新产品、新市场和新产业的形成①，持续获得创新绩效，并且具有社会影响力和辐射价值的企业②。随着人类社会和科学技术的飞

① 张良：《创新型企业发展的成功经验及其启示》，载《华东理工大学学报（社会科学版）》，2000(03)：33 ~ 40。
② 刘吉：《论创新型企业》，载《中国软科学》，2007(02)：4 ~ 7。

速发展，事物之间的联系与协同不断加深，企业创新活动的复杂性不断增强，学者和实践者逐渐意识到，创新型企业的发展与成长不是孤立的，创新型企业是以技术和知识创新为核心、技术要素和非技术要素全面协同的一个复杂系统[①]。可以看出，虽然学者们对创新型企业的定义和理解不尽相同，但是都将“创新”作为企业发展的内核。

创新型企业是以创新活动实现盈利为目的的经济组织。创新型企业是以实现创新绩效为目标，以物质基础、文化环境和创新管理能力为支撑，通过企业自主创新将创新投入转化为创新产出，打造拥有自主知识产权的核心技术和自主品牌，从而获得市场竞争优势、实现经济效益的企业。

（二）创新型领军企业的内涵与本质

在加快建设创新型国家的背景下，《“十三五”国家技术创新工程规划》曾明确提出，到 2020 年，要培育 20 家左右具有世界影响力的创新型领军企业。华为、腾讯等一批企业创新实力和国际地位的快速提升，对增强产业整体创新能力和竞争力、提升我国科技实力以及打造经济增长新动力发挥了重要作用。

与一般创新型企业相比，创新型领军企业需要在世界范围内具备一定的影响力，能够在行业内发挥一定的技术引领作用。这就要求企业以国家战略需求和社会发展需要为导向，更好地把握创新规律，瞄准科技前沿，开展应用和基础创新活动，培育先进的自主创新能力与核心竞争力，进而在国际市场上获取一定的竞争优势和影响力，获得卓越的经济收益。

---

① 郑刚：《全面协同创新：迈向创新型企业之路》，北京，科学出版社，2006。

资源基础观认为，有价值的、稀缺的和不能完全模仿、替代的资源和能力，可以成为企业竞争优势的来源，充足而独特的创新资源是创新型企业成长的基础和支撑。对于具有国际影响力的创新型领军企业，需要在更大范围、更宽领域、更深层次挖掘创新资源，更高效率地配置创新资源。创新型领军企业需要以更加开放的姿态，积极主动地融入全球创新网络和全球价值链，把握全球创新要素流动趋势，探索、引进和整合高端创新生产要素，开拓业务空间，从而为企业占据价值链高端赢得机会、掌握主动权；同时，充分利用本地人才、知识和技术资源等本地创新资源，有利于创新型领军企业在国际化经营的过程中了解和满足本地业务需求，为国际业务提供支持和保障，获取国际竞争优势，在国际市场谋取收益。

创新型领军企业是以社会和行业发展趋势为战略导向，把握创新规律，以卓越的创新管理能力和创新文化氛围，整合、利用全球创新资源开展自主创新，具备行业领先的技术水平，打造世界级、高品质的产品和服务，在国际市场拥有一定竞争优势，具有国际影响力的企业。

（三）世界一流创新企业的内涵与本质

国外学者早期用“卓越企业”（Excellence Enterprises）来代表“世界一流企业”，认为卓越企业应当实行国际化的管理。目前尚未对“世界一流企业”有明确而共识的定义，有关于世界一流创新企业的研究少且分散，主要集中在科技创新体系的总体特征、演化路径、创新模式、创新组织、创新能力等方面。然后，从企业层讨论成长为世界一流企业的科技创新管理机制的研究还不够深入，具体表现在：内容维度和底层逻辑尚不清晰，总体处于案例描述式的表层和浅层，缺乏基于典型案例的深度挖掘和剖析。

国务院国有资产监督管理委员会提出培育世界一流企业要实现“三个

领军”“三个领先”“三个典范”，其中，“三个典范”是指要成为践行绿色发展理念的典范，成为履行社会责任的典范，成为全球知名品牌形象的典范。麦肯锡认为，世界一流企业要做大（规模），做强（业绩、产品、品牌、价值），基业长青（愿景、价值观、使命与文化、治理与管理体系）。可以看出，对于世界一流创新企业而言，不仅是创新投入更加充足、科学，创新文化更加开放、宽容，研发设备更加先进，创新产出更加高效率、高质量，企业规模、效益和品牌价值方面具有其他企业难以超越的领先地位，还是经济价值和社会价值创造双重使命驱动的共益企业，高层次的使命与具有前瞻性的战略不可或缺。综合不同观点，借鉴早期的 Drucker（1954）、Porter（1985）、Newman and Chen（1999）、Peters and Waterman（1982）、Collis（1994），总结起来卓越企业具有以下核心属性：规模合理、专注主业；贴近客户、优质产品；自主创新、核心专长；结构简单、柔性管理；价值驱动、持续变革；全球运营、国际竞争。

同时，使命引领也是世界一流企业培育动态能力、实现持续创新绩效的根本驱动。毫无疑问，“世界一流创新企业”不可能是一蹴而就的，而是在时代大浪淘沙中能够持续获得竞争优势的企业，这就需要企业具备动态能力，在不稳定（volatile）、不确定（uncertain）、复杂（complex）、模糊（ambiguous）的竞争环境中，能够迅速整合、建立和重构其内外部能力，以适应快速变化的环境并获得竞争优势，实现基业长青。在这一过程中，企业的持续创新战略不容忽视。企业的动态能力具有路径依赖性，企业当前的资源和能力基础受到企业先前路径的影响。因此，企业需要遵从整体性、全局性、非线性思维，时刻关注人类发展所面临的挑战和全球问题，从中识别行业发展的机遇与危机，调整自身使命、愿景和战略定位。企业只有将使命与行业前景、社会的可持续发展及人类进步相融合，并通过持续创新，在前沿和基础领域掌握核心技术，占领创新高地与价值链高端，才能满足市场需求，获得竞争优势，实现持续增长，最终成长为世界一流创新企业。

世界一流创新企业以推动社会发展为使命导向，以世界一流的创新管理模式为基础，占据国际资源配置主导地位，持续进行前瞻性、基础性创新，引领全球行业发展和技术进步，始终保持核心技术高度自主可控，从而在经济效益、企业规模、品牌价值、市场能力方面具有卓越表现，同时，能够满足人类对美好生活的需要，推动社会发展，带来巨大社会效益。

因此，打造世界一流创新企业，既要求企业具有持续的自主创新能力，又要求企业建立和完善利于创新的内在机制；不仅要求企业关注自身规模和效益，还要求企业具有整体观，关注社会需要和人类发展，形成科技创新和制度创新双轮驱动，实现经济效益与社会效益同步发展的双重价值。世界一流创新企业是科技创新强国建设的“领头雁”，纵观企业发展史和世界企业500强，以及那些对人类社会和产业进步发挥重要推动作用的卓越企业，企业必须认识到，世界一流创新企业不是单纯规模大、产值高或市场占有率高的企业，也不单是具备单一市场、单一技术或单一产品优势的企业，更不是单纯追求经济效益的企业。世界一流创新企业是立足本土，面向全球，愿景清晰，使命高远，秉持企业家精神，有效把握和运用企业经营管理基本规律，依靠艰苦奋斗和持续创新持续引领企业和产业技术跃迁，从而有能力、有效和持续地进行经济价值创造，同时承担社群与国家发展使命的企业。

三、本书的基本逻辑

习近平总书记在党的十九大报告中指出，创新是引领发展的第一动力，是建设现代化经济体系的战略支撑。核心技术买不来，等不来，只有自己干出来。中央企业要专注实业、做强主业、创新创业，大力实施创新驱动发展战略，发挥主力军作用，加快突破关键核心技术，在新一轮产业革命中占据有利地位，把竞争和发展的主动权牢牢掌握在自己手里，培育一批引领全球产业和技术发展、具有国际话语权和影响力的领军企业，使我国成为世界创新版图的重要一极。

2006 年，科技部、国务院国资委、中华全国总工会三部门联合启动了创新型企业试点工作，发挥先进示范作用，促进企业成为技术创新的主体，激发企业自主创新活力。国务院国资委明确"十二五"时期中央企业"做强做优，世界一流"发展战略目标，研究制定《做强做优中央企业、培育具有国际竞争力的世界一流企业要素指引》等文件，将"四强（自主创新能力强、资源配置能力强、风险管控能力强、人才队伍强）""四优（经营业绩优、公司治理优、布局结构优、企业形象优）"、世界一流企业"四个特征（主业突出，公司治理良好；拥有自主知识产权的核心技术和国际知名品牌；具有较强的国际化经营能力和水平；在国际同行业中综合指标处于先进水平，形象良好，有一定的影响力）"进行了全面深入分析，形成了 13 项对标共性要素，这是中央企业由中国一流向世界一流迈进的行动指南。13 项要素包括：建立起规范健全的法人治理结构，主业突出、具有较强的竞争力，自主创新能力强、拥有自主知识产权的核心技术，发展战略性新兴产业具有明显优势，国际化经营与运作能力较强、跨国指数较高，拥有国际知名品牌，具有合理的经济规模和较强的盈利能力，内部改革适应国际竞争要求、激励约束机制健全，集中有效的集团管控模式，风险管理体系完善、拥有较强风险管控能力，管理信息化处于较高水平，重视领导力建设、建立起学习型组织，具有先进独特的企业文化和较强的社会责任。

继党的十九大对我国企业不断增强创新力和国际影响力提出了更高的要求和新的奋斗目标，明确提出要“培育具有全球竞争力的世界一流企业”后，2018 年 4 月 21 日，由国务院国资委新闻中心、国务院国资委研究中心、经济参考报社共同主办第二届“中国企业改革发展论坛”，其主题为“新时代 · 新举措 · 新作为培育具有全球竞争力的世界一流企业”。当日众多企业家和专家学者在现场分享观点，碰撞思想。2018 年 6 月，围绕打造世界一流企业，国务院国资委组织了多个专题调研，分别在中国航天科技集团有限公司、中国建筑集团有限公司（以下简称中国建筑）、中国石油天然气集团有限公司召开三场座谈会。会议要求，要把培育具有全球竞争力的世界一流企业作为中央企业改革发展、建立中国特色现代企业制度的核心目标，坚持面上引导和重点培育相结合，充分发挥企业主体作用，积极发挥行业协会等对标引导、撬动助推作用。2018 年 9 月，一年一度的中国 500 强企业高峰论坛在陕西西安举行，大会的主题是“践行高质量发展，争创世界一流企业”。与会人士提出中央企业要打造世界一流企业，要做到“三个领军”“三个领先”“三个典范”。“三个领军”是成为在国际资源配置中占主导地位的领军企业，成为引领全球行业技术发展的领军企业，成为在全球产业发展中具有话语权和影响力的领军企业。“三个领先”是指效率领先、效益领先、品质领先。“三个典范”是指要成为践行绿色发展理念的典范，成为履行社会责任的典范，成为全球知名品牌形象的典范。

2019 年 1 月，国务院国资委明确了 10 家中央企业为创建世界一流示范企业，将在未来 3 年左右的时间有针对性地铺开多领域综合性改革举措，重点探索培育具有全球竞争力的世界一流企业的有效途径。企业包括中国航天科技集团有限公司、中国石油天然气集团有限公司、国家电网有限公司（以下简称国家电网）、中国长江三峡集团有限公司、国家能源投资集团有限责任公司、中国移动通信集团有限公司（以下简称中国移动）、中国航空集团有限公司、中国建筑、中国中车和中国广核集团有限公司。此次选定的第一批 10 家示范企业涵盖了航空、能源、投资建设等领域的多类型企业，将有效促进未来在更广范围内培育具有全球竞争力的世界一流企业。2020 年 6 月 13 日，国务院国资委正式印发的《关于开展对标世界一流管理提升行动的通知》明确提出，到 2022 年，国有重点企业基本形成系统完备、科学规范、运行高效的中国特色现代国有企业管理体系，企业总体管理能力明显增强，部分国有重点企业管理达到或接近世界一流水平。2021 年 3 月，国务院国资委印发通知明确提出，按照对标世界一流管理提升行动总体安排，自 2021 年至 2022 年底，按照选育结合、适时评估、动态调整的基本原则，分层分类总结提炼管理提升成功经验，创建管理标杆企业、标杆项目和标杆模式。8 月公布了管理标杆企业、标杆项目和标杆模式（以下简称“三个标杆”）名单，“三个标杆”包含 200 家标杆企业、100 个标杆项目和 10 个标杆模式。其中，中央企业 143 家标杆企业、81 个标杆项目和 9 个标杆模式，地方国资委监管企业中 57 家标杆企业、19 个标杆项目和 1 个标杆模式。

世界一流创新企业的内涵和核心特征为我们选择理想的分析样本提供了理论基础。当然，世界一流创新企业的成长是一个动态的过程，华为、海尔、中国电科、美的集团股份有限公司（以下简称美的）等一批后发企业克服资源和市场的双重劣势，凭借持续的创新逐步提升了自身生态位。因此，依据世界一流创新企业的核心特征，本书最后选择西门子股份公司（以下简称西门子）等9家世界一流创新企业和8家最有希望成为世界一流创新企业的中国创新领军企业，共17家企业作为分析的对象，如表1-1所示。

表1-1 世界一流创新企业分析样本

公司	国家	所属产业	2020年研发投入/百万元	研发强度/%
西门子	德国	电子及电子设备	48817.0（2019年）	7.0
3M公司	美国	材料化工	12957	3.49
IBM	美国	软件及计算机服务	43695	8.6
三星	韩国	电子及电子设备	124529.1（2019年）	8.8
微软	美国	软件及计算机服务	132948	13.47
苹果公司	美国	硬件及设备	129368	6.8
亚马逊	美国	软件及计算机服务	155931（2017年）	12.41
谷歌	美国	软件及计算机服务	193000	15.1
特斯拉	美国	汽车及零部件	10287	4.25
中国中车	中国	硬件及设备	13579	5.96
国家电网	中国	能源	10248	0.39
中国电科	中国	通信与电子设备	950（2019年创新基金）	0.42
美的	中国	硬件及设备	9638	3.4
海尔	中国	硬件及设备	6267	3.0
华为	中国	硬件及设备	141893	15.9
京东方	中国	电子及电子设备	9441	6.97
科大讯飞	中国	硬件及设备	2420	18.6

一个十分有趣的现象是，我们遴选出的 17 家企业主要参考了技术创新能力强、行业地位显著、经营业绩卓越等核心指标，当把它们按照成立时间纵向地排列起来时，会发现世界一流创新企业的成长有鲜明的时代特征烙印，如成长于 19 世纪电气化时代的西门子、明尼苏达矿务及制造业公司（以下简称 3M 公司）、医药、能源、电力等行业所需的电力设备、电器设备以及工业材料是它们的优势产品；20 世纪 30 ~ 40 年代正是计算机迅速发展的时期，国际商业机器公司（以下简称 IBM）、三星集团（以下简称三星）借机成长为计算机世界的引领者，也包括后来的苹果公司；20 世纪 70 年代以后，随着计算机应用日益广泛，依托计算机的专业化功能成为世界一流创新企业新的诞生地，具有代表性的就是专注于计算机操作系统等软件的微软；20 世纪 90 年代信息技术的发展，则催生了以信息、数据能力为核心能力的世界一流创新企业，搜索巨头谷歌、"万物商店"亚马逊公司（以下简称亚马逊）很好地揭示了这个时代正在变化的一切，一边是人们借助强大的数字搜索工具认知世界，尽管也许会让我们的学习和阅读变得"支离破碎"，但毫无疑问的是这种工具大大地拓宽了我们的认知空间，"天下事无所不知"由此开启；另一边是使用信息化的工具解决衣食住行中的信息不对称问题，而亚马逊则是"万物商店"的开创者。作为一种新的技术范式，信息技术似乎蕴藏着无穷的能量，在其日趋成熟的过程中，人们正在用信息技术改变传统的行业，特斯拉用 IT 理念来造汽车就是例证，颠覆性创新正在模糊行业边界，也在重塑社会生产力。这 9 家世界一流创新企业清晰地呈现了人类社会由工业社会进入计算社会再到信息社会的巨大进步，也或者说，让我们看到了世界一流创新企业必须是"时代的企业"。

对于中国的 8 家创新领军型企业，同样如此。中国中车的历史底蕴和工业基础最为深厚，最早可追溯到 1881 年；国家电网、中国电科是发展壮大起来的事关国计民生的关键行业，举国体制、资源统一配置是这类企业的显著特征；1978 年党的十一届三中全会的胜利召开，实现了中华人民共和国成立以来党的历史上具有深远意义的伟大转折，开启了我国改革开放和社会主义现代化建设的新时期，全会做出实行改革开放的历史性决策，直接激发了 20 世纪 80 年代开始国有或集体经济转制的热情，也激发了民营企业的蓬勃发展，先后涌现出了美的、海尔、华为等一批创新型领军企业；20 世纪 90 年代开始，中国企业同样抓住了信息技术带来的巨大机遇，京东方科技集团股份有限公司（以下简称京东方）和科大讯飞股份有限公司（以下简称科大讯飞）很好地利用了这种机遇，积极拥抱新的技术变革，大力实施产品和管理的数字化变革，创新能力和经营业绩持续提升。

从上不难看出，鲜明的时代特征揭示了世界一流创新企业成长的逻辑，这也恰恰形成了本书的叙事逻辑。通过对 17 家企业独特的创新优势、创新经验和创新做法的阐述，深刻揭示支撑案例企业成长为世界一流创新企业的核心要素和关键机制，进而再次回到案例企业所在情境，包括但不限于产业发展生命周期、技术和知识、产业链的生态特征、国际化程度等，总结为世界一流创新企业的共性规律。

世界一流企业分布在不同的产业特征和技术产品情境中，通过跨案例比较分析 17 家世界一流企业共同的成长规律是艰难的，但意义重大，不仅从路径、机制上丰富了关于世界级企业的理论体系，也从实践上回应了中国企业后发超越追赶（beyond catching-up）过程中的实践关切。世界一流创新企业成长规律如图 1-1 所示，从创新战略、研发组织、研发投入、创新管理系统、创新生态系统、创新文化和数字化创新等 8 个要素方面刻画了具体的特征。需要说明的是，这 8 条规律构成了成长为世界一流创新企业的基本面，而不是全部，因为世界一流创新企业必须是“时代的企业”。

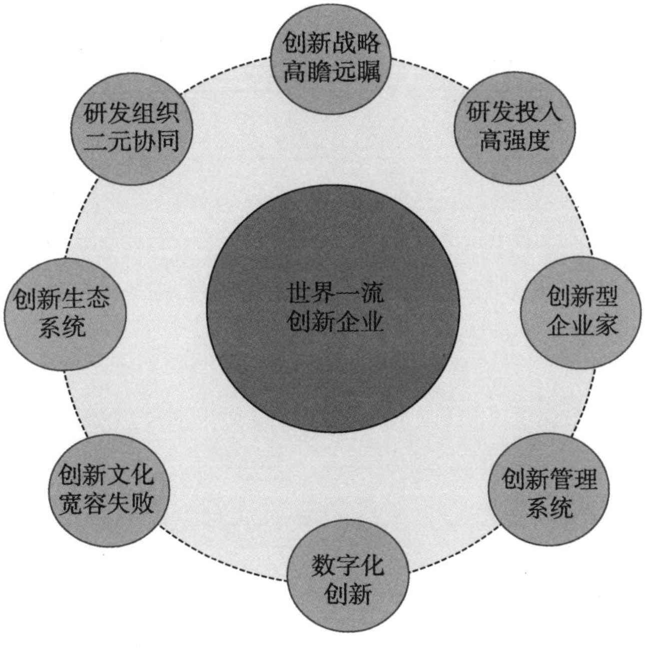

图 1-1　世界一流创新企业成长规律

第 2 章

西门子

技术发展潮流的引领者

西门子是全球领先的技术企业，创立于 1847 年，业务遍及全球 200 多个国家，员工总数近 9 万人，专注于电气化、自动化和数字化领域。西门子的核心业务有能源、医疗、工业和基础设施与城市 4 个领域，是全球最具创新能力的企业之一。西门子致力于引领技术发展潮流，专注于通过自身技术为客户及其他利益相关群体带来切实的利益，推动可持续发展。

西门子根据 2014 年发布的“2020 公司愿景”，于 2018 年发布“公司愿景 2020+”，确定了新的公司组织架构：三大“运营公司”以及三大“战略公司”。其中，西门子数字化工业集团是工业自动化、电气自动化、工业数字化、工业 4.0 和智能制造领域的创新引领者，提供数字化工厂解决方案；西门子油气与电力集团主要提供绿色清洁能源技术、分布式电力解决方案，智慧电网借助电网级储能和 Power-to-X 等技术实现供需互连等；智能基础设施致力于智能地连接能源系统、楼宇和工业；西门子交通有限公司涵盖交通管理、电气化和交钥匙系统工程、轨道车辆和客户服务；西门子医疗系统有限公司致力于精准医疗和智慧医疗。

根据西门子官网数据报道，2019 财年西门子在全球范围内共申请约 3750 项专利，2020 年则提交了 2740 项专利与 5120 份发明披露报告，平均每个工作日有 23 项发明专利。若不包括西门子能源公司，截至 2020 年底西门子共拥有 42900 项已颁发的专利。西门子已经成为欧洲范围内申请专利最多的公司，也是全球技术创新能力领先的公司。在西门子的多项创新中，有几项发明真正成了技术史上的里程碑，其中包括：计算机断层成像技术（1974 年）、4 兆位 DRAM 芯片（1988 年）、单铸风力发电机叶片（2000 年）、一款创纪录的燃气轮机（2009 年）和 PLM 工业软件（到 2013 年为止）。

一、潮流设定者（Trendsetter）战略

创新是西门子百年来保持竞争优势的最核心资产。有战略规划的创新是确保未来创新成功的基础，提前创新也是西门子未来追求成功的保障，西门子将技术创新重点定位于发展主导未来趋势的技术，加上“一个西门子”的全盘管理模式，西门子提出了5个在创新因素中的优先点：获得在科技中的领导角色地位、推广开放式创新、数字化驱动、打开新成长区域、保持商业优越。“探索未来去创造长期的成功”是西门子的创新战略的坚持。

西门子的创新战略可以用一个词表示，就是潮流设定者（Trendsetter）战略，指要创立一种市场上必不可少的新技术，从而获得高额利润的战略。西门子认为该战略要依靠强大的技术力量作为后盾，特别是对那些关键技术，以及那些会对市场产生破坏性或革命性影响的技术进行掌握，并获得专利。此外，潮流设定者战略还必须与公司的业务战略紧密结合。作为技术开拓者（见图2-1），西门子一直要求自己走在行业领先的位置。一方面，聚焦主导未来趋势的技术，构建相应技术组合，在核心业务领域树立技术领导者地位；另一方面增加趋势主导技术的发展模式，提高开放式创新水平，同时关注研发投入产出效率。

为了更好地判断未来趋势，决策未来技术发展方向，西门子在制定创新战略的过程中，采用了系统可靠的战略决策工具箱。“未来之窗”是技术部门研究出来评估未来走向的一种可靠方法，借助一整套系统而可

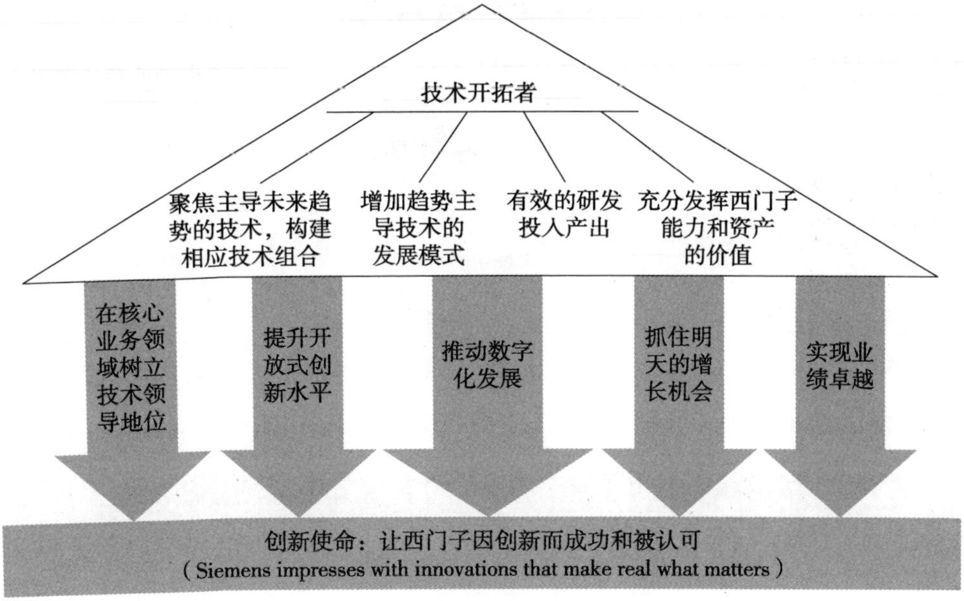

图 2-1　西门子的创新战略愿景、使命与目标

靠的测量工具，以面向未来的外推法和面向现在的回溯法为基础，通过对未来的预测和对现在的全景描绘而定位技术的发展轨迹，寻找合理的目标和实践路径，从而最大限度地优化研发工作，使知识产权部能够预见商业领域的开发趋势和抓住新业务机会。外推法是指从今天的事推导明天的状况，依据现有的技术水平和发展速度做出客观、合理和精确的估计；回溯法是通过想象未来 10 年、20 年和 30 年应该的状况，回归到现状后决定应该做什么。另外，“未来之窗”也可以认清能够带来经济增长点的技术，使得把握技术突破、了解未来客户需求、寻找新业务机会融为一体，如图 2-2 所示。

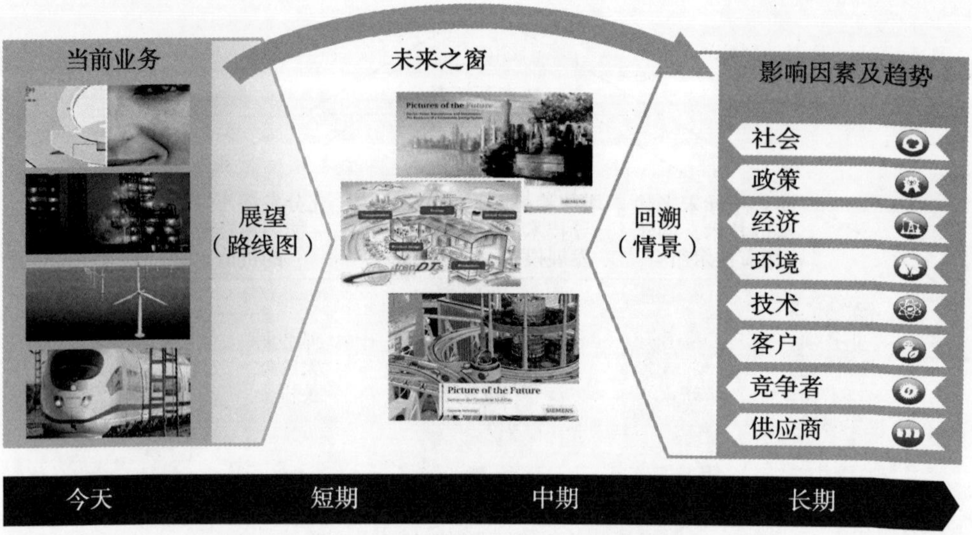

图 2-2 西门子的战略规划工具

二、中央研究院主导的研发组织体系

西门子的科技与创新管理部门的组织结构及其功能概要如图 2-3 所示，下设管理小组、战略小组、区域部门、战略与组合部门、外部合作部门、愿景与技术搜索部门、信息情报研究部门和沟通与传媒部门。

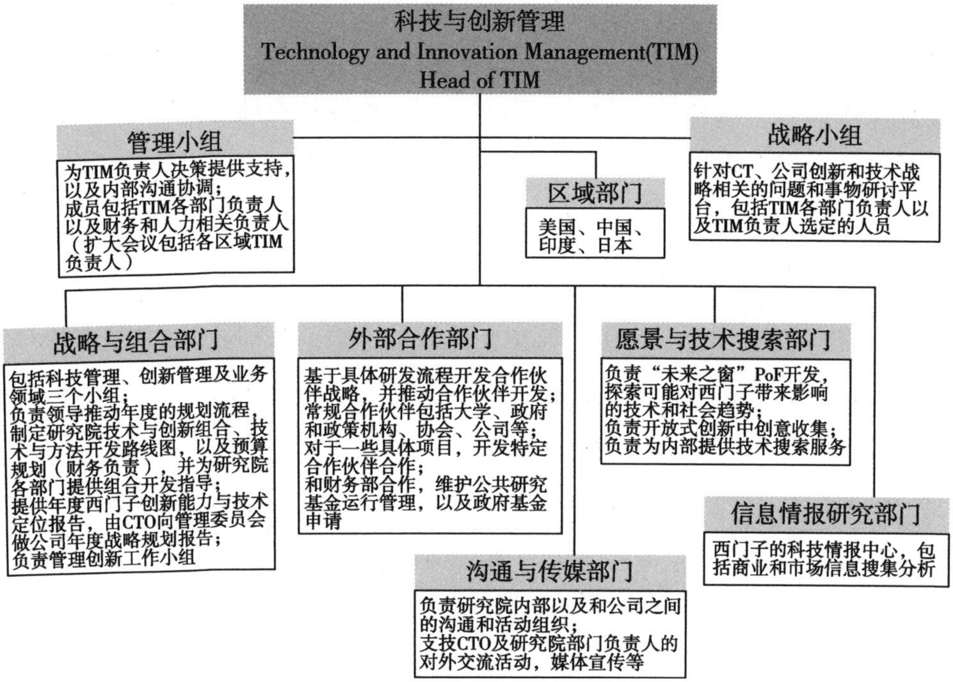

图 2-3 西门子科技与创新管理职能及其架构

（一）中央研究院

西门子的研发组织机构分为三个层次——中央研究院（CT）、事业部研发中心和业务单元研发中心。其中，中央研究院已经有 110 多年的历史，其一项重要使命是未来科技。这一独立于其他业务部门的研究部门是在 1914 年成立的，是在西门子—哈尔斯克电报机制造公司（西门子股份公司前身）成立 60 多年后设立的。当时，位于柏林的西门子制造厂和维也纳的西门子—哈尔斯克制造厂旗下各有若干彼此独立的小型实验室，供研究人员进行相关应用的实验工作[①]。

西门子中央研究院在科技创新方面承担着重要的角色与职责。从战略视角看，西门子中央研究院具有和各事业部一起协调技术路线图并推动价值创新，和领先用户一起联合创新，推动公司在技术层面的统一协调，统合协调各地区研发机构的工作，加强与西门子内部和外部研究机构、组织的网络连接，实现卓越运营，为知识产权、流程和业绩方面设定标尺，提高投资回报率等战略目标。

（二）创新工作组

西门子成立创新工作组，其主要任务是识别与公司业务相关的创新领域，识别和实现技术驱动的协作任务，基于事业部创新战略定义协调公司层面创新战略，评估事业部的创新能力、技术竞争优势和技术路线图，支持产、学、研合作，帮助制定公司层面的技术组合，从技术角度对并购项目进行评估等，确保公司的长期技术竞争优势。

① 西闻联播:《110 多年风雨，还原一个你不知道的西门子中央研究院 | 引领创新 同心致远》，2017-09-19，https://www.sohu.com/a/193169315_716305。

（三）联合研究屋

为解决西门子的事业单位和研发机构面临的挑战，聚焦能为产品带来竞争优势的技术，提出具有潜在颠覆性能机会的项目，西门子在中央研究院与事业部之间建立了“联合研究屋”（House），其创建过程如图 2-4 所示。采取这种机制的具体原因如下：首先，中央研究院的职责主要是服务于内部各事业部，各事业部是中央研究院的主要内部“客户”。中央研究院需要更好地服务于这个内部客户，获取其需求和任务，并与其保持紧密的合作关系和沟通渠道；其次，中央研究院的预算经费被要求有 60% ~ 70% 来自事业部。中央研究院需要确保合作成果能让事业部受益，为事业部带来实际经济价值，从而创造更多的合作机会，获得事业部更多的支持；最后，各事业部一般都有自己的研发机构，他们也是中央研究院的最直接合作伙伴，如何有效定义各自分工，发挥各自优势，互相配合，是个挑战。

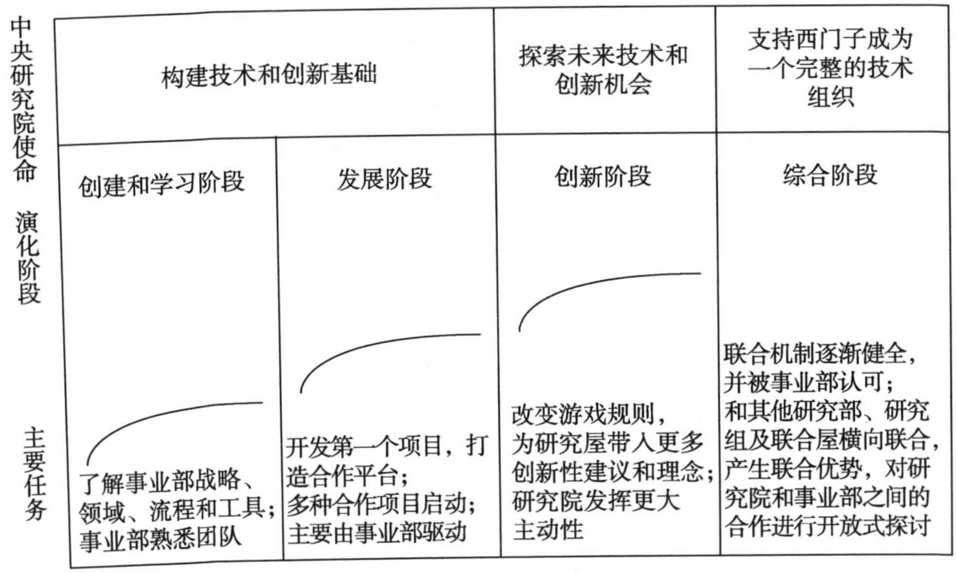

图 2-4　西门子联合研究屋的创建过程

构建研究屋的基本要素包括研究屋的基本情况、定位和战略规划，主要联合研究项目（产品和技术层面）及项目计划，研究团队及其架构，基础设施（工具平台）等。研究屋的合作项目由事业单元提议或者由中央研究院发起，双方协商设定。项目周期一般为3年左右，每个研究屋可以同时进行多个项目，项目成员来自双方，人数多为五人以上。目前就西门子中央研究院来说，通过联合研究屋途径和各事业部的合作经费已经占到和事业部合作总经费的42%，合作研究屋达到10个，产生100多项发明成果，至少有15项元件和10个创新产品被事业部采用。

对联合研究屋的成功经验总结如下。

（1）清楚定义联合研究屋的任务和概念（定位），包括清楚透明的长期合作目标和阶段任务，开始要保持耐心，确保用1～2年的时间让研究屋成员更好地理解事业部、产品、流程和相关领域；

（2）清晰了解预算方面的规划和限制；

（3）开始阶段要从基础做起，不要好高骛远；

（4）联合研究屋最终能够为事业部带来新的商业机会和技术能力，而且是事业部在其他地方无法得到的；

（5）联合研究屋可以提供额外的人才培养和输入渠道；

（6）在不同研究屋以及研究组之间横向联合，打造综合优势；

（7）管理、维持和开发研究屋与事业部之间的关系，不要认为理所当然；

（8）研究屋需要高层持续的支持，否则很难成功；

（9）需要强有力的领导，包括研究院和事业部两方面，尤其在开始阶段。

三、开放包容的创新生态系统

西门子开放包容的创新生态系统中不仅包含集团内部三个运营公司和三个战略公司，还包括集团外部的其他合作企业、科研机构、大学、竞争对手、政府机构、关键客户等。

在获取外部新兴技术和技术转化方面，西门子形成了包含风险技术商业化（TTB，Technology To Business）、新业务开发（SNB，Siemens New Business）和西门子技术加速器（STA，Siemens Technology Accelerator）三种模块，TTB 主要扶植西门子技术部和自动化与驱动集团的核心业务领域里重要的创新理念。SNB 主要负责西门子创新业务的开发。STA 通过提供专家建议和资金支持来帮助建立或启动年轻的创业公司，虽不属于西门子核心业务，但把具有潜力的技术引入创业企业，如图 2-5 所示。

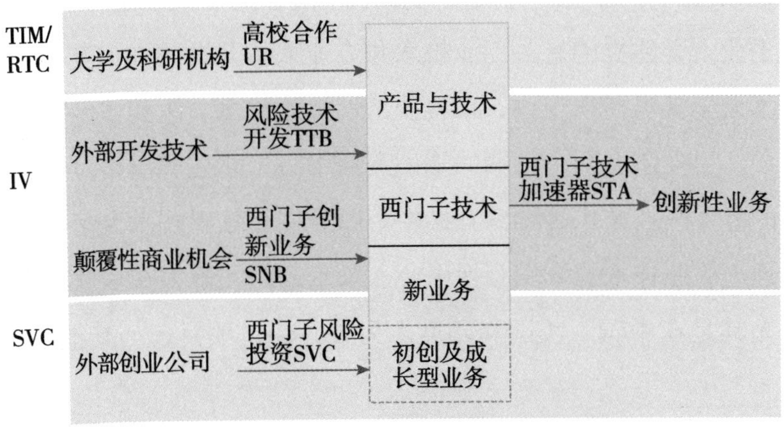

图 2-5　西门子开放式创新体系全景图

三个模块共同实现了从外部风险技术获取和商业化，到外部颠覆性商业机会捕获（形成西门子新业务，预防被颠覆），以及内部非核心技术的外部商业化孵化（形成外部独立的新业务），再加上独立的西门子风险投资这个板块（负责对外部成长期新业务投资）（SVC，Siemens Venture Capitals），构成西门子完整的开放式创新全谱，满足不同的创新需要，确保及时获取外部的优势技术、商业机会，以及内部知识产权的商业价值最大化运营。

（一）与大学的合作①

知识交流中心（CKI）是西门子与大学合作的主要项目。通过与全球知名大学一起对关键技术进行长期研究，CKI 为西门子提供了最先进的研究和高素质的人才库。反过来，这些大学也可以根据现实问题开展研究项目，为毕业生提供宝贵的就业机会，该项目使工业界和学术界之间的对话变得活跃起来。

西门子与全球各地大学开展多领域合作，并与世界几所科技大学成立了知识互换运作中心。目前已经有三个知识互换中心在运作，它们分别是与慕尼黑工业大学建立的有关医药技术和信息通信技术的知识互换中心；与亚琛工业大学建立的有关工业技术和专业人才开发的知识互换中心；与丹麦技术大学就可持续工程、环境技术、生物技术、医药技术建立的知识互换中心。另外还有两个特殊的知识互换中心，即在德国格拉夫瓦尔德大学建立的有关医药技术的知识互换中心以及在弗赖堡技术大学建立的有关污水处理、矿业技术的知识互换中心。未来，西门子将在全球建立更多的中心，尤其是在中国、美国和印度。另外，CKI 项目还与其他 17 所大学

① 引自：https://ecosystem.siemens.com/universityrelations。

建立了第二种合作模式：主要合作大学。合作伙伴关系由主研究协议和西门子在工作和管理层的特别联系人促成。合作大学遍布德国、奥地利、瑞士、美国、中国、英国和丹麦。

（二）与供应商的合作

作为一家电气工程和电子公司，西门子的创新生态系统构建离不开供应商的参与。在供应链管理方面，西门子一直在寻找创新型供应商，希望通过将其技术专长和创造力与自身的专家结合起来，在实现追求创新、生产力、质量和可用性的基础上为本公司及客户创造更多的价值。

西门子供应链管理系统提供两个数字平台，将人和思想汇集在一起。第一个数字平台是供应商创新平台——供应商展示的虚拟展览，通过该平台可将供应商与西门子专家联系起来。对于供应商提交的产品方案，西门子采用一份带有内部评估程序的问卷对方案进行评估，该问卷会从实践示例、市场分析和已解决的问题等方面对方案进行综合评估。另外，为达到对知识的充分利用，供应商提供的有关方案的所有数据和信息都可供西门子及其在 140 多个国家和地区的附属公司使用。

第二个数字平台是西门子公开征集供应商来确定创新产品以及需要解决的技术问题。作为一家全球技术的领头羊公司，西门子一直致力于进行卓越的工程设计并且不断地进行创新，通过团队合作实现将创意转化为创造新标准的成功创新。目前，西门子公开征集新供应商项目超过 50 个，NineSights 项目超过 100 个。

通过这两个数字平台，西门子向现有的供应商以及希望未来成为西门子供应商的公司提供机会，以这些供应商的创新产品方案来塑造自己的产品，与工程师合作，共同打造最佳的解决方案，达到双方互惠互利的共赢目标。

四、创新加速流程[①]

为达成创新战略，西门子通过系统的流程不断地从事以下的创新循环。

（1）识别具有发展潜力的技术；

（2）辨认技术突破；

（3）预测未来顾客的需求以及新的商业机会；

（4）将西门子塑造成该领域的潮流领导者。

西门子的创新体系不仅仅局限于研发部门。在公司内部，通过“3i 计划”来收集所有部门员工的创新建议，并对提出建议的员工颁发奖金。3 个“i”分别是：点子（ideas），激情（impulses），积极性（initiatives）。“3i 计划”的目标是让每个员工不断挖掘自身的潜能。

在公司外部，无论任何人拥有与西门子核心业务领域相关的创新理念和计划，西门子风险基金计划都会通过 3 个机构，即“西门子技术加速器”STA 公司、西门子技术转化中心及“西门子移动通信技术加速器”公司来帮助他们成立“种子企业”，并为其提供创新所需的资金和技术资源。创新成功的关键是建立一种合理的“快速通道”，让好的创意马上得到足够的资金支持，以合理的成本在最短时间内产出成果，西门子把这个过程称为“创新加速流程”，这个流程包括以下 4 个主要步骤。

（1）筛选阶段：与创新员工（或外部创新者）讨论计划并根据公司需

---

① 引自：http://www.ceconline.com/operation/ma/8800046574/01/。

要进行筛选。

（2）概念阶段：检验技术可行性；形成详细的商业计划；向以西门子关系企业为首的各合作方发出邀请。

（3）实现阶段：形成最终商业计划；与关键客户及战略合作伙伴会谈；提交可演示的产品样品；任命团队成员。

（4）启动阶段：法人结构最终定案；获得西门子的商标及专利许可授权；“西门子技术加速器”为种子企业注入资金。“创新加速流程”和“西门子技术加速器”共同勾勒出通往成功的路线图，遵循该路线的创新者不仅可以借此快速进入角色，还能得到“西门子技术加速器”的支持，大大增加成功概率。

五、充足的科技投入

西门子在全球共有 4.8 万名专业人员从事研究开发，在 17 个国家建立了 20 个数字化客户应用中心。西门子在柏林、爱尔兰根和慕尼黑设有大规模的研究开发中心，每年的科研经费开支占公司经营总额的 10% 以上，约占德国电气工业全部科研经费的 1/3 左右，从而保证了在新科技领域的领先地位[①]。

作为一家持续性创新企业，西门子十分注重研发，自成立之初便投入大量资金用于研发。2017 财年（2016 年 10 月 1 日至 2017 年 9 月 30 日）西门子投入约 50 亿欧元用于研发，2018 财年投入约 56 亿欧元，其中约 5 亿欧元专门用于“公司核心科技”领域的研发，包括增材制造、自主机器人、数据分析、人工智能、数字化双胞胎，以及电力电子和分布式能源系统等。

除了常规研发投入，西门子还设立了风投公司以促进创新。其中，西门子创业投资公司（SVC，Siemens Venture Capitals）代表西门子对处在成长期之后的企业进行直接或者间接投资。SVC 的目标是寻求有助于增强西门子核心业务实力的新兴技术和创新技术，并为其提供资金，尤其是在具有长期发展潜力的行业领域，包括能源和环境保护、自动化与控制、工业和公共基础设施、医疗解决方案等领域[②]。

---

① 引自：https://new.qq.com/omn/20190919/20190919A038K500.html。

② 引自：https://baike.baidu.com/item/%E8%A5%BF%E9%97%A8%E5%AD%90%E5%88%9B%E4%B8%9A%E6%8A%95%E8%B5%84%E5%85%AC%E5%8F%B8/857870。

另外，新成立的 next47 与西门子之前的风投部门相比，其投资目标是双重的，包括财务和战略，战略维度划定了投资界限，next47 不会投资完全消费者端的领域，不会投资无关西门子业务的领域。next47 的任务是确定新趋势，对其进行投资并与创新合作伙伴合作开发面向未来的业务，它寻找的初创企业要对西门子的客户感兴趣，对将技术应用于客户感兴趣，还将聚焦于最高品质的创新，而这将自然地驱动财务回报。next47 提倡具有潜力的想法，这些想法有可能在西门子的增长领域中实现增长。

因此，next47 在有客户基础、有成功案例资源和有全球广泛布局的基础上，通过观察市场的周期，等候投资时机，其拥有相对长期投资的自由，投资范围也将会很广阔。next47 将整合西门子目前的初创企业项目，将在成立的第一个五年获得十亿欧元的资金，并专注于投资五大领域的初创企业，包括人工智能、自主机械、分布式电气化、网络化交通和区块链应用。next47 将在美国伯克利、上海、慕尼黑和以色列特拉维夫设立办公室，业务范围覆盖全球所有区域①。

① 引自：https://new.siemens.com/cn/zh/company/innovation/innovation-strategy.html。

六、独特的人力资源管理模式[①]

众所周知，西门子十分注重技术研发，但对于管理与人才的重视才是西门子立于不败之地的根本。西门子一贯高度重视人才，其创始人维尔纳·冯·西门子不仅在技术领域取得巨大成就，还在人才管理方面同样留下了一个伟大先驱者的足迹。西门子对于人力资源的管理有自己独特的一套模式，贯穿人员招聘、员工培训和绩效考核等多个方面。

创始人维尔纳·冯·西门子认为员工的积极性是公司成功的基础，引进了许多超前的社会福利制度，包括 1872 年实施的公司养老抚恤基金方案,成为实施“养老金制度”的鼻祖。他在 1866 年开始实行利润分享方案，即所谓股权分红，开创了众多有利于员工发展的制度来实践他的用人理念，并亲自建立了一系列发展人才的制度，这些制度甚至深远地影响着德国的社会制度，并在今天仍然散发着光芒。

西门子把员工看作最宝贵的财富，觅得贤才后决不会让人才贬值或荒废，而是主动根据每名员工的实际情况，为其精心设计综合发展计划，扬长避短，精心培育，赋予重任，帮助每一位员工实现自身的价值。通过“综合员工发展计划”等一系列措施，西门子帮助每一名员工实现职业理想，将全球员工锻造成一个团结而高效的团队。西门子一直致力于在世界范围

① 蒋素梅:《西门子人力资源管理模式及其借鉴》，载《企业改革与管理》，2014(13)：50 ~ 51。

内寻找自强不息、志向高远的人士来加入这一先进的专业团队。

在招聘方面，采取校园招聘和社会招聘的同时，西门子更加看重内部招聘，其在全球网络上建立了人才数据库，员工可以把自己的简历放到网上展示自己，让更高层的经理了解自己，还可以在全球范围内寻找想从事的职位。

在薪酬方面，西门子采取“工资＋保障”的方式，“保障”部分不仅包括基本的“四金”年终奖励，还为员工提供各类商业保险等其他福利套餐，以及弹性福利计划，根据员工需求发放福利。丰厚的福利给员工提供了全方位的保障，提高了员工的忠诚度，人员离职率在这样的高福利政策下几乎为零。

在员工培训方面，新员工培训，造就技术人才；大学生经营培训，选拔管理人才；员工再培训，提升竞争力。根据对不同类型员工的特定规划，为公司提供不同岗位的人才输送。在培训内容上，西门子既强调员工业务技能的提升和交流能力的加强，又注重员工管理能力的提高，使每个员工具有主人翁意识。

在绩效考核方面，西门子采用 EVA 战略（Economic Value Added），具体采用平衡计分卡的考核体系，对财务、顾客、内部流程、创新和学习四个方面进行考核，其中，EVA 是平衡计分卡的核心财务目标。这样的考核标准结合多层次的内容，多位一体，能更加容易地进行绩效考核，能更加真实地反映实际。

西门子建立了有效的沟通机制。《西门子之声》《西门子世界》等内部媒体发布企业资讯；建立企业内部网站，员工可通过内部网站阅读新闻故事，通过交互式聊天室进行沟通；CPD（Comprehensive Personnel Development）员工对话，与表现突出的员工进行谈话，了解其真实想法，针对问题提出双方都满意的解决办法；EFA 谈话（全称是人员发展、促进、赞许谈话），了解人员发展情况，与员工进行赞许谈话。

西门子在其发展过程中，逐步形成了完善的员工参与管理机制。首先，在公司治理层面，采用双层委员会制这种间接参与制度。其次，在企业的日常管理实践中，西门子采用配股计划、月度投资计划等激励措施鼓励员工直接参与企业管理。最后，在企业文化层面，西门子提倡以所有权为核心的组织文化，将其作为底层支撑，营造员工参与的组织氛围①。西门子坚持培养所有权文化，已有超过 30 万名员工拥有西门子的股份。所有权文化具有以下五个核心要素。

（1）公平：企业支持长期、产出和利润导向；

（2）以人为本：企业坚持赋权和信任员工，并营造诚实、开放和协作的工作氛围；

（3）价值观：西门子将“负责、卓越、创新”的价值观作为企业的基础；

（4）行为：企业鼓励尊重、聚焦、具有主动性和执行力的行为；

（5）领导力：企业的领导者具有大胆、果断、勇敢的领导风格，能举例说明“西门子的问题”，积极参加公司经营活动，并激励员工实现更好的绩效。

① 苏静怡、周禹：《员工参与：西门子的德式实践模式》，载《新经济》，2019(Z1)：54 ~ 59。

七、领先的 ShareNet 系统[①]

西门子在对知识管理的认识以及具体实施方面，始终处于领先地位，进入 21 世纪，其在知识管理中所取得的经验和成就，更是为世人瞩目。正如公司知识管理主管京特·克莱门茨所说："西门子很强调知识管理，现在，我们有超过 150 个知识管理项目在全球推行。西门子的 ShareNet 系统（社区知识管理系统）联系了遍布 80 多个国家的 1.3 万名销售人员及市场专家。"

西门子通过加速知识流动和知识整合，缩短产品上市时间，提前获得战略机遇或危险信号；通过实施实践社区，以此来管理企业核心能力并加速知识创新，降低协作成本；通过建立面向客户的虚拟社区提高客户忠诚度；通过组织知识座谈、知识咖啡馆等方式，加速各种创新实践在组织中的传播。

首先，ShareNet 系统通过网络把遍布全球的 46 万多名员工的知识集合起来，充分发挥知识管理的作用，该系统包括聊天室、数据库和搜索引擎三块内容，来自世界各地的员工可通过该系统进行沟通交流，彼此学习。为更好地发挥 ShareNet 系统作用，鼓励员工使用该系统进行交流，西门子组织了项目团队，专门负责训练员工使用 ShareNet，回答员工的疑问，并且监督 ShareNet 系统。各国分公司的执行长及营运长只有通过提供

---

① 张昊天：《西门子公司的知识管理》，载《企业改革与管理》，2013(08)：66 ~ 68。

ShareNet 信息，或是从分享网汲取资源，才能因而获利，得到红利。普通员工只要提供对他人有实际帮助的信息，就可以获得参与研讨会的机会。另外，西门子实行网上奖励制度，员工借助“在线商场”，根据贡献度兑换成不同数量的股份，股份也可以置换成一定范围的产品。

其次，作为跨国公司，为充分发挥 ShareNet 系统的效用，西门子采取了一种既能够把全球的知识资源聚集到一起，又能够保留跨地区文化差异的方法——全球本土化的解决方案，由总部和各地分公司共同制定 ShareNet 的战略方向，然后，系统的主要战略性维护会落到各地分公司头上。为了把全球本土化战略落到实处，西门子分别在地区公司里选出 ShareNet 经理，还分别设立了共享委员会、全球编辑、IT 支持人员和用户热线，他们和全球各地的投稿者一起组成了一个既注重全球总体战略，又关注各地区公司文化的全球本土化组织。

最后，为有效实现知识的交流和共享，西门子设计了两种组织知识内容的方法。一种是“know-what、know-why、know-how、know-who”分类法，根据它可决定知识的具体存在位置；而另一种则是“隐含、显现、正式”分类法，它可用来决定知识管理的具体方法。

八、引领数字化创新

西门子数字化工业集团是工业自动化、电气自动化、工业数字化、工业 4.0 和智能制造领域的创新引领者。西门子成为离散和过程工业数字化转型的重要推动力，提供数字化工厂解决方案[①]。作为创新引领者，西门子凭借前瞻性思维考虑到更深层次的数字化转型，将人工智能、边缘计算、工业 5G、自主处理系统、区块链和增材制造等尖端技术融入西门子的数字化企业解决方案中，从而推动信息技术和运营技术的融合，实现数据的智能化使用。

西门子工业自动化产品成都生产研发基地（SEWC）于 2013 年正式投产，作为西门子工业自动化全球生产及研发体系中最新建成的“数字化企业”，SEWC 实现了从产品设计到制造过程的高度数字化[②]。为了挖掘数字化的潜力，西门子将利用数字世界的可能性来改善其硬件产品，以使客户受益。例如，借助数字化服务（如预测性维护），西门子可以最大限度地减少与客户、服务相关的停机时间。通过这种方法，马德里—巴塞罗那火车连接的可用性已达到 99% 以上，使运营商能够以出色的守时性给乘客留下深刻的印象。

---

① 引自：https://new.siemens.com/cn/zh/company/about/businesses/digital-industries.html。

② 引自：http://w1.siemens.com.cn/pof/priview.aspx?aid=3465&cid=36。

数字化的力量在西门子的产品生命周期管理（PLM）软件中最为明显，该软件已经使全球超过 14 万的客户能够经济高效地管理产品整个生命周期的所有信息。PLM 既可以看作一种信息工具，又可以看作公司战略，作为一种信息工具，它通过合并系统来提供一致的数据结构；作为一项企业战略，它使全球运营的公司有可能以团队的形式开发、制造和发布产品，同时记录最佳实践和所获得的任何知识。这意味着过程不仅以数字方式描绘，数字化首先使它们成为可能，同时还致力于其他数字技术，其中包括云计算（可以更快，更经济高效地以较低风险实施产品和服务），以及物联网及其工业应用相关概念的实施。

通过产品数字化双胞胎可以看到未来产品的样子，指的是产品的数字化设计、仿真和验证，也就是有效的新产品设计。生产和设备的数字化双胞胎，在实际投入生产之前验证制造流程和设备在车间中的效果。通过数字化技术去规划整个生产过程，包括自动化设备和机器人工艺动作、人的作业步骤、生产线物流、生产节拍以及虚拟验证；对设备制造商，可以通过模型模拟设备的运动和工作状况，实现机械和电气的联动。在数字环境里可以构建一个未来真正可以运行的工厂，通过构建生产数字化双胞胎，在没有生产这个产品之前就可以预测其未来的生产状态，进行很多优化和调优工作。性能的数字化双胞胎，实现采集、分析、应用产品和生产的操作数据，有了真实生产之后，西门子通过实时采集生产过程中的生产数据以及产品运行数据，通过工业物联网平台 MindSphere 去分析数据转化成有价值的信息，反馈到最初的产品设计和生产规划中，继而持续改进整个生产和产品质量、成本和效率。

西门子建有创意管理平台，来自全球各地的人都可以通过在平台上注册，参与任意数量、类型的挑战来加入西门子创新生态系统中。在挑战页面上，人们可以提交自己的创意，提交完成的创意可供其他注册人员评论、分享，同时，自己也可以评论其他人的创意，对于自己喜欢的想法可以送上红心或者星星。当想法被选中后，参与者就被邀请参加下一阶段的挑战。该挑战共分为三个阶段：第一阶段为构思阶段，在此阶段，参与者可以提交自己的想法，组建团队，并且能够对不同创意进行评论与“点赞”，当达到一定的门槛时就可以自动升级，如获得一定数量的意见，喜欢和评论；第二阶段为成熟阶段，在此阶段，参与者可以添加新的信息，如大家或专家的评论，并在此时完成团队的组建，继续完善并发展自己的想法，这时提出的所有想法在下一阶段都将被考虑；第三阶段为评估和选择阶段，此时，西门子将根据评估标准选择得分最高的创意作为获奖创意。创新社区的顶尖贡献者和最佳创意最后都将获得奖励。对于挑战中出现的相同或相似的想法将被邀请合并，合并后的创意增加了可见性。

九、经验启示

（一）具有高远的战略规划，追求伟大的愿景

西门子拥有长远而独到的眼光，其每一个决策都着眼于公司的未来，不会企图用促销价来获取暂时的高销售额、破坏健康稳定的市场，也不会因为回报周期长而放弃对新领域的投资[①]。在 2020 愿景规划中，西门子基于原有的四大趋势，又加入了“数字化”这一未来趋势判断，以前瞻性思维考虑到未来的数字化科技。其通过掌控关键技术获取今天的竞争力，通过突破先导技术布局未来的竞争力。卓越的企业不应仅满足于当下，而是放眼于未来。在当今竞争激烈的市场环境中，企业应将眼光聚焦于未来，追踪未来的发展趋势，确定引领未来发展的技术。

西门子将技术创新的重点定位于以顾客需求为导向的未来科技，凭借高远的战略规划以实现伟大愿景。西门子坚持以顾客为导向，将提供超越顾客需求的解决方案作为核心价值观，用顾客满意度来衡量企业是否成功。西门子提供特定于市场的解决方案为顾客提供服务，如其通过网络研讨会、虚拟活动等形式与顾客更好地进行互动。西门子认为顾客是其生命线，为了衡量客户满意度和带来更好的客户体验，需要衡量合作关系的质量[②]。

① 孙煜泽:《西门子：决不会为了短期利益而出卖未来》，载《现代班组》，2019(10)：52 ~ 53。

② 西门子 2019 年可持续发展报告，2019。

每个客户都有应确认的特定需求和要求，只有满足顾客不断变化的需求，才能使企业在激烈的市场竞争中占领一席之地。

（二）拥有高效的创新管理工具和科学的创新管理系统

高效的、科学的、强有力的创新管理工具和系统是西门子预测未来趋势与不断研发创新的助力器。在西门子中央研究院与业务部门共同努力下，最终合作创造了一种用“创造未来”代替“预测未来”的“未来图景”创新体系。西门子采用评估未来走向的“未来之窗”，借助一整套系统而可靠的测量工具，以外推法和回溯法为基础，寻找合理的目标和实践路径。西门子还推出了“top+”战略，有力地推动技术创新和产品质量的提高；设立研究院，为组织实现多个战略目标，在科技创新方面承担起重要的角色与职责；采取集团共享知识产权模式对知识进行管理与整合，实现最大范围的知识利用。

企业应积极开发有助于创新管理的工具与系统以加速企业创新。这些工具与系统能够为管理层提供一个基于共同愿景的协同平台，平衡长期规划与短期目标，将当下与未来相联系，使企业上下在面向未来的目标上步调一致。

（三）开放多元的创新平台

西门子坚持开放式创新，建立了开放多元的创新平台，基于全球化与数字化进行创新管理。西门子将产、学、研紧紧联系起来，与高校合作，建立了知识交流中心（CKI）来为西门子提供最先进的研究与高素质人才库；与供应商合作，希望将其技术专长与自身专家相结合，实现企业利润与顾客价值的最大化。西门子面向全球开展经营活动，积极利用不同国家的资源优势来推动企业的创新进程。基于数字化技术，西门子鼓励来自全球各地的人通过分享、评论创意加入企业的生态系统中来，其还将人工智能、边缘计算等尖端数字化技术融入企业的解决方案中，实现数据的智能化使用。

总体而言，企业应将自身视为一个开放、动态的系统，通过与各方合作来实现与外界的资源互换，从而扩大企业的创新生态系统，并利用数字化技术打通数据“孤岛”，使得相关方案的所有数据可在各个部门使用，提高企业效率。

（四）丰富且灵活流动的创新要素

西门子具有丰富而灵活流动的创新因素是其因创新而成功和被认可的关键。西门子具有充足的研发资源。目前，西门子在全球共有 4.8 万名专业人员从事研究开发，且在全国各地设有多个研究开发中心，实现研究人员的本土化，且建立了人才数据库进行人力资源管理；企业每年的科研经费占公司经营总额 10% 以上，且专注“核心科技”的研发；借助 ShareNet 知识管理系统实现全球本土化的解决方案，既能够将全球知识相结合，又能够保留跨地区文化的差异。

若想成为所在领域的标杆企业就必须具备卓越的创新能力。企业只有投入充足的研发资源，将人力、资金、知识资源进行整合与配置，构成丰富且灵活流动的创新要素，才能获得丰厚的科技创新产出，保证企业在科技领域的领先地位。

（五）优秀科技人才的职业通道、考评体系、奖励体系

西门子将员工看作最宝贵的财富，通过职业通道、考评体系、奖励体系等一系列措施进行人力资源管理，帮助每一位员工实现职业理想。

西门子通过建立全球人才数据库进行内部招聘，帮助员工在全球范围

内寻找心仪的职位。在绩效考核方面，西门子采用 EVA 战略，具体采用平衡记分卡的考核体系，结合多层次的内容，从全方位考评员工绩效，更加真实地反映实际。在薪酬方面，西门子采取“工资 + 保障”的方式，根据员工需求实施弹性福利计划，提高员工忠诚度，降低了人员的离职率。西门子还建立了 CPD、EFA 等有效的沟通机制及鼓励员工参与企业管理的双层委员会机制，提高员工满意度。

人才是创新的第一资源。从西门子的案例可以看出，企业应拓宽人才的职业通道，从多渠道招贤纳士，并根据每名员工的实际情况为其制订综合发展计划，实现每一位员工的价值。此外，企业还需建立完善的考评、奖励、沟通体系，了解员工的真实想法，更好地营造员工参与的组织氛围，并激励其实现更好的绩效。

【案例点评】

企业创新是决定公司发展方向、发展规模、发展速度的关键要素，是一个企业想要得到更好发展的灵魂。西门子作为世界上申请专利数量排名前列的著名跨国公司，向我们很好地展示了创新是推动企业技术发展的动力和源头所在。西门子将创新深化到各个行动里，将创新升华成发展战略。他们奉行潮流设定者战略，目的是要创立一种市场上必不可少的新技术，从而获得高额利润；他们专门设计以中央研究院为主导的研发组织体系以促进企业更好地创新；他们创建和发展开放包容的创新生态系统和体系，通过与大学、供应商等的合作满足企业不同的创新需要以确保及时获取商业机会。

青岛大学商学院　李江波

第 3 章

3M 公司

“什么都能制造”的公司[①]

① 本章由武汉科技大学恒大管理学院黄天蔚博士编写。

如果说西门子将创新升华成发展战略，那么，3M 公司则以"什么都能制造"闻名于世。多元化还是专业化发展，是决定世界一流创新企业成败的关键因素吗？

3M 公司是明尼苏达矿业与制造公司的简称，其英文名称为 Minnesota Mining and Manufacturing Corporation。3M 公司成立于 1902 年，最初是由 5 个年轻人创立的采矿公司，总部设在美国明尼苏达州的圣保罗市。公司成立之初，主营业务是开采矿砂，之后逐渐开始制造砂纸。1921 年，公司推出第一个拥有世界专利的研磨砂纸—— Wetordry™，自此，3M 公司开始了漫长的创新历程。时至今日，3M 公司以产品种类众多而驰名世界，已经壮大成为世界 500 强企业，先后发明了 6 万多种高质量产品，为全球 200 多个国家的客户提供产品和服务，其产品涉及面非常广，从工业、电子、通信、交通、医疗、建筑到办公、商业、家庭消费品，几乎每一领域都有 3M 公司产品的影子。

据相关数据显示，世界上一半的人口，每天都在直接或间接地接触 3M 公司生产出来的产品。3M 公司之所以能成为全世界跨国企业中屹立不倒的创新领头企业，被誉为"除了上帝，什么都能制造"的公司，除了有政策、环境、机遇等方面的因素外，最重要的是他们勇闯市场、勇于创新、勇创一流的核心企业文化。3M 公司在全球超过 65 个国家和地区设有分支机构，产品在 200 多个国家和地区销售，2011 年 3M 公司的全球销售额达到 296.11 亿美元，其中海外销售额达到 195.83 亿美元，占公司销售总额的 66%。据 3M 公司 2020 年年报，2020 年 3M 公司的全球销售额达到 321.84 亿美元，其中研发投入 18.78 亿美元，占销售额的 5.84%，净利润 53.88 亿美元，占销售额的 16.74%，每股收益 9.32 美元。较 2011 年各项数据均有提升。3M 公司全球共有 8 万多雇员，其中包括 7900 多位研发人员，研发人员占比约 10%。

作为世界500强的企业之一，3M公司在2003年被《商业周刊》评为全球最佳表现50强企业之一，在2005年被评为全球最具创新精神的20家公司之一，并连续两年入选《财富》杂志“最受赞赏的在华企业”之一。3M公司素以勇于创新、产品繁多著称于世，在其百余年历史中开发了6万多种产品，涉及51个技术平台。百年来，3M公司的产品已深入人们的生活，从家庭用品到医疗用品，从运输、建筑到商业、教育、电子和通信等各个领域，极大地改变了人们的生活和工作方式。现代社会中，世界上有50%的人每天直接或间接地接触到3M公司的产品。1902年创办之时，3M公司的产品仅限于砂纸，但是凭借强大的新产品开发能力，在2006年它的营业收入已经达到212亿美元。3M公司在全球拥有6000多名科学家，每年投入研发的费用超过10亿美元，生产200种以上的新产品，从小小的报事贴、办公胶带、口罩、省水阀，到交通标识、听诊器、汽车太阳膜，乃至船舶及特种车辆零部件、航空航天维修等，3M公司的产品横贯工业制造、电子、通信、汽车、交通、航空、医疗、建筑、文教办公乃至家庭消费品等诸多领域。如今,3M公司不断给自己的产品目录注入新鲜的血液。

员工私底下把3M公司称作一个“红色的大沙盒”，产品创新是公司的法宝，更是公司的灵魂，如今3M公司已经成为最好、最大的沙盒公司。那么究竟有什么样的过人之处？能让3M公司在百年间保持如此浓厚的创新文化氛围，尤其是公司发展壮大并达到全球规模的过程中持续繁荣。

3M公司拥有6万多种产品，覆盖消费、医疗、工业、航空等众多领域。2020年公司营收和净利润分别为321.8亿美元和53.8亿美元。3M公司高度重视研发投入，2020年度，3M公司研发投入18.78亿美元。

一、15% 工作规则

3M 公司能够被评为世界 500 强企业之一、全球最具创新精神的 20 家公司之一，一个重要的原因是制定了"把每一个员工培养成发明家"的计划，并始终按照此计划行事。在 3M 公司，创新不是简单的服从命令，而是来自员工的个人主动性，于是乎 3M 公司创造了一项特殊的制度——"15% 的时间"原则，它是 3M 公司独创的，也是其独有的。员工可以把"15% 的时间"花在自选的研究计划上。规则最初是指在实验室进行研发的员工可以在休息时间以及下班后的业余时间自由进行规定任务以外的研究，该原则最早由公司的总经理威廉·麦克奈特提出，当初，这么破格的想法并不被人们看好，甚至有员工对威廉·麦克奈特冷嘲热讽："让研发人员每天躲在实验室里浪费时间吗？有那闲工夫，还不如让他们在工业流水线上多拧几颗螺丝钉呢。"

后来这种质疑声在实验室丰硕的成果面前消失了。在威廉·麦克奈特的带领下，实验室成果频出：1914 年，实验室推出了研磨砂布，数年后升级为干湿两用的砂纸，这种"不怕水"的砂纸满足了汽车生产商抛光汽车油漆或清漆的需要，并降低了空气中粉尘的含量，改善了工人的工作条件，这让公司名声大噪，该产品成了公司的救命稻草，让 3M 公司扭亏为盈，并成功跻身世界磨料工业先进企业行列。1925 年，透明胶带横空出世，因为其方便又实用的特点，瞬间成了家喻户晓的明星产品。再到 1949 年，高速公路标识的反射薄膜问世。威廉·麦克奈特认识到，产品研发不应只靠少数人，而应充分发挥每个员工的创新精神。他说:“不要扼杀一个新产品的创意，要给大家创新的空间，鼓励实验自由，宽容创新中的错误。”于是，他建立了员工可以用“15％的时间”搞发明的制度。这对3M公司的发展后劲，产生了不可估量的作用。

(一) 15% 不是规则，而是一种允许

在“15% 的时间”的保护下,员工“干私活”的行为变得合法化——即搞个人感兴趣的工作方案，不管这些方案是否直接有利于公司。当然，3M公司没有哪条规定强制要求员工必须要花 15% 的时间在创新上，但如果有创意，15% 就足够发挥作用了，可以直接去和相关部门进行沟通，讨论这个想法是否真的可行。如果答案是肯定的，公司会立刻成立一个风险小组来跟进这个项目。风险小组的成员都是来自生产部门、市场部门和法律部门的自由志愿者，直到这个项目最后被证明是成功的或是失败的为止，这些小组成员才会回到自己原先的工作岗位上。在整个过程中，公司会最大限度地支持新项目的研发。正是“15% 的时间”的规则，极大地推动了3M 公司的发展。研究人员正是利用这项规则不断在私下进行着连管理层也无法掌握的新商品开发，一旦获得一定成果，他们就会带着试验的成果向上司展开推销，各种各样的创新商品便因此而具体化、市场化。

至今 15% 工作规则已经进一步发展，具体的比例也不是固定的，不会强制要求每个员工每天八个小时的工作时间里必须严格计算出一小时二十分钟用于自己的项目研究，当然也有员工的时间远远超过这个要求。对此，研究与开发部主任比尔 · 科因谈道:“数字本身不重要，重要的是其传达出的信息，那就是，公司没有什么硬性规定。如果你有个好主意，想花时间进行研究，并且有拒不执行实验室主任命令的勇气，那就全力以赴地去干！”15% 规则的结果是带来许多对公司而言重要的新业务。设立规则是

为了不扼杀那些新的、看似同工作不相关的创新。15% 工作规则被公司看作培育创新的一种激励措施。

思高牌透明胶带，就是用"15％的时间"发明的。年轻员工迪克·德鲁某一次到一家汽车喷漆厂拜访客户时看到，给汽车身上喷两种颜色时，分隔两种颜色的胶水和胶带因遮蔽得不好，留下了难看的大斑块和不均匀的分隔线。为了解决这个问题，他着手研发，经过无数次失败，5 年后终于发明了透明胶带。他不仅给公司研发了新产品，还为粘胶系列产品打下了基础。后来 3M 公司衍生出的几百种粘胶系列产品里，都能看见他忙碌的身影。员工阿特·弗赖伊利用"15％的时间"发明了便利贴，他为了能记住每个礼拜天要唱的圣歌，每次都会把圣歌抄写在纸条上，并随身携带，结果纸条总是掉出来。他想，要是能在纸条上加点胶粘住就好了，于是他想到了西尔弗利。西尔弗利的胶水在 3M 公司是公认的"失败胶水"——黏性极差，一点都不像传统意义上的强力胶。二人将纸条与粘胶结合，发明了便利贴，西尔弗利的"失败胶水"就此开启了逆袭之路。诸如此类的创新产品，不胜枚举。3M 公司 6 万多种产品中有很多都是这样发明的：用 15% 的时间创造无限的价值。

（二）不在其位，可谋其政

在一次员工会议上，有人提问："我有一个对 3M 公司有用的新想法，但与我目前从事的业务无关，我可以去做吗？"领导层给予的答复是："我们这里的实验室和所有的设备都是为你准备的，如果你想在自己的工作时间内去做这个项目，非常欢迎你做。"这是对员工的肯定，给足了员工安全感和信心，自由公开的技术平台刺激着员工去做他们自己想做的创新发明，即使与手头的工作毫无联系。

二、允许试错的宽松环境

3M 公司的“精神之父”——前董事长及总经理威廉·麦克奈特说:“我认为，在发生错误时，如果管理者独断专行，过于苛责，只会扼杀人们的积极性。只有容忍错误，才能够进行革新。”这句话被视为 3M 公司管理者的座右铭。事实上，它的哲学意义似乎成了“如果你不犯错，你可能不在做任何事情”。但正如后来的事实所表明的，许多“大错误”都成了 3M 公司最成功的产品。3M 公司对“错误”有着很高的包容度，他们认为每一个“错误”的本身都包含着成功的影子。公司坚信“失败乃成功之母”，3M 公司还流传着一个著名的口号:“为了发现王子，你必须和无数个青蛙接吻。”员工敢于大胆地进行创新，而不必害怕因为失败而受到惩罚。

在开头的介绍中，我们提到过，3M 公司建立之初就犯了巨大错误，5 位没有采矿经验的创始人在苏必利尔湖边发现了矿石，本着见者有份的心理，一起合资开了个公司，他们“蜜汁自信”地把斜长岩当成了刚玉出售，当然无用的斜长岩不被市场认可，5 个倒霉蛋在湖边的矿地上寻找了很久，发现那里根本没有刚玉，只有不值钱的斜长岩。但他们并没有放弃这个地方，而是转向生产砂纸。所以在公司进入成熟期后，3M 公司内部流传着一个非常有名的原则——“美丽的错误”，这充分说明公司的管理层对待员工的失误是非常宽容的。在 3M 公司的历史中，没有一个员工因为犯错而被惩罚，上级永远尊重并认可员工的新想法、新思路、新做法。在这样一个宽松良好的氛围中，员工的创造力被大大激发，他们敢于把自己的想法表达出来，并很好地付诸商业实践中。

在3M公司中，各种研发与实验常常失败，然而，坚持失败与错误是一个重要的学习经验，没有大量失败的实验，就无法真正研究出新技术、新产品。3M公司执行管理人员总结出了一条企业发展的规律：必须创新，企业才会有出路。3M公司在其全球各地的分支机构开设有几十个研究所，研发人员可以利用公司的资源自主研发试验，尽管有过很多失败，但更多成功的专利和产品也在此诞生。3M公司靠失败起家，又因为尊重失败而壮大，是失败成就了这家伟大的公司。在3M公司，不惧怕失败，失败99次都是小错误，但成功一次就是跨世纪的发明。

三、充分授权的技术创新机制

3M公司前总裁威廉·麦克奈特在20世纪40年代提出了“充分授权”的管理方式以改革公司的组织结构。它理解起来很简单，组织结构上采取不断分化出新部分的分散经营形式，当一个新的事业开拓组成立时，马上就招来一批工程技术、生产制造、市场营销等方面的专职人员，在这些专职人员中有些是“多余”的，尤其是在早期可能仅仅需要其中三分之一的生产人员，但是3M公司的章法是：只有专职人员，才能形成对新事业的热情和献身精神。而且，所有的组员都是自愿参加的，因为3M公司相信自愿的原则能激发小组成员参与的热情以及工作积极性和责任感。3M公司赋予新事业开拓组高度自主权，支持他们坚持到底。3M公司要求整个小组从早期开始阶段，直到最后产品初次展出为止，都始终待在一起，其具体做法是：把小组成员当成一个集体来分配任务。产品投放市场，小组成员也跟着前进，并从产品增长中得到好处，只要小组达到公司的例行界限和绩效标准即可，即使最后事业开拓失败，也会保证小组成员的职位和收入至少不低于他们以前的水平，这种新型的组织结构设置方式支持员工不断创新。

3M公司的每个项目部门或者大区域部门都有属于自己的一套管理体系，其中包括销售、人事、财务、生产等部门，这些较为独立的部门都有较大的自立权，甚至拥有自身的实验室，能够进行自身的发明、创新及技术的研发。

（一）自负盈亏的部门

3M公司生产的产品数量和种类非常多，被大众接受的程度也很高。

3M 公司要想把这种状态维持下去，就必须有十分强大的创新能力做支撑。当然，强大的创新能力也不是随便得来的，背后一定有一套规范的创新体系做后盾。一方面，公司每年会把销售额的 7% 投入到新产品的开发项目中；另一方面，管理层也在公司环境和创新方式给予员工最大限度的自由。最重要的是，3M 公司始终注重营造创新的内外部环境。

较为特别的是，各个独立的部门也必须自负盈亏。其独立研发的产品需要部门独立地进行销售及市场开发计划，完成商品的销售活动。3M 公司的不同之处就在于它将文化、管理、制度等组合成彼此配合、共同进步的机制。3M 公司的总部还会设立创新奖或研发共享奖等来激发员工的创新热情，培养员工的创新能力。为了获得这种全公司性质的荣誉或额外的奖励，科学家、工程师，甚至是普通的员工都会随时保持好奇心，以期望能够发明或者发现某种未能解决的事物，并进一步进行研发活动。

（二）重组研究组织结构

3M 公司将研究组织结构分为三个层次。

（1）部门实验室，与用户直接接触，主要任务有产品开发、产品控制和技术服务。

（2）产业分部实验室，参与未来 3 ～ 10 年的技术开发项目。

（3）研究中心，进行长期的技术开发。

最近 3M 公司对研究结构进行了调整，使其更有利于公司技术平台的发展。技术中心取代了产业分部实验室，并体现了研究中心的部分功能。每个技术中心负责维护和发展一个或几个技术平台，并寻找新的产品应用。组织的重组不断促进着创新。3M 公司的研究和发展形成了有机的多分子结构，在实验室和用户之间建立紧密而又相对宽松的关系。

（三）创新产品小组

为了保证新想法能及时转化为新产品，3M 公司还建立了创新产品小组，从组织上保证新产品的开发。之所以要建立创新产品小组，是因为 3M 公司的领导者认为唯有专职人员对某项事业会有专注热爱和敬业精神，会专注于新产品的开发。创新产品小组一成立，即刻招来一批工程技术、生产制造、市场营销等方面的专家，这些人员都是自愿加入进来的，因此保证了创新产品小组的活力和效率。创新产品小组具有高度的自主权和轻松的工作环境。公司对小组没有任何硬性的规定和要求，只要小组达到公司的例行标准和绩效即可，开发出来的产品效益好的话，小组成员也会因此而受惠；即使是产品开发失败，公司也不会就此而“惩罚”新事业开拓小组的成员，小组成员的职位和收入不会低于参加小组之前的水平。正是这种宽松、民主、和谐的创新精神，令 3M 公司为全世界不断带来新产品，在国际市场激烈的竞争中保持不竭活力。

（四）过程创新技术中心

3M 公司为具有新产品思路的个人提供强有力的技术帮助。公司的生产过程创新有利于公司的制造。公司成立了两个内部技术中心，致力于过程创新，支持实验室科学家进行研究并与研究实验室共同组成了过程创新的三个支点，促进公司的大规模生产。

（1）过程技术中心（CPTC）——由化学工程师和材料科学家组成，着重于核心技术的处理和发展，帮助研究人员将新观点从实验室推向市场。

（2）工程系统技术中心（ESTC）——由化学工程师和机械工程师以及软件开发人员组成，发展和提高关键制造过程技术，例如镀膜、干燥、测量技术，关注公司的产品开发、仪器设计等以确保成功的商业制造。

四、决不轻易扼杀一个怪想法

3M 公司对奇思妙想的容忍和热爱是与生俱来的。发明家奥克思考着，为什么不把砂纸当作刮胡子刀片的替代品卖给男人们，还能避免锋利刀刃划伤的风险？发明家西蒙提出为什么不能把软化纤维网制成的胸罩运用到外科医生的口罩上，取代传统的玻璃棉口罩？显然这些怪怪的想法只能出现在 3M 公司，在 3M 公司，员工的想法受到完全的尊重和赏识，公司相信无拘无束而富有创意的设想终究会有回报。结果，奥克顺着这个思路研制出耐水砂纸，被汽车制造业广泛使用，成为 3M 公司的第一个拳头产品。西蒙的口罩一经推出就十分畅销。

（一）充满善意的视而不见

一百年来，3M 公司始终保持着它锐意创新的精神，在 3M 公司，管理层要做到"耐心倾听任何一个人的原始创意，无论当初看有多么荒诞无稽""鼓励，而不是吹毛求疵，让员工带着创意前进"。作为 3M 公司的管理人员，必须具备强大的容忍力，即使你屡次想放弃听起来就不切实际的怪点子，也只能装作视而不见，因为你是斗不过固执己见的研究人员的。3M 公司的领导们明白，任何人都不应该去阻拦一个充满激情的、有创造力的人，因为这个人可能是下一项突破性产品的发明者。正是在这样的氛围下，3M 公司能比其他公司更快、更多地开发出新产品，它曾气度非凡地推出一份引人注目的产品目录，从不干胶贴纸到心肺治疗仪器，竟达 6

万多种。尽管品种繁多，但都有一个无所不在的共同主题：这家公司是由精于覆盖与黏合技术的化学工程师们主宰的，坚持主要专业而不是随波逐流地任意扩大产品门类。据统计，3M 公司年度销售额的 30% 左右来自近 5 年内开发出的新产品。

（二）对创新者们保持耐心

3M 公司前董事会主席哈里海尔泽说过："坚持和固执是有区别的，如果你成功了，别人会说你坚持，如果你失败，那你就是固执，但是，当你正在做的时候，没人能看出区别。"对待正在埋头苦干的创新者们，管理层需要有极大的耐心。一位名叫菲尔帕姆奎斯特的年轻化学家和一位新手工程师海尔茨执着于玻璃珠项目——这个项目始于 1937 年的产品开发团队，任务是开发耐用的道路反光带。他们把 3M 公司生产的斯科奇双面胶带一面覆盖上反射玻璃珠，另一面粘到路面上，这种产品虽然在反射方面性能优异，但遗憾的是不能附着在路面上。一年后，反射薄膜 2.0 版研制成功了，公司主动帮助研究小组在圣保罗的公路上进行试验，条纹在经历几个月的风吹日晒后脱落了。几个月后，反射薄膜 3.0 版本上路，附着力大幅度增加，但反光效果不尽人意，而且市场反应也不理想。在之后的八年里，生产反射薄膜的部门一直在亏损。尽管经营情况不好，公司管理层仍然继续支持研究。终于在研究开始后的第 12 年，实验室在技术上取得了重大突破。公路部门和州议会便开始推荐使用 3M 公司发明的这种反射薄膜，销售额大幅上升。

理查德·米勒是 3M 公司药物实验室的主任，他研制了一类免疫反应调节剂，且效果相当不错，这类药物的第一种产品叫阿尔达拉乳膏，是一种治疗外生殖器疣的药物，在治疗角质疣、基底细胞癌病毒性感染以及丙型肝炎等方面具有很高的应用价值。药物研究需要大量的资金投入，风险极大，一开始米勒的上司对他的技术前景就展现出重重疑虑，正如米勒自己所说："药品研究成功的概率简直就是万分之一。"虽然米勒花费了很多心思做阿尔达拉乳膏的研究，但一直没有明显的起色，不久后该项目被3M公司正式取消，换句话说米勒在3M公司失业了，此时，要是换了别人很有可能就放弃了，可生性"固执"的米勒，继续利用空余时间坚持进行研究。每当同事劝米勒放弃时，他轻描淡写地说："只是对这个项目痴迷不已，只是想使这项研究能够继续下去。"1983年，他的研究项目重新得到了公司的肯定，1993年被正式列为超优先发展项目之一。基于对信仰的坚持和不同寻常的顽强意志，米勒最终获得了3M公司颁发的"发明家奖"并获得了"3M公司全球发明大使"称号。

（三）可怕的最后通牒

最为有趣的是，怪想法经常产生于获得新创意却不知道创意如何运用的绝望情境下，例如研究人员阿尔·贝兹发现将纤维压平并结合在一起可以产生一种新的无纺材料，新创意是有了，但这种新材料该用来做什么，却难倒了贝兹。在之后的十年间，贝兹和他的助手一直在探寻这个创意的实际运用，管理层甚至提议过要中止这项研究，当然这是公司惯用的伎俩，当某项目长时间没有进展时，公司便会下最后通牒。幸运的是面对公司的"威胁"，绝望的贝兹冒出了个怪想法——将彩线与新无纺材料结合在一起，在危急关头，研制出了一种新型装饰带，保住了他"难产"的创意，最终"萨辛装饰带"一经销售，在第一年就卖了25万码长。身处3M公司，就要适应先发现解决办法，后寻找问题的逆向逻辑，所以总是有不断的怪点子被提出，从而保护来之不易的创意发明。

五、分享自由

有效的创新离不开知识、信息、经验与教训等资源在组织中的共享。如果你在公司有一个不错的故事想要分享，只要你有勇气说出来，就一定会得到倾听和支持。在3M公司规模还很小时，每个星期五下午，实验室主任会把大家聚集在一起，相互交流，探索，各取所需。在这里，你会偶遇各种各样的演说家，他们不会刻意隐瞒自己所知道的事情，他们善于分享知识以及拥有帮助他人完成工作的巨大合作精神。在公司中，不难发现，最成功的人善于走出办公室与人会面，与人互动，并且知道到哪里去寻找他们需要的专业技术。而且这些成功的人通常不是孤独的流浪者，他们可以是指点他人的导师，也可以是谦虚的学生，简单来说，在3M公司没有人单依靠自己的力量就能获取成功。就像理查德·米勒一样——上文提到的阿尔达拉乳膏的发明家，不仅要有新发现而且还要发挥“拉拉队长”和销售员的作用。他需要寻求其他人的帮助，以便于研究项目的顺利推进。这些帮助可以来自愿意帮忙的同事，可以来自项目投资的经理。随后，发明家们就要在更大范围内争取支持，同时保持研究项目在技术上的发展势头，充分利用已经获得的资源。

（一）爱讲故事的老员工

罗杰·阿普尔多恩，一名创新氛围的“卫士”，也是3M公司大名鼎鼎的科学家，曾开发出显微复制技术平台，名下拥有31项专利。他认为，培养创新离不开文化、交流和方法这三大要素。公司要求，新员工在进入企业的头两个月必须接受公司全面的文化培训，这是新入职的员工最快感受创新氛围的方式，总经理会向新员工讲述 3M 公司的创新理念，成功的主管们讲述自己因为创新而成功的经历，传达创新精神和鼓励创新的主体，包含坚持不懈、好奇心、耐心、从失败中学习、事必躬亲的管理风格、团队合作、发挥好主意的威力等。创意不是被关在实验室里，公司很多创意来自日常生活，而交流是让创意更好迸发的途径。执行官奥尔雷奇更是宣称"这是一个充满了故事的公司，我们简直是在用神话进行教育"。

（二）成为"百家争鸣"的组织

创新之所以在公司蓬勃发展，很大一部分原因是接收到了组织的信号—— 3M 公司努力为员工破除交流的阻碍，鼓励员工在走廊、餐厅和实验室里展开生动的对话，鼓励员工跨越部门，喋喋不休地展示自己的想法。如今，3M 公司在世界各地有大量的分支机构，自由地交流沟通已经不再是一件容易的事情，3M 公司能做的就是把自己打造成一个不妨碍员工"百家争鸣"的自由组织，形成一种氛围，让各个公司、各个部门的员工畅所欲言。因此，做了以下努力。

（1）技术论坛：创新活动的知识共享平台，是一个具有管理框架的大型志愿者组织，技术论坛成立得十分平静，当时只有 17 人参加了开幕会议，如今发展到成员有数千人，每天都有各种活动。技术论坛的成立，目的是在鼓励信息的自由交换，为研究人员相互交流心得和解决疑难问题创造条件，是公司员工相互联络的一种方式。技术论坛下设分会、委员会。分会主要讨论技术问题，诸如物理分会、生活科学分会和产品设计分会。技术论坛委员会负责组织各种活动、教育和交流事务。公司对外委员会负责 3M 公司员工与其他公司人员进行交流的活动，这个组织还通过公司内部的电视系统向全美各地的分部传送活动情况。交流委员会则向技术论坛成员定期分发公司的业务通讯。员工在这些相互信任的气氛中交流，受益无穷，这是一种文化、一种氛围。然而，更重要的是要培养一种环境，在这种环境中，员工可以与其他部门的人自由组合，同时每个人都愿意与他人共享自己所掌握的信息与知识。技术论坛还会定期举办“访问奇士”活动——经过内部培训的职员走进学校，向孩子们介绍科技，鼓励孩子们投身科学事业。例如气泡技术教程，在气泡技术工作室，孩子们可以使用各种规格、各种形状的气泡机器，其中一台巨型气泡发生器产生的泡泡比孩子们还要大。

（2）辅导计划：销售人员和科学家们将他们的经验、见识和创新思想传播到世界各地，例如3M公司在中国实行的“333计划”，即派遣3名美国销售代表前往中国，为期3周，每年3次。被派遣的科学家们，都在公司留有各种发明、专利以及成功的商业化产品的记录，对年轻科学家起着鼓舞人心的作用。

（3）技术委员会：其作用是为了促进各实验室之间的交流，实验室的负责人们每月都要定期见面，并且每年召开集体会议，为期3天，每次的核心主题都是如何促进各部门之间的技术分享和转移。再到后来，技术委员会由各国技术主管组成，主要职责是分享技术、资源及经验；评估公司技术项目；评估和推荐公司技术人员，并执行与技术员相关的政策和程序；对于共同感兴趣的项目，促进成品之间的交流和协作；通过研究、讨论并运用最佳的项目管理方法程序，确保实现最有效的管理。3M公司积极促进最为广泛的内部知识和技术交流手段是创新不断涌现的秘密武器之一。

六、资金的支持是创新的沃土

3M 公司花费大量的时间、金钱和精力来打造创新文化，其在研发资金的投入上从不吝啬，雄厚的资金支持是公司持续创新的有力保障，每年投入研发的费用超过 10 亿美元或是总收入的 6.7% 来支持它在全球的研究人员，这一数字远高于行业平均的 4%，无论公司更换了多少个 CEO，在研发投入上的力度都从未降低过，形成无形的默契。1983 年，公司为了给项目提供资金支持，帮助那些创造与开发新产品的项目顺利地从设想发展到实验阶段，每年发放 90 多项、每项 5 万美元的吉尼斯专款。2019 年 3M 公司营业收入达到 321.36 亿美元，归母净利润 45.7 亿美元，大约 1/3 的销售额来自过去 5 年推出的产品。同年，研发投入超 19 亿美元，占销售收入 5.92%。2020 年 3M 公司的全球销售额达到 321.84 亿美元，研发投入 18.78 亿美元，占销售额的 5.84%，净利润 53.88 亿美元，占销售额的 16.74%，每股收益 9.32 美元。

1/5 的研发资金会被投入到基础研究或没有明显汇报的开拓性研究，面对巨大的创意资金池，只要员工有了新点子，就可以直接找上司要求拨款资助，如果被拒绝了，可以找同样产品部类的另一分部请求帮助，要是又被拒之门外，还可再去找一个分部，如果这样也得不到资助的话，就可以到新事业开拓分部去求援。寻求拨款这件事情在 3M 公司总能被妥善解决，员工不必担心手里的项目没有启动资金。3M 公司在研发资金的投入上表现出的态度十分大方，也正是这种"金主"般的姿态，刺激着员工的神经，在百年间，无数的创新被源源不断地输出。

七、榨干每一项技术

相比投资上的大方，技术上的“吝啬”形成了强烈的对比。3M公司创新主体分布在51个核心技术平台，各平台研发重点分布在材料、工艺、研发能力、数字化、应用开发五个方面。通过了解3M公司的产品线，我们会发现许多发明都是建立在已有产品的基础上，但又不同于原有产品，而是创新与原产品存在质的不同。在3M公司技术不像过季的衣服，穿完以后就尘封在柜子里，会时不时被拿出来反复研究，这是3M公司最擅长的事——将不同的技术延伸并交叉而创新。

3M公司的无纺技术可以追溯到20世纪30年代末，是公司重要的技术平台之一。无纺布是一种网状纤维，最初用于研制装饰带，紧接着又从装饰带衍生到计算机软盘衬垫和绝缘胶布，之后又迎来了更辉煌的“软化纤维网”技术，医用的口罩诞生，并沿用至今。2020年新冠肺炎疫情突袭而至，3M公司口罩事业再次被世人熟知。无纺技术甚至还被使用到吸油纸的创意中来，因为无纺布只吸油、不吸鸡汤。这个主意虽然也没有多大用处，但从此衍生出了一种能够吸收溢出油脂的材料。

微复制技术与无纺技术一样，也是3M公司的核心技术平台。这种技术产生于20世纪50年代末，由阿普尔多恩发现，这种技术能够改变塑料、橡胶和其他可塑材料的物化性质，至今仍然在交通、通道及建筑物照明上有广泛应用。幻灯机在当时被认为是非常有潜力的商业开发领域，公司提议与学校合作，为学校提供了重量轻且经济的幻灯机，通过为大型组织供货的方式，3M 公司的幻灯机迅速打开市场。微复制技术还被用于解决笔记本电脑电池供电时间太短的问题，科学家里克·德赖尔和桑迪·科布发明出了亮度增强薄膜。这种薄膜可以提高显示器屏幕亮度，从而使显示器的用电量降低。今天，这款超薄光学膜普遍应用于手机、电脑和电视上，占据全球 75% 的市场份额，给 3M 公司带来滚滚的财源。在对原有砂纸改进的过程中，微复制技术迎来了最辉煌的时刻。新型砂纸表面上存在微小突起从而延缓砂纸的磨损速度，还能自行恢复打磨能力，这样砂纸的总体性能大大提高，比普通砂纸寿命长两至三倍，而且还被运用到涡轮喷气发动机桨片的制造上。

3M 公司真是一个"节俭"的"金主"，榨干现有技术，连几十年的技术都不会轻易放弃，足以看出，3M 公司的研发实力和创新技术超前程度惊人。这种基于技术平台延伸交叉的创新方法形成了 3M 公司独特的树状结构技术发展路径，超过 100 个分支的技术和产品领域允许研发人员进行跨界应用。在 3M 公司，"产品属于各业务部门，但技术属于公司"。也就是说，各部门有权规定生产什么样的产品，但不拥有技术的所有权，在公司内部，所有技术可以被任何部门的员工自由使用。

八、把握客户关系，懂得营销

3M 公司只生产为客户解决问题和满足客户需求的创新产品，换句话说，他们的产品紧跟着市场的脚步，这些创新产品总能够捕捉到顾客的期望需求，带给市场无限惊喜。所以，3M 公司是如何做到像顾客肚子里的蛔虫一样，精准解读客户的需求的呢?

（一）把控质量标准是首位

质量是第一关，是用户使用过程中对产品的基本需求，但在成立之初，3M 公司却在此犯过大错误。1911—1915 年，公司生产的砂纸被顾客称为劣质的产品，砂纸在打磨过程中居然自己掉砂，而且脱落的速度非常快，这批令客户不满的砂纸纷纷被退回，这使 3M 公司仅有的一点名声也遭受重创。面对客户的集体投诉，3M 公司不得不审视产品的质量问题，但糟糕的是，实验室或技术专家们忙得团团转也找不出导致砂纸劣质的原因和修复砂纸的办法。在经历数周的疯狂研究后，终于发现砂纸掉渣的原因：砂在运输过程中被橄榄油污染了，导致砂不能很好地黏合在纸上。创始人们集体上阵，带领员工焚烧砂，把可燃的橄榄油烧尽，才解决了问题。从那之后，3M 公司学乖了，专门成立质量把控实验室，对原材料、在制品和成品严格把关，3M 公司的创始人们更加意识到质量保证和技术卓越的重要性。如果想要成为行业的领导者，粗心大意不能存在，未来建立在严格的要求下，对质量标准的把控是首位，面对客户的投诉，必须找出问题并解决它。也正是 3M 公司不逃避、不推脱的态度，面对质疑，公司上下团结一心，共同寻找解决的方案，才得以重新挽回用户的信心。

（二）随时随地倾听消费者的需要

客户关系的维护者和"成为客户首选供应商"的工作的组织者是 3M 公司营销部的定位，基于这样的定位，3M 公司早早地认识到工厂办公室里接待客户的销售方法是不可取的，应该到客户那里直接与之进行交谈，给他们演示产品如何使用，问他们还有什么要求，然后再将结果反馈到 3M 公司。3M 公司要求员工花费大量的时间和消费者进行沟通，公司销售代表和服务代表要做到随时随地倾听消费者的需要。遮蔽胶带的发明源于一位年轻的实验室助理查理·鲁克到一家油漆店送货时，店员纷纷抱怨报纸上的胶水损坏了油漆颜色，查理·鲁克了解到工人们正在为不知如何进行当时正在流行的双色喷漆而苦恼，出于同情喷漆工人，查理·鲁克一口答应他们要制造更好的胶带产品。然而他对研磨材料虽然略有所知，对胶带却是完全的外行人，更何况他没接受过正规的技术教育，3M 公司也未尝试过制造胶带。在查理·鲁克的不断尝试下，终于在两年以后成功开发出世界上第一款遮蔽胶带，这也是压敏胶带系列的首款产品。创新不单单只满足客户的需要，而是超越他们的期望。所以为了"粘住"消费者，3M 公司通过快速获得客户的需求，无论是客户表明的还是未表明的，来保障公司能根据客户的真正需求或是客户都不清晰的需求进行内部创新，一项世界性的创意产品的灵感可能来自一次销售人员的上门拜访，或和客户的一次交谈。这大概是 3M 公司受欢迎程度远超同行的原因之一吧。

（三）用一个声音同客户对话

随着公司的壮大，部门结构不合理的问题浮出水面，各业务部门各忙各的，缺乏黏合度，就像是一群各自独立的企业，公司逐渐陷入了“大公司、大数量”的陷阱，寻找突破成为迫在眉睫的问题——如何统一客户关系管理，保证公司始终以一个声音同客户对话？

（1）战略利益管理：打破不同部门与职能之间的壁垒，构建团体营销攻克关键客户。

（2）以顾客为中心的市场营销：鼓励推销其他部门的产品，允许各部门接触不同的客户群体。

（3）综合解决方案：成立跨部门小组，倾听客户需求。

市场营销部经过改革终于扛起了“赢得客户尊重”的企业大旗，3M 公司将最重要的资料数字化，并且全天 24 小时向全球的客户与员工开放，信息技术与全球数据库的结合，将 7 万人积累的所有资源汇集在一位销售代表的个人电脑中，信息可以快速传递到世界上任何一个地方或任何一名营销人员手上。

（四）邀请顾客“看展”

当然，3M 公司在营销环节也是下足了功夫，例如菲律宾分公司经常会举办“向客户致意”的活动——宣传展示，类似于服饰行业的新品发布会。为期一天的活动内容包含产品摊位展示、产品推介、技术研讨，还有乐队表演、菲律宾小吃以及抽彩售货。而在美国的公司，也经常举行诸如此类的活动，唯一不同的，就是把客户请到 3M 公司园区中。

（五）让顾客提前尝试

吉姆 · 斯威兹作为便利贴最早的提倡者，提议下属给《财富》100 强公司的执行秘书们发送一封信并附上一份便利贴样本，就这样，黄色的小东西在办公室大楼中成为办公人员热衷的产品，每个人都想知道，这么好用的便利贴，可以从哪里买到更多？

新产品"本垒打"（一种可以替代氯化氢从而减少臭氧层破坏的物质）问世前，一共经历了两个阶段：第一阶段，小组负责走访客户和有影响力的工业界大佬与管理人员，询问他们对氯化氢替代物的要求，随即热情的研制新分子，合成了不下 100 种化合物。小组成员韦兰·霍洛韦提道："我们没有先发明出一种产品，然后再去寻找市场，而是将客户的需求作为整个创新的基础。"有了先前的铺垫工作，第二阶段，小组进行全面实验，因为小组还承担着搜寻客户的重任，所以干脆把实验搬到客户家里，这样既可以开发某种特定的应用，又可以向客户推销，对公司来说这可真是个一举两得的好办法！

九、在员工身上下功夫

（一）招聘“终身学习者”

3M 公司实行全球招聘的过程中，推崇统一的文化和价值观，保障百年基业，专注为公司储备人才，也称为“未来招聘”，其长远的人才储备目标与公司的战略导向密切相关。负责招聘和培养人才的人力资源部与企业战略规划的总监存在紧密合作的关系，他们并不彼此孤立，期望吸纳优秀人才的同时，更青睐“终身学习者”——富有好奇心、勇于创新、全力制胜的人。

通过对招聘员工三个方面的要求，来保证所招聘到的员工是具备创新性的潜在人才。

（1）具备应聘岗位需要的专业背景和技能；

（2）具备创意、创造力；

（3）具备解决问题的能力及主动性。

事实上，第一点是最不重要的，3M 公司更看重第二点。员工在同一岗位上干到退休在 3M 公司是不被允许的，他们希望留下来的员工有志向、有职业道德、能够在职业发展中利用 3M 公司的优势，与公司共同度过美好而漫长的职业生涯。同时，3M 公司也十分擅长从内部提拔和培养领导者。在公司，不少员工的工龄都在二三十年。一直以来，3M 公司的经理和专业人员的跳槽率每年平均不到 4%，大大低于同行业平均水平。展现出高忠诚度的员工会得到优先提拔的机会，这也是 3M 公司最希望看到的，他们会为有意愿晋升的忠诚员工提供成长的机会，来确保公司的相关技能与时代接轨。人力资源部门和主管以及员工一起制订个人职业发展计划，为员工提供各种能力发展培训计划，在 3M 公司，若一个员工让他的主管相信，他是有意在公司长久工作的，那么，公司对其进行培训时将不遗余力地投入资金。在 3M 公司企业文化的熏陶下，主管对于新进员工的培训总是担心学得不快，毫无保留地培训新进员工，把其当成最有潜力的员工来培训，不断发展员工的能力。

（二）重视保障因素

在创立初期，3M 公司就注意到了保障因素的重要性，对员工照顾有加，例如，为员工设立养老金制度并购买伤残保险。威廉·麦克奈特坚信，积极主动、富有活力的体制是公司的重要财富，要比拥有多少厂房有价值得多，让体制活起来就需要员工的积极配合，于是他把所有员工视为利润分享计划的对象，在公司，他是第一个敢这么做的人。到了美国经济大萧条时期，3M 公司成为第一批由公司出资赞助失业保险的美国公司之一。威廉·麦克奈特喜欢经常到工厂转一转，和员工聊一聊正在进行的研究计划，上司与下属之间距离被拉近，他事必躬亲的管理风格深受员工们的喜爱。曾有一段时间，3M 公司的所有高级管理人员都在办公室门上安了两个灯：一个红灯，一个白灯。红灯亮表示"请勿打扰"，白灯亮则表示"请进"。而威廉·麦克奈特的门上总是亮着白灯，上司的时时在线，从某种程度上给员工带来了极大的安全感，并作为榜样刺激员工前进。

3M 公司注重内部提拔，绝大多数管理者都是通过发展自己能力从基层晋升上来的，迄今为止，3M 中国有限公司只有 3 个经理和 1 个主任是从外部招聘来的，其他管理层都是基层出身，而且从外面招聘来的这 3 个经理和 1 个主任还是因为公司的业务发展迅速，以前没有培养过这种人才。

正是这种内部晋升体系，让基层员工看到自己未来前途的希望，激励员工努力进取，不断发展自己的能力，不断创新。

（三）毫不吝啬的精神激励

3M 公司能做到年营收超过 150 亿美元，全球拥有 8 万雇员，生产近 7 万种各式产品，并打理得井井有条。如此庞大的员工体系可以在 3M 公司高效运营，其在员工激励手段方面应该存在着自己独到的见解。新产品开发成功后，员工不仅能获得相应的资金奖励，还会优先得到晋升。丰厚的奖金和畅通的晋升渠道吸引并留住了富有想象力和生产力的员工。比如，一名普通研发工程师，开发的产品销售额超过 2000 万美元时，就能成为“产品系列工程经理”；当销售额达到 5000 万美元时，他就能成立一个独立的产品部门。

公司还给予有创造力的员工以精神激励，约翰·特鲁普曼依据提出的非经济性报酬的概念，在其著作《薪酬方案——如何制定员工激励机制》中谈到基于传统薪酬体制对员工激励的动力日渐枯竭的现状，认为应该把基本工资、附加工资、福利工资、工业用品补贴、额外津贴等货币性收入和晋升机会、发展机会、心理收入、生活质量及个人因素等非货币报酬统一起来，或者说作为一个整体来考虑，其核心思想是将有形报酬和无形报酬有机结合，而不再局限于以工资和福利为主体的现金报酬。

针对优秀的员工，3M 公司更注重对创新者的非物质性激励，这是一项投入少但回报超高的手段。在 3M 公司，员工实行终身雇佣制，让员工有安全感；15% 的自由时间允许员工“私酿酒”，让员工有自由感；为了提高员工的精神追求，3M 公司每年还会选出前 20 名杰出的研发人员，对其进行嘉奖表彰，以高档次的度假旅行来招待英雄和英雄的家人们；设立全球技术卓越和创新奖——3M 公司“奥斯卡奖”，英雄们会被拉到聚光灯下，享受他们神圣的嘉奖时刻；当然在公司内部也存在类似"奥斯卡奖"的组织——卡尔顿协会，它被称为公司内部的名人殿堂，能入选卡尔顿协会是科研人员的最高荣誉，因为只有最具科研成就的员工才可以入选，入选活动每年都会隆重举行，入围的员工会被邀请到公司的"科学院"里来；当然了，能入选卡尔顿名人堂的机会少之又少，每年只有个位数的科研人员可以获得offer，所以公司还特意为普通员工设立了"发明家奖"，这一奖项于1997年设立，颁发给利用15%工作时间开发出新产品的员工。对于团队激励，3M公司设立"金跨步奖"，销售额超过1000万美元的技术创新项目即可入选，是对团队工作结果的充分肯定；专门设立"进步奖"用以奖励那些新产品开发后3年内在美国销售额达200万美元，或者在全世界销售额达400万美元的新事业开拓组。

在3M公司，只要你努力付出，输出自己的创意，不仅可以奖金拿到手软，荣誉奖励还可以一并揽下，在公司瞬间成为家喻户晓的超级新星。公司有针对性的激励制度，包含了不同的员工层次和不同的工作岗位，做到人人都有平等的竞争机会，很大程度上提高了员工的忠诚度，更多的员工在3M公司感受到家的温暖，从而留下来。同时，3M公司与院校保持密切的联系，在大学设立奖学金，吸收优秀大学毕业生到公司工作。

十、经验启示

（一）鼓励自由探索

创新是高风险的试错活动，要推出具有广度和深度的创新，则需要企业能够承担可能损失的巨大勇气，更需要员工高质量的创新活动，而鼓励员工自由探索的制度环境和文化环境则是开展高质量创新活动的前提和基础。3M 公司的实践反映了鼓励自由探索的重要性，也揭示了具体路径。

其一，鼓励自由探索的制度设计。以“僵硬”的制度形成支持创新的稳定信任，信任员工是许多企业文化宣传稿中的演说词，然而很少看到企业的制度中对员工是信任的，这也说明这种雇主与员工之间的信任是存在弹性的，既然是弹性的，也就为雇主与员工之间存在信任的博弈埋下了伏笔。而 3M 公司“15％的时间”鼓励员工把时间花在自选的研究计划上，实质是以制度的形式明确表达了支持员工自由探索的信任。只有如此，员工才会在一种信任和支持的环境中积极创新。此外，尽可能授权产品部门独立创新，3M 公司的每个项目部门或者大区域部门都有属于自己的一套管理体系，甚至拥有自身的实验室，能够进行自身的发明、创新及技术的研发。

其二，鼓励自由探索的文化环境。冒险创新是高压力情境下的创新活动，若只有鼓励冒险没有宽容失败，则冒险的创新行为不可持续。3M 公司对“错误”有着很高的包容度，他们认为每一个“错误”的本身都包含着成功的影子，公司坚信“失败乃成功之母”，公司管理者鼓励员工不惧错误和失败，大胆创新。

（二）推动内部跨界颠覆性创新

自由探索的制度环境和文化环境为源源不断的创新提供了滋养的土壤，由此，企业的技术创新和产品创新无论从深度还是广度都在不断拓展，尤其是如何将种类繁多的技术和看上去可能用不到的技术开发及运营是很多企业的困惑所在，而这恰恰是 3M 公司的独到之处。

他们通过基于技术平台延伸交叉的创新方法形成了独特的树状结构技术发展路径，超过 100 个分支的技术和产品领域允许研发人员进行跨界应用，以至许多发明都是建立在已有产品的基础上，但又不同于原有产品，与原产品存在质的不同。也就是说，基于技术和产品创新的广度实现了内部跨界颠覆性创新，这也与外部跨界颠覆性创新的企业有差别。推动内部跨界颠覆性创新，一方面盘活已有的技术资产，提高了利用效率，使企业把获得的更多收益再次投入到研发活动促进创新，另一方面推出颠覆性创新产品，从而延续了企业的市场竞争力。

（三）保障及成就员工

自然属性和社会属性是人的两种基本属性。所谓自然属性，就是员工需要解决衣食住行等基本生活需求，因此，一份托底的保障可以让员工承受得住生活安全和职业安全的压力，能够有效激励他们形成高度的企业忠诚。3M 公司实行员工终身雇佣制，为员工设立养老金制度并购买伤残保险，把所有员工视为利润分享计划的对象，让员工有安全感，3M 公司不少员工的工龄都在二三十年。一直以来，3M 公司的经理和专业人员的跳槽率每年平均不到 4%，大大低于同行业平均水平，这些保障措施也是鼓励自由探索、宽容失败的基础。

成就员工体现在对员工培训的投入十分重视，人力资源部门和主管以及员工一起制订个人职业发展计划、内部晋升体系以及毫不吝啬的精神奖励等方面。从培训到奖励形成了一个系统的管理闭环，激发员工投身企业的事业，成就了员工也成就了企业自己。

【案例点评】

3M 公司被誉为“除了上帝，什么都能制造”的公司，源于鼓励创新的企业文化和战略保障，“勇闯市场、勇于创新、勇创一流”背后的核心是全员创新的理念设计，从客户的需求出发，找准市场的痛点，通过创新的研发设计产品，满足客户需求，其商业逻辑显而易见，进而成就了“什么都能制造”的公司。宽松的试错环境、15% 的容忍度规则、阿米巴的经营模式构建了 3M 公司优秀的企业文化，创新的氛围让每一位有思想的员工都有一种搏一把的冲动，无形中就让员工的隐性知识显性化出来，这一点在企业里属于一种自我激励，这种激励模式类似于内部创业，是难得的一种文化。在 3M 公司的大平台上也成就了无数个自我激励的创业团队，从而保证 3M 公司的创新是有的放矢的、价值最大化的、满足顾客需求的。

河北金融学院管理学院副研究员
北大纵横管理咨询集团高级副总裁
孙连才

第 4 章

IBM
计算机世界的开拓者

20 世纪 30 ～ 40 年代正是计算机迅速发展的时期，IBM、三星借机成长为计算机世界的引领者。那么这个时期的世界一流创新企业，与 19 世纪发展起来的西门子、通用电气公司、3M 公司等公司有什么不同呢?

IBM 于 1911 年 6 月 15 日在宾厄姆顿西几英里处的纽约恩迪科特作为“计算制表记录公司”（CTR）注册，1924 年改名为国际商用机器公司（International Business Machines Corporation）。在喧嚣的 20 世纪 20 年代，IBM 逐渐找到了公司的发展方向，把握世界发展的第一个重要潮流与机遇——电气自动化时代的来临。

IBM 在 1932 年投入巨资 100 万美元建设第一个企业实验室，这个实验室在整个 20 世纪 30 年代的研发让 IBM 在技术产品上获得领先。在整个经济大萧条期间，IBM 一直在研发和新产品上投资，产品比所有其他公司都更好、更快、更可靠，因此赢得了独家代理罗斯福新政会计项目的合同。1935 年 IBM 的卡片统计机产品已经占领美国 85.7% 的市场，IBM 因卡片机的大量销售而积累了雄厚的财力和强大的销售服务能力，为以后成为计算机领域的主宰奠定了重要的基础。

1944 年 IBM 与哈佛大学开始合作，先后制成了电子管计算机 MARK-1 和 MARK-2，随后制成了电子管继电器混合大型计算机 SSEC。这是现代计算机和现代计算技术的开山鼻祖。随着半导体集成电路的出现，IBM 积极投入第三代集成电路计算机的生产。在 1964 年，IBM 推出了划时代的 System/360 大型计算机，从而宣告了大型机时代的来临。

20 世纪 60 ～ 70 年代，IBM 推动的计算机事业迅速发展，为推动整个社会各个方面的发展起到了关键的作用。1968 年，IBM 在 IBM360 电脑上研制成功了 IMS V1，这是业界第一个层次型数据库管理系统，也是层次型数据库中最为著名和最为典型的。1970 年是数据库历史上划时代的一年，

IBM 首次提出了关系模型的概念。1975 年，IBM 生产的计算机数量是世界其他所有计算机厂家生产总和的 4 倍，成为一个集科研、生产、销售、技术服务和教育培训为一体的联合企业。

进入 20 世纪 80 年代，IBM 进一步把握社会发展需求，推动信息技术的应用和创新与市场洞察、与发展结合的策略，同时从公司结构调整、业务并购入手，实现从产品到整体解决方案，从硬件到软件、服务的“高价值”输出转型。IBM 个人电脑在 1981 年推出，成为全球首创并得到广泛承认。在之后的 20 多年，IBM 继续扩大和完善个人电脑，并随着 21 世纪初 ThinkPad 的成功达到高峰。IBM 创立的个人计算机（PC）标准，至今仍被不断沿用和发展。

IBM 连续多年申请专利数量居于世界首位，名列全球最有创新性公司榜首。2002 年，IBM 通过收购专业咨询服务公司普华永道咨询公司（Pricewaterhouse Coopers Consulting），越来越把重点放在推动解决企业咨询、服务及软件方面，并且着重开发硬件和高价值的芯片技术。从硬件科学技术进军到提供信息系统服务、企业管理和运营咨询服务，IBM 在咨询、软件和技术服务的过程中，进一步增强全球执行能力，明确了未来软件、硬件、IT 服务和咨询服务四轮驱动的高价值业务模式。2004 年，IBM 将个人电脑业务出售给中国电脑厂商联想集团，正式标志着从“海量”产品业务向“高价值”业务全面转型。

2008 年，时任 IBM 总裁兼首席执行官的彭明盛首次对外发布了“智能地球（Smart Planet）”的概念，提出全球化的人类社会将复杂的自然系统转化为复杂的商业和社会系统。2009 年，IBM 充分把握“感知化、互联化、智能化”的科技大势，提出的创新解决方案在智慧能源、智慧交通、智慧医疗、智慧零售和智慧水资源等政府、企业、民众所关心的重要领域全面开花，涵盖节能减排、食品安全、环保、交通、医疗、现代服务业、软件及服务、云计算、虚拟化等热点方向。

2011 年，IBM 引领 AI 潮流，创立了首个了解流体语言的 AI。在前所未有的自然语音识别和认知计算演示过程中，IBM Watson 击败了电视问答比赛“Jeopardy!”的冠军。2018 年，IBM 推出超级计算机 Summit，超级计算机 Summit 具有专为 AI 设计的新计算架构，达到 200 千万亿级的速度，成为地球上最强大的处理器。2019 年，IBM 发布首个基于电路的商用量子计算机，用户、研究人员和开发人员可以探索量子解决现实问题的潜力。IBM Q 将量子计算带到大众视野。

从打孔机到商用量子计算机，IBM 一直引领着全球计算机技术，并不断推动开辟整个社会的计算新纪元。以多项划时代的突破性技术和代表性事件为标志，IBM 成为以科技推动世界进步的先锋，“发明”和“创新”的企业文化已经成为 IBM 基因的一部分。近年来，IBM 对研发创新的重视依旧，从研发投入费用来看，近 5 年呈持续增长趋势，2019 年 IBM 研发费用投入高达 59.89 亿美元，2020 年达 63.33 亿美元。对于技术成熟度极高的行业引领性企业，仍有巨大的研发投入，充分证明了技术创新在 IBM 发展中的重要性。

坚持创新和研发，是 IBM 重要的绩效增长引擎。IBM 近 4 年年报数据显示，除 2020 年受新冠肺炎疫情影响业绩下滑外，2018 年 IBM 利润增长率高达 51.71%。2019 年 IBM 净利润高达 94.31 亿美元，同时，除 2020 年外，IBM 净利润率整体呈现稳步增长趋势，2017—2019 年净利润分别达到 57.53 亿美元、87.28 亿美元、94.31 亿美元。

IBM 的主要经营策略是构建在创新这一关键理念之上的，IBM 百年历史中不断涌现出影响计算机产业界乃至整个社会的创新。近年来，虽然全世界受到新冠肺炎疫情的不利影响，IBM 却依然保持着旺盛的科技创新能力和良好的盈利能力。作为基业长青的百年企业，IBM 的创新管理一直广为流传，颇受赞誉。令人惊讶的是，无论领导人如何更替，创新似乎成为IBM持久的标签。事实上，领导层的创新领导力、商业模式创新、管理制度创新、人才管理创新、企业文化创新等多个维度的创新举措，已经成功铸就了IBM人的创新基因，成为IBM创新的不竭动力。

一、领导层的创新领导力

（一）领导层的创新传承

对于世界一流创新型企业来说，领导层对创新的传承和坚守至关重要，领导层是公司基本经营决策、管理方针的制定者和引路人，只有领导层做好创新传承，组织的创新才可能长久持续。

首先，世界一流创新型企业要树立领导层代际间的创新观点传承，将创新作为世界一流创新型企业领导层开展工作的基本遵循。如 IBM 的创始人托马斯·约翰·沃森早年有一个定则：IBM 每 10 年就应该来一次“彻底改造”，托马斯·约翰·沃森的“彻底改造”之举是放弃机械卡片机而全面进入电子化，小托马斯·约翰·沃森的“彻底改造”之举是投资 50 亿美元研发大型机 System/360。此后两个世纪的时光跨越中，IBM 秉承了这种“彻底改造”的传统，收获的是巨大的技术领先和经济效益。

此外，世界一流创新型企业还要适时调整领导层管理机制，监督创新落实的同时确保创新的合理性。事实上，IBM 多次对领导层管理机制进行变革，确保领导层的创新执行力，如 IBM 曾改革了最高决策机构，把原由董事长和总裁组成的办公室和作为协调机构的经营会议改组为企业管理办公室，使成员由 6 人增加到 16 人。这一改组吸收了更多的经理参与最高决策，从而改进决策层的智力结构，加强集体决策，提高了高层对创新决策的科学性和合理性。

最后，世界一流创新型企业重大的基础技术革新需要领导层的直接领导和坚守，只有领导层的坚守才能孕育颠覆性创新。“周虽旧邦，其命维新”，百年 IBM 一直专注于信息产业的重大基础技术革新，其创新精神历久弥坚。而 IBM 领导层对创新的传承和坚守是 IBM 创新战略及其管理背后的重要推手。IBM 的创新管理历经几十载，有着丰厚的历史沉淀，同时也充满了变革精神。

（二）领导层的领导力

IBM 认为，在推动创新的过程中，CEO 的领导作用至关重要，创新应始于公司的管理层。而在制定创新战略时，CEO 应首先确定企业的竞争优势，结合自身的资源和业务特点，选定其中一个或几个创新层面来进行创新；其次，应设计企业创新路线图，列出创新重点，并明确创新所需要的内外部资源；再次，CEO 应当领导并推动创新步伐，同时定期跟踪和评测创新成果；同时，企业应拓展协作边界，整合内外部协作力量。

CEO 的领导力在组织创新过程中至关重要。在 IBM，CEO 应至少具备 9 大领导力素质，如图 4-1[①]所示，主要包括与客户共赢、全球视野、系统思维、建立信任平台、成为专才、团队成功、有效沟通、面对挑战、引领变化。这 9 大领导力素质保证了 IBM 核心领导的创新领导力，是 IBM 创新成功的重要因素。

与此同时，在创新的征途中，为了更好地支持 CEO 的创新战略，CIO（首席信息官）的角色和职能正在发生重要变化。在业务模式创新、内外部协作创新和激发业务与技术整合三个层面上，CIO 都发挥着前所未

① 邱丘、鲍春梅：《当东方遇到西方：IBM 的创新管理—— 3000 强沙龙之白艳女士专访》，载《管理 @ 人》，2011(01)：58 ~ 62。

有的重要作用。CIO 必须坐在技术与业务结合的“驾驶席”上，像运作企业一样运作 IT 组织，鼓励协作，为企业创建实时响应、灵活的基础架构，实现公司业务与 IT 技术的融合，从而将 IT 部门转变为真正的创新部门。

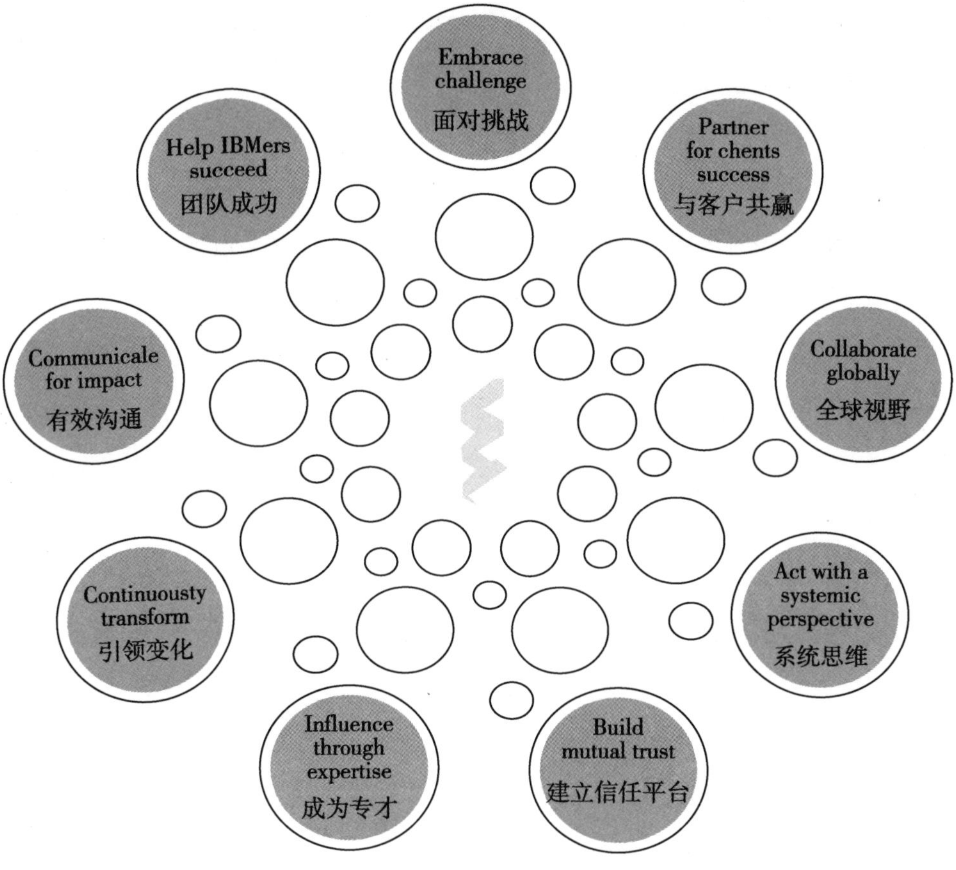

图 4-1　IBM 的九大领导力素质

CIO 可以在以下这三方面协助 CEO 的创新战略。

（1）将 IT 部门转变为创新部门。CIO 应当像运作企业一样运作 IT 组织，将 IT 机构的技术主导文化改变为以客户为中心的业务主导文化，重新定义 IT 流程以配合业务需求，打造创新的 IT 业务模式，从而成为赢得客户信任的业务合作伙伴。

（2）创建实时响应、灵活的基础架构。CIO 可以借助 SOA 和虚拟化技术手段，创建安全坚韧、协同开放、面向创新的基础架构平台，从而满足 CEO 的创新需求，为 CEO 的创新策略提供信息管理与决策支持，降低风险并提高业务的灵活性。

（3）鼓励协作并选择最佳协作创新伙伴。CIO 应协助 CEO 创造适合的环境，鼓励员工、客户和潜在合作伙伴分享思想，消除对合作的文化性抗力；可以将各个知识渊博的团队组合起来，鼓励员工开阔视野，超越公司边界，真正实现开放式的、无国界的创新；还可与其他企业领袖合作，使协作成为企业战略的一部分；CIO 应奖励从协作努力带来的创新思想，从而使创新成为企业文化中的重要组件。

二、多主体参与的服务创新模式

IBM Jam 模式的实施是 IBM 多主体参与的服务创新模式改革的先驱和典范。在前期充分发动和宣传 Jam 活动的基础上，IBM 的 Jam 总共有 104 个国家超过 15 万人参加，其中有 IBM 的管理者、员工及家属、公司客户、供应商、合作伙伴、学术研究人员等。活动历时两个阶段，每个阶段为期 3 天（每天 24 小时开放），共获取 46000 个新创意，网页浏览量达 420 万次。该模式的实施流程大致可分为 8 个步骤，如图 4-2 所示。

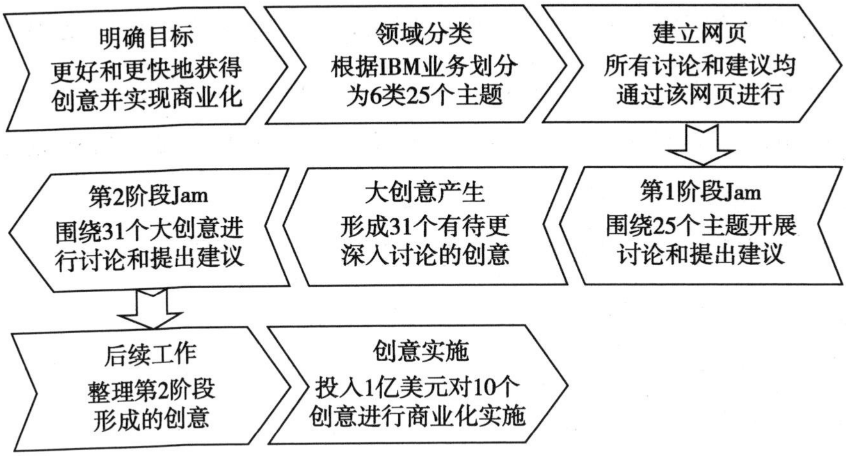

图 4-2　IBM Jam 模式实施流程图

第 1 步为明确目标。即明确本次活动的目标在于获得更好的新创意，以最快的速度将新创意进行商业化，最终推向市场。

第2步为领域分类。根据IBM的业务及未来发展战略将本次活动的讨论范围确定为智能嵌入（Embeded Intelligence）、全球个人合作（Global Collaboration for Individuals）、应用性超级计算（Practical Supercomputing）、洞察力提取（Extracting Insight）、全球企业合作（Global Collaboration for Companies）和智能化信息技术系统（Intelligent Information Technology System）共6个新兴技术和服务领域的25个主题。

第3步为建立网页。为本次活动专门建立相关网页，向所有创新参与者提供相关资料、数据，所有讨论和建议均通过该网页进行。

第4步为第1阶段头脑风暴活动。即围绕上述25个主题的创新展开头脑风暴，讨论和提出建议，历时72小时。

第5步为“大创意”（Big Ideas）产生。这是第1阶段的后续工作，IBM召集公司50个高级经理和专家组成专家组在纽约研发总部集中对收集到的创意进行讨论；对志愿者重点筛出的创意进行讨论；对原创意进行检查。专家组再细分为9个小组，每个小组5到8人，分别负责一个相关的创意组，最终形成了四通八达（Going Place）、更美好的地球（A Better Planet）、留住健康（Staying Healthy）、金融与商业（Finance and Commerce）共4个类别的31个“大创意”。

第6步为第2阶段头脑风暴活动。即围绕“大创意”再进行讨论和收集建议，同样历时72个小时。

第7步为第2阶段的后续工作。与第5步类似，通过软件和人工对第2阶段的创意进行整理，使之更适合企业和商业化应用需要。

第8步为创意实施。IBM宣布在未来2年内将投资1亿美元，支持在这次Jam中产生的10项新服务计划，包括：智能医疗支付系统（Smart Health Payment System）、简明商务引擎（Simplified Business Engine）、实时翻译服务（Real Time Translation）、智能设施网络（Intelligent Utility

Networks）、3D 互联网（3D Internet）、个人数码服务（Digital Me）、整合大众交通信息系统（Intgrated Mass Transit Information System）、电子医疗记录系统（Electronic Health Record System）、绿色巨人（Big Green）[①]。

IBM 的 Jam 可以说取得了较大成功，其做法也被后来戴尔（Dell）等公司所模仿，IBM 甚至将帮助其他公司开展 Jam 作为其一项商业服务。但从管理来看，IBM 付出了极大的努力，克服了诸多困难。特别是在面对来自世界各地的大量创新源的管理上，取得了较好的效果。

① 韦铁、鲁若愚:《多主体参与的服务创新模式管理研究——基于 IBM 案例的分析》，载《技术经济与管理研究》，2012(04)：26 ~ 29。

三、支撑创新的组织架构

组织架构是组织战略得以落实、商业模式得以推进的重要环节。针对不同的创新战略与商业创新模式，组织应基于战略视角对组织架构进行合理调整，减少组织架构带来的阻碍，保证创新战略的顺利实施，提高创新效率，使创新战略能达到预期的战略目标。IBM 在组织架构变革中的启示主要有以下两点。

（一）扁平化的组织结构

扁平化组织结构因能提高组织的灵活性和快速反应能力，减少传统组织结构中层层决策的官僚作风和时滞效应，已被现代企业广泛采用。而在多主体参与的服务创新模式管理中，扁平化的组织架构同样十分重要，其结构如图 4-3 所示。

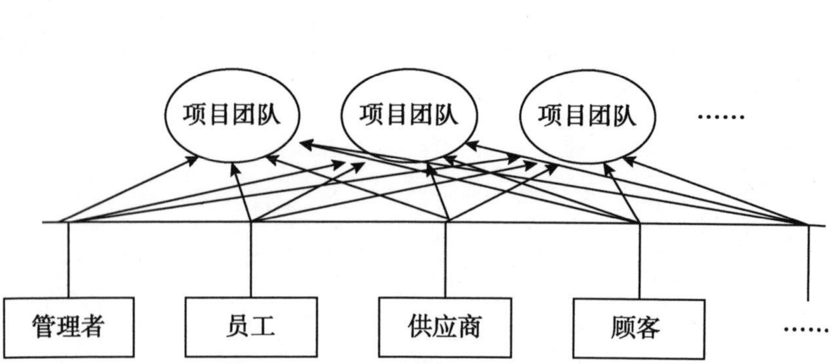

图 4-3　IBM 服务创新的组织架构

例如在IBM的Jam中，CEO和在世界各地的普通员工一样，在网上平等发帖和进行自由讨论，没有任何职位和权力区分，这种扁平化的组织管理方式能高效吸引企业内外部资源参与创新，并使企业能以最快速度吸收来自世界各地各种组织和部门的新创意。可以看出，扁平化的组织架构有利于增强创新参与主体之间的交流与合作。扁平化组织所具有的平等特征更利于为创新参与者创造一个自由宽松的创新环境，并且淡化组织边界影响，增加创新参与者之间的有效交流与合作。

同时，IBM通过Jam活动中的扁平化管理，快速地形成了一个个能充分反映企业内外部需求的创新项目，并在活动中提升了企业的知识吸收能力和创新能力。扁平化组织能提升企业对外界变化的快速反应能力，有利于企业动态地整合内外部的创新资源，快速灵活地组成项目团队进行创新，形成知识团队，提高企业的知识学习能力。扁平化组织能在一个快速灵活的组织架构下，整合企业内外部多种资源来进行创新。同时，为了更灵活高效地整合这些创新资源，扁平化组织不再以职能为单位，而是以项目为核心，形成若干的动态知识团队，将各参与主体的知识和企业组织结合起来，形成企业核心竞争力。

因此，在多主体参与的服务创新中，采取扁平化的组织管理将有利于发挥该模式的积极作用。同时，为了避免创新活动陷入无序、混乱和低效率，企业对多主体参与的服务创新进行扁平化组织管理时，应注意以下两个方面：一是创新组织权力的下放和分配问题。企业应掌握相应的协调权和最终决策权，以保证创新活动有序和高效地进行。二是要提高企业管理者和员工的素质，提升管理者对创新团队的管理能力，以及员工的知识储备和沟通技能，这对提高组织管理效率十分重要。

（二）实体和虚拟相结合的网络组织

在 IBM 的创新模式中，互联网虚拟组织在吸引大量企业内外部创新资源跨组织边界参与创新、快速获取新创意、实现扁平化管理等方面发挥了重要作用。当今互联网技术飞速发展并得到快速普及，Web2.0 技术使通过互联网更好地进行互动与合作成为现实，因此，发挥现代信息通信技术和互联网的作用，构建一个基于互联网的虚拟组织来吸纳更多的创新参与者，组织和协调参与者之间的合作是多主体参与的服务创新模式管理的重要措施。然而，虚拟网络组织也存在自身的一些缺陷，如缺乏面对面实体交流时的情感因素、丰富的肢体语言等，这在一定程度上可能会影响创新参与者彼此间的信任与合作效率。因此，在虚拟网络组织的基础上，还要适时地根据实际情况需要组织面对面的实体创新交流与合作。

实际上，在 IBM 的整个 Jam 系列活动中，也并不完全依赖于互联网的虚拟组织，例如在每个阶段的 Jam 后期，IBM 都组织专家组对收集的大量创意进行整理和讨论，以形成更具体和可供商业化操作的创意。因此，对于多主体参与的服务创新模式而言，既要充分利用现代通信技术，组建基于互联网的虚拟网络组织来吸引和引导更多的企业内外部创新资源对创新的参与，又要通过实体的创新组织，例如组建开放实验室、成立创新项目和创新团队等实体创新合作方式，来加强创新参与者之间的交流与合作，提高创新效率。

四、创新导向的人力资源管理体系

在 IBM，HR 扮演的角色是企业战略的合作伙伴，必须站在企业战略的层面帮助企业解决人力问题，并不是简单地做行政支持。HR 要前瞻性地分析企业的现状和未来战略发展趋势以及管理上的挑战，把战略上的挑战转化成人力资源的挑战，确定新的组织蓝图，并且对人实现最优分配。IBM 的人力资源管理密切围绕创新，努力营造鼓励创新的人力资源管理机制。

（一）绩效的指针作用

战略进一步落脚到“协作创新”之后，IBM 绩效管理体系旋即发生了变化：以前的绩效管理体系更多是以结果为导向，用的是非常健全的量化指标体系。近年来，IBM 增加了许多非量化的指标，直接指向员工的行为表现，用来评估员工实现业绩指标的整个过程。如果某位员工实现了绩效指标，但在实现指标的过程中妨碍了客户利益，以牺牲别人的利益为代价，或者诚信缺失，不符合 IBM 的基本价值观，就不可能再像以前那样取得一个好的绩效考核成绩。

（二）培训实时化

如何让新入职员工从海量的信息里快速抽离出来，只在需要的时候得到必要的企业理念、文化的灌输，加速其融入企业的过程，提高新入职培训的有效性？IBM 借助 IT 系统的实时性培训体系则很好地解决了这一难题。利用企业内网，IBM 把新员工入职培训变成了为期一年的实时培训。进入公司后，员工可以随时利用企业内网上的工具进行 360 度评估，并且同公司整体的平均值和优秀值进行对照，寻找自己的差距。系统还会根据其中欠缺的方面，为员工设计出个性化的个人发展规划方案。员工能够在系统内快速找到适合自己的培训课程。

（三）高效畅通的双向沟通机制

IBM 特别强调双向沟通，不存在单向的命令和无处申诉的情况。IBM 至少有四条制度化的通道给员工提供申诉的机会。

第一条通道是与高层管理人员面谈。员工可以借助“与高层管理人员面谈”制度，与高层经理进行正式的谈话。这种面谈是保密的，由员工自由选择。

第二条通道是员工意见调查。这条通道会定期开通。IBM 通过对员工进行征询，可以了解员工对公司管理阶层、福利待遇等方面的意见。

第三条通道是直言不讳。在 IBM，一个普通员工的意见完全有可能被送到总裁的信箱里。没有经过员工本人同意，“直言不讳”的员工的身份只有负责整个工作的协调员知道，不必担心畅所欲言后会带来风险。

第四条通道是申诉，IBM 称其为“门户开放”政策。员工可以通过申诉向各事业单位主管或任何总部代表申诉，申诉会得到上级的调查和重视。

（四）鼓励全员创新

创新型人才的培养是 IBM 创新精神得以传承的关键。IBM 奉行人才随需而变战略：所需的人才具有非常好的适应性，具备各种必需的软件技巧，能够顺应市场、客户的需求变化。这个目标落实到近期就是提供创新型人才。创新不仅仅针对研发部门，而是针对全员，强调每一个员工都要具备创新思维，不拘泥于各种条条框框，勇于改革，能够给出各种可行的变革意见，让整个公司在新时代更具活力和创新性。

为了鼓励创新思维，在企业内部打造创新氛围，IBM 首先充分利用公司内部完善的 IT 系统，提供了一个上临全球、下对新员工的对全员完全开放的创新平台，在企业内网设立了一个名为“Think Place”的在线工具。全球所有员工，不分地域、不分层级，每天 24 小时随时可以把自己富有创新性的想法实名公布到这个空间里。一批有资历的管理人员被选定为“创新促进员”，定期评估收到的想法，统计每条想法的支持率，评估其可能带来的业务价值、管理价值及文化价值，分数越高，被采纳的可能性就越高，一旦想法被采纳，提出者就会受到奖励[①]。“Think Place”工具让从下到上的创新思维传递完全畅通，那些可以增进协作而非抱怨的新想法都能够在最高层的支持下受到公开、公平的对待和处理，这就像打通了企业创新的“任督二脉”，极大地调动起全员的积极性。

① 宋华荣:《IBM 的员工管理秘籍》，载《企业改革与管理》，2008(11)：38。

五、完善的技术创新管理机制

要真正促进一个企业的技术创新和商业成功，就要使好的专利战略能够发挥作用，先进的技术创新管理机制是战略落实的基本保障，而技术创新管理机制的关键在于应当有一整套成熟的专利管理系统。经过近五十年的探索和实践，IBM已经建立起了一整套极其完备、成熟并且行之有效的专利管理系统①。

（一）多元高效的专利人才队伍建设

IBM知识产权法律部在全球有几百位专利专业人员，他们在专业背景、技能经验和文化背景等方面都存在非常大的差异。新的专利专业人员加入IBM知识产权法律部后，无论有无工作经验，一般都会由经理指定一个或者多个导师。新员工的导师一般由在IBM知识产权法律部任职较长且有丰富的工作经验，以及了解IBM的价值观和专利战略的员工担任。IBM的全球性优势也可以帮助新员工快速拓展工作领域并提升工作技能。

在专利专业技能方面，IBM知识产权法律部有很好的员工培训制度，有定期的全球新员工大会，组织IBM全球资深知识产权专家针对IBM知

---

① 刘荷辉、于秀兰:《IBM技术创新、专利战略及其管理》，载《实施国家知识产权战略，促进专利代理行业发展—2010年中华全国专利代理人协会年会暨首届知识产权论坛论文集》，2010。

识产权各个业务分别编写相关手册，不定期组织工作专题讲座，从而有利于员工总结工作经验，提升专业技能。而员工专业技能的提升，又加强了 IBM 专利战略的执行能力，提高了对 IBM 技术创新和商业成功的支持力度。

此外，IBM 专利专业人员与技术专家密切合作，通过频繁收购创新型企业来增强 IBM 技术创新能力和完备产品线。IBM 知识产权法律部各个分部门会及时邀请研发中心以及产品部门技术专家就其研究的项目或者产品体系进行介绍，确保专利专业人员能够紧随 IBM 的技术创新步伐。

总之，IBM 重视每一个员工的技能提升和个人职业发展，充分发挥每一个专利专业人员的优势，从而造就了一支拥有丰富技能、具备全球视野、能紧随科技前沿和充满激情的专利专业人才队伍，从而真正奠定了 IBM 专利管理的坚实基础，确保了 IBM 的技术持久创新。

（二）完备实用的专利管理流程

IBM 在全球拥有大量专利和专利申请，多个知识产权分部门，多个研发中心，庞大的软件、硬件产品和复杂的服务种类，因此要管理如此复杂且系统的专利，建立起一套行之有效的专利管理流程显然是必需的。

为确保 IBM 专利战略和管理的一致性和高效性，IBM 采取 IBM 总部拥有所有发明的申请权及专利权的集中管理制度。集中管理制度使得 IBM 知识产权法律部的各个分部门能够遵循统一的专利管理流程。

在 IBM，发明人将其在技术创新中产生的发明提交到专门的数据库中，有专利专业人员、技术专家组成的发明评估小组及时对提交到数据库中的发明进行评估：对于潜在商业价值高、技术贡献大的发明，通常会决定送到 IBM 在全球设置的某个检索中心进行重新检索，如果没有找到影响发明的新颖性或创造性的现有技术，这样的发明最终会被决定申请专利；对于潜在商业价值不那么高的发明，通常会被评估为“公开”，其目的之一在于防止其他竞争对手就同样的发明构思申请专利,从而保证 IBM 的行动自由。由于 IBM 技术领先，这些公开的发明大多技术价值较高，公众可以无偿使用这些公开的发明，从而大大促进了社会创新。从社会层面来讲，IBM 作为申请人，为提高整个社会的专利质量做出了贡献和表率。

截至 2020 年年底，IBM 在全球有近四万件专利，并且每年有数千件新专利加入，其维持这些专利的费用也是一个巨大数目。因此一项专利申请获得授权后，在其后续长达若干年的专利保护期内，该专利是否需要维持的问题将被反复提出，这是一个看似简单但实际操作极其复杂的问题。在 IBM，该问题的回答者是一个在 IBM 内部被称为专利组合管理的团队。该团队根据 IBM 针对所在国家和地区的专利战略目标、所在国家和地区的具体情况、竞争对手的具体情况、维持预算以及每件专利的潜在商业价值等多个因素，负责评估每件专利是否需要维持。只有那些被认为具有较高商业价值的专利会得到维持。

IBM 庞大且高质量的专利组合利用是由总部的专利许可部门统一管理的。IBM 专利的价值则通过专利许可、专利转让、技术转让和联合开发等方式体现，IBM 完备实用的专利管理流程确保了 IBM 的整个技术创新系统的健康持续运转。

（三）功能强大的专利管理工具

IBM 充分利用自身信息技术的优势和信息服务的能力，结合对专利的深刻理解，构建了涵盖发明挖掘、发明审批、专利维持和专利利用等整个专利生命周期的专利管理工具，其中还包括各种检索分析工具。

IBM 的专利管理工具被称为全球专利追踪系统 WPTS（Worldwide Patent Tracking System），该系统的使用者包括发明人、专利专业人员、专利管理人员、专利许可人员等。

IBM 同时有各种检索分析工具为专利专业人员以及专利管理人员提供从细节到宏观的各种信息，结合这些翔实的信息，专利管理人员可以结合 IBM 的专利战略，调整实际的专利管理目标。另外 IBM 实验室拥有世界上先进的专利检索技术，使得专利许可人员如虎添翼。

IBM 专利管理工具的核心其实是基于 IBM 对技术创新和专利的深刻理解而经年累月沉淀的专门知识，它是 IBM 的宝贵财富。随着 IBM 的信息技术进步和专利服务经验的积累，IBM 的专利管理工具仍在不断演进。

（四）独树一帜的专利组合管理

专利组合管理的目标在于确保 IBM 产品和服务的技术优势，保证 IBM 业务的行动自由，最大化专利带来的收入以及促进 IBM 的商业转型和成功等。专利组合管理团队是 IBM 专利战略的核心管理执行组织，团队成员由 IBM 在世界各地的资深专业人员担任，其好处在于可以确保专利组合管理的全球视野和全球经验。该团队根据 IBM 针对所在国家和地区专利战略目标、具体情况、竞争对手的具体情况等多个因素确定每年在各个国家和地区的申请量、维持量。该团队会定期对 IBM 各个专利技术领域的专利分布情况进行分析，也会对相关技术领域进行预测，以确定哪些领域需要加强。对于一些大的技术创新，比如云计算、智慧地球等，该团队会发起相应的研究项目来研究如何配合这些技术创新以加强这些技术领域的专利分布。对于专利转让，他们还需要负责评估该转让对该专利领域的影响程度等。专利组合管理团队的设立确保了 IBM 专利战略执行的一致性，同时在个案处理方面则确保了其正确性。

（五）行之有效的发明人奖励机制

发明人的贡献是IBM专利组合的根本来源，没有发明人所贡献的发明，专利管理、技术创新就成了无源之水、无本之木。

长期以来，IBM根据其在技术创新中的实践，建立起一套行之有效的发明人奖励制度。比如，发明人提交的发明在IBM首次被申请为专利申请，发明人会得到一笔价值不菲的首次发明申请奖金；如果不是首次，发明人也会得到一笔发明申请奖励。在专利申请授权后，发明人在提供有关该专利的相关信息后又会获得一笔专利授权奖金。为了鼓励发明人提交高质量的发明，如果发明人所提交的专利申请被专利组合管理组织选择为PCT申请，在该PCT完成进入国家阶段后，该发明人也会得到一笔价值不菲的高质量专利申请奖金。如果发明人的专利在后来的专利许可中创造了大的价值，则发明人可以得到更大的企业专利组合奖励。

另外，每一个IBM发明人都会因其发明被申请专利或者被评估为公开而分别获得相应积分，当积分达到一定程度后会被认为达到某一平台，并得到相应平台奖励。如果该平台达到一定高度，并且该发明人积极参与评估发明以及帮助新的发明人，则该发明人有可能被授予IBM发明大师的荣誉称号，这是IBM发明人都非常希望得到的一项殊荣。事实证明，IBM的发明人奖励机制非常奏效，IBM发明人每年新提交的发明有成千上万件，其质量也非常高。

六、以人为本的创新文化

一个企业的创新之道，最重要的是文化，而不是一个行为或者能一劳永逸，文化需要传承、长久磨炼和修炼。创新文化更多的是指一个开放性的平台和环境，员工有一些具体的权利，得以在一定的范围内自主发挥创造力，这是创新的基础。在此基础上，当员工有新的想法和提议时，公司领导层应该持接纳、欢迎的态度。否则，就算员工有了创新的星星之火，也无法发展成燎原之势。在整个创新的过程中，要有恒心、耐心，管理层尤其要做好打持久战的准备，要认识到创新的过程是很艰辛的，但也要相信，创新一定会给企业带来超出预期的回报。

接下来还要建立一个推动创新成果的应用和推广的激励机制。否则，如果光看到创新的口号而看不到创新的案例，或者员工看不到某些人因为创新而被企业认可的先例，那么，这个创新的氛围是带动不起来的。IBM 的文化中，永远有创新两个字，100 多年来，创新文化的根基，从来没有变。IBM 的员工普遍认同的一句话是：IBM 唯一不变的策略就是变化。所以，在创新文化的传承过程中，作为 IBM 的领导者，也传承了开放的理念、对不确定性的融入和对失误的包容，这包括：第一，从血液里认同创新的必要性。第二，对于创新给予绝对的支持。第三，知道创新会为我带来更大的回报。这种价值观更多的是以企业文化的形态存在。

IBM 迄今为止最重要的创新不是它的技术或管理体制，而是 IBM 人，IBM 的创新都是靠这些人来做的。IBM 人有别于其他人的地方是：他们的信仰和价值观不同。因此，当谈到IBM是创新型企业的时候，要明白，重要的不是它的技术和管理机制，而是有一群有着创新理念和价值观的人，唯有他们，才能把公司带到一个不同的境界上去。

创新带来一家卓越的公司，成就卓越的历程不是一朝一夕的，而是一个数年数代的工程。每个IBM人信仰的以创新为核心的价值观，成就了今天的百年强企——IBM。

世界一流创新型企业的创新战略应关注整个行业、技术、人类的发展进程，以带领人类走向更好的未来是世界一流创新型企业创新的根本宗旨。进入21世纪，世界经济发生了巨大变革，人类社会开始步入知识经济时代。伴随着自身以及整个社会的技术创新，IBM进一步调整了专利战略。新的专利战略更加注重私有创新和合作创新的平衡，IBM利用自己的专利组合积极倡议和推动开放源代码和开放标准，IBM通过使用知识产权带动企业的商业发展，通过跟其他公司签订合作研发协议，在一些技术领域方面进行共同开发，进行更多的合作等，这不仅给IBM自身带来巨大的经济效益，而且进一步促进IBM乃至整个社会的持续创新。

总之，世界一流创新型企业要一直将自己定位为行业重大基础技术的提供者和引领者，提出超前的技术和商业创新思想，创新精神才会历久弥新，科技创新才会硕果累累。

【案例点评】

IBM 对未来科技的前瞻性思考永远令人着迷，对未来的判断和思考体现在提供产品和系统解决方案。IBM 的创新模式永远站在科技领域的前沿，以云计算为平台，认知计算为解决方案，专注于行业的 IBM 再次踏上了转型的征程，正是因为 IBM 与生俱来的创新基因，以及百余年所积累的技术优势，使得 IBM 成功完成了数次转型。IBM 的创新既可以看到未来又可以现在行动，匹配以创新的人力资源管理体系、完善的创新管理机制与流程，让 IBM 这个"蓝色巨人"翩翩起舞，傲视群雄。郭士纳说："如果你想在战略执行方面胜过你的竞争对手，那你就必须把相关公司战略以及价值观清晰地传输给你的员工，并在公司的每一个行为中强化这种价值观，还要允许员工有相应的行动自由，信任他们，相信他们将会根据这些价值观执行公司的战略。"

河北金融学院管理学院副研究员
北大纵横管理咨询集团高级副总裁
孙连才

第 5 章

三星
从后发者到领头雁①

① 本章由沈阳工业大学管理学院王海军教授编写。

三星是韩国第一大企业，包括 85 个下属公司及若干其他法人机构，在近 70 个国家和地区建立了近 300 个法人及办事处，员工总数 20 余万人，旗下子公司有：三星电子、三星物产、三星生命保险、三星航空等，业务涉及电子、金融、机械、化学等众多领域，如图 5-1 所示。三星被美国《财富》杂志评选为世界 500 强企业，三星电子是旗下最大的子公司，目前已是全球第二大手机生产商和全球营收最大的电子企业。

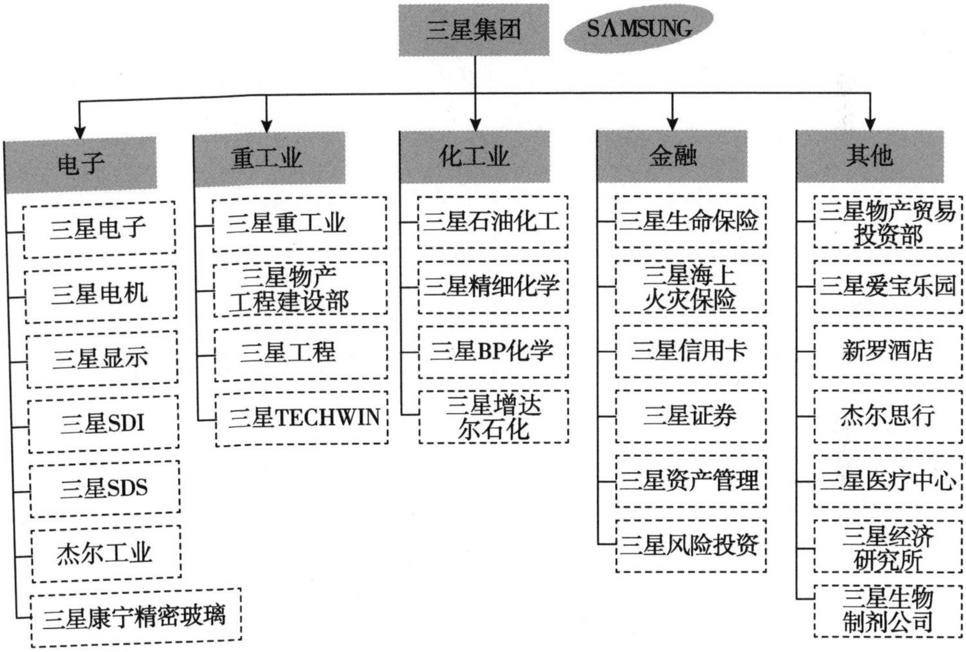

图 5-1　三星集团组织架构

1938 年 3 月 1 日由前任会长李秉喆先生以 30000 韩元在韩国大邱市成立了“三星商会”，1951 年 1 月三星 Moolsan（三星物产）成立，1974 年三星成立自己的重工业——三星造船厂，以此三星产业进入起步阶段。作为一个家族企业，三星经历了两代人的经营管理，从一个简单贸易的“三星商会”发展成具有国际影响力的“三星集团”，从最初只能依靠技术引进、模仿的生产企业到可以进行自主研发的技术领先企业，已经取得了令人瞩目的成就。1988 年三星提出“二次创业”，由此进入新纪元，到 1993 年提出“新经营”规划，以此成功迈上世界舞台。1994 年三星正式进入“新经营时代”，其不仅仅是为了获得优质产品，同时也是为了吸收优秀人才，以此为基础，三星技术产品的市场份额跃居全球前五位。2000 年三星开始引领数字时代的发展与演进，通过半导体产品、TFT-LCD、显示器和 CDMA 移动电话、数字电视以及打印机等三十余种产品成为全球市场占有率第一的企业，同时三星集团旗下三星生命保险也被《财富》杂志“世界 500 强”评为全球人寿 / 健康保险领域“第十大人寿 / 健康保险公司”，如图 5-2 所示。根据 Dataquest 在 2004 年 3 月的统计，三星电子产品市场占有率居世界第一的有 DRAM（29%）、SDRAM（26.9%）、FLASH（21%）、DDI（18.8%）。

以三星电子为例，在美国工业设计卓越奖（Industrial Design Excellence Awards，简称 IDEA）的评选中获得诸多奖项，连续数年成为获奖最多的

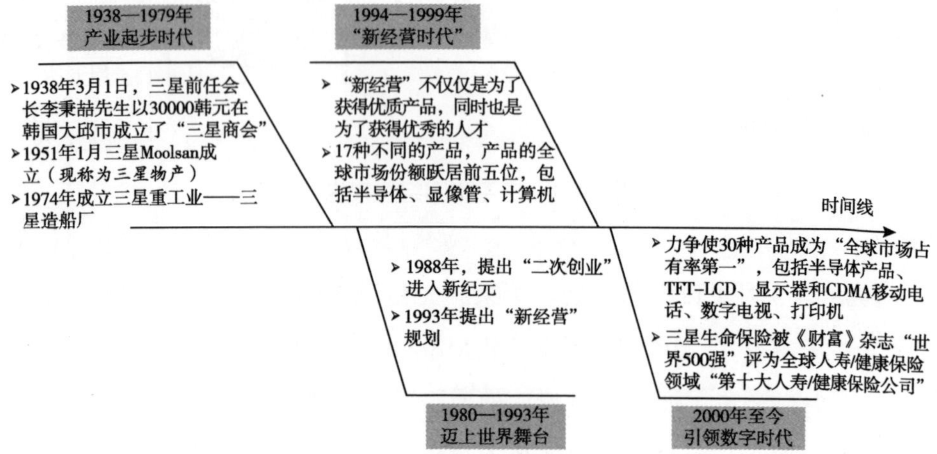

图 5-2　三星发展历程鱼骨图

公司；2003 年和 2004 年三星电子在美国取得的专利高达 1313 项和 1604 项，在世界所有企业中分别排名第九和第六。这些证明三星的设计能力和技术能力已经达到了世界领先水平，在国际市场上彰显出雄厚的技术实力。2008 年三星在电子工业、机械和重工业、化学工业、金融服务和其他行业领域共有 36 个附属企业，在近 70 个国家和地区建立了近 300 个法人及办事处，员工总数 26.3 万人，资产总额达到 3029 亿美元，净销售额为 1742 亿美元。三星高度重视企业战略变革和重视技术研究开发密不可分，如“二次创业”宣言、大规模的业务结构调整、“新经营运动”计划和“经营原则的革新方案”等。通过这些活动的贯彻实施，三星将企业定位于“成为 21 世纪世界超一流的企业”，在发展战略上转向高科技领域，并彻底转变以往“数量经营”的观念，对企业结构进行战略性调整，使企业研究集中于电子、金融、机械和化工等核心业务上。三星长期根植于技术经营的战略思想，而正是在这种“技术至上”的思想指引下，三星通过兴建各种研发和设计机构（三星综合技术院、三星创新设计实验室等），不断提高技术实力和产品设计能力，不断地开拓全新的市场领域。

再看 OLED（有机发光二极管）产业，三星显示（SDC）是三星电子全资控股的子公司，其始建于 1991 年。目前，三星显示在韩国、越南等地拥有多个研发中心和制造基地，子公司分布于 19 个国家和地区。在将 LCD 显示列入企业主要业务的 10 年间，尽管在电视等大尺寸 LCD 显示上占据优势，但在智能手机等中小尺寸显示领域，三星显示一直与夏普公司（以下简称夏普）、日立、东芝集团（以下简称东芝）等日本高科技企业处于激烈竞争态势，在 LCD 显示业务不断萎缩之际不得已选择走 OLED 道路。依托三星电子在半导体产业积累的基础，三星显示也曾试图推行封闭式的自主开发，通过在三星电子的体系内部进行创新资源配置，将 OLED 的所有核心技术及零部件都掌握在自己手中。然而，OLED 这一全新的显示产品对上游关键材料（如发光材料、封装薄膜）的性能要求苛刻，且制备工艺（如蒸镀、封装）复杂，良品率不易控制，三星显示无法完全实现OLED自主研发、生产。尽管三星显示于2007年在世界上首次成功量产AMOLED，但在较长时间段内，三星显示OLED仅在三星电子的Galaxy系列手机上应用，难以实质性地推动显示产业的变革转型和终端用户的消费升级。三星着力嵌入全球价值链并进行国际分工和协同，通过整合专业化的外部资源以构建新的创新生态系统，进而实现OLED的价值共创和价值分配，这对于推动OLED的颠覆性创新及其商品化至关重要。

一、创新驱动的成长路径

支撑三星成为一个扩张机器和利润机器的根本，正是它对技术研发的高投入。自 1997 年起，三星始终保持把营业额的 5% 以上投入研发，其工程师在员工总数中的占比也大幅提升到 24%。三星在 2002 年拿出 50 亿美元投资到 2003 年的研发和推广活动上，成为 2003 年全球研发投入最多的企业。2004 年，三星的研发投入占到总体收入的 8.3%，相当于 46 亿美元，2005 年研发投入为 70 亿美元。

三星电子倚靠 1641 项专利、在 2005 年度美国专利申请排行榜上取得了第五的位置，反映出三星 2005 年在创新发明上取得了不俗佳绩。目前，三星电子在全球有 17 个研发中心，2006 年在美国申请专利数增长 49%，仅次于 IBM，排名全美第二名。全球最大的智能手机制造商三星电子 2013 年的销售额增长了 17%，约为 2090 亿美元——创下了公司的历史最高纪录。2015 年三星电子的利润超过 270 亿美元，但近些年，它的 Galaxy 设备正面临与苹果公司 iPhone 系列手机和中国制造商的竞争，令三星电子倍感压力。三星电子 CEO 权五铉希望通过扩大三星的医疗健康部门、企业部门和智能家居部门，使公司利润再创新高。

三星将创新视为企业的生命，持有平板电视核心技术与产品的三星更加努力开辟 CRT 电视时代之后的“第二战场”——平板电视市场。在中国市场上，因为拥有垂直生产线，自上游等离子屏、液晶电视屏的生产至下游电视配件的组装可以实现内部供货，加之有效的本土化运作，使三星的平板电视具有成本与技术优势，奠定了在数字电视领域的龙头地位。

二、独特的创新管理机制

三星采取了一系列措施后努力从一种高度集中的组织模式转变为决策迅速、有高度弹性的组织模式，以更加迅速地对市场需求进行有效的响应。第一，形成了以会长为顶点、以结构调整总部和总裁团为两翼的铁三角决策模式，使三星的经营活动迈入了一个稳如磐石的时代；第二，改革公司的董事会制度，包括引入独立的外部董事制度和在公司内部建立一套高效而透明的会计制度，建立起了一套结构相对合理、运作非常高效、信息高度透明的董事会制度；第三，以事业部为中心建立和经营决策更加灵活的“网络型公司”；第四，不断简化决策程序，提高决策速度和决策效率，同时也提高公司对市场需求的响应速度。

（一）组织结构变革

在早期，三星一直实行的都是一种“自上而下”的命令——控制型组织模式。尽管这种高度集权的组织模式曾在特定的历史时期内为三星的高速发展起到了极大的推动作用，但是随着业务规模的不断扩大以及外部环境日趋激烈的变化，这种组织模式的局限性也日益凸显出来：第一，组织内部的决策过程将会变得十分冗长且反应迟缓，从而无法对快速变化的市场需求做出及时、有效的反馈；第二，部门分割严重，导致组织结构的进一步僵化，组织缺乏足够的弹性；第三，企业内部讲究一种服从与忠诚的观念，不利于员工，特别是下级一线员工创造力的发挥；第四，很难融入不同文化地域的人才，其无法适应三星国际化步伐。

（二）业务结构调整

三星第一次大规模的业务结构调整开始于前会长李健熙提出的“二次创业”宣言，并在“新经营运动”中进行具体实施。三星以将企业建立成为21世纪世界超一流的企业为目标，为了加强自己在半导体行业中的实力，同时不断地向高科技领域转型，三星将电子、半导体以及通信等新兴业务全部融入三星电子一家公司内，以加强在消费电子行业里的实力。同时，三星还将注意力集中到电子和重工业两个领域，以期打造在世界高科技领域的良好声誉。第一次业务结构的调整标志着三星一改以往业务结构混乱不堪的局面，开始在以半导体技术为核心的基础上，不断拓展新兴的有潜力业务领域。三星 1988 年的 50 家公司在 1998 年减少至 24 家，减少的公司总销售额为 25 亿美元，大都是食品、纺织和服务行业。

尽管第一次业务结构调整给三星带来了很多本质上的飞跃，然而，也留下了一些问题：忽视了对自身品牌及形象的塑造；在过分乐观的情绪指导下，仍然贸然挺进了很多陌生且没有任何运作经验的新兴业务领域，结果由于生产线拉得过长，加上低端品牌利润空间的进一步萎缩，三星在金融危机中遭遇了前所未有的经营危机。在这种情形下，三星宣布了“经营原则的革新方案”，开始第二次大规模的业务结构调整，其重点是对原有业务进行大规模的压缩，如对军事、飞机、卫星、卡车等诸多不盈利的部门进行处理（或者出售，或者转让，甚至彻底销毁）。与此同时，三星还对各类产品库存进行了大幅度的削减，向臃肿不堪的组织结构开刀，大规模地裁减冗余人员，从而能够将主要的精力集中在核心业务上。2000 年，公司高层决策者发表了建设“数字化电子公司”的新宣言，旨在通过加强产品研发、市场销售以及整体运作能力，实现消费者生活的价值与幸福，标志着三星在高端数码产品领域实现了又一次的突破，也意味着三星在消费电子业务领域的产品定位将立足于高端数码产品。

（三）顾客服务理念的转变

进入21世纪以后，数码时代的脚步离我们越来越近。在新的形势下，全球IT行业正面临一个重新洗牌的过程，旧的游戏规则不断地被打破，新的游戏规则不断地涌现出来。在变化如此多端的市场上，一个企业如果不思进取，只知道坐享其成，那么它原来所拥有的竞争优势随时都有可能烟消云散。因此，要想掌握市场上的新机会，企业必须时刻关注消费者最新的需求动态，并且调整生产能力，不断地满足他们的需求。在这样的认识下，三星制定了一个“先见，先手，先制，先占”的“四先”战略，并以此为实施数字化战略的主要行动纲领。具体来说，“四先”战略强调的是一个“先”字，就是要抢在所有竞争对手之前做出抉择，在市场上不断地推出最新产品，从而赢得时间上的领先优势。“先见”就是要抢先对日新月异的市场需求进行仔细的观察，并且根据以往的经验做出正确判断；“先手”，就是抢在其他竞争对手之前进行产品的研发和设计工作，并且率先在市场上推出；“先制”，就是说要在创新技术、产品功能、产品设计以及竞争时机等要素上给予竞争对手压制性的威慑，争取赢得明显的竞争优势；“先占”，就是抢在竞争对手之前占领市场，做好前期的战略布局工作，从而获得较大的先发优势。

（四）全面立体的标杆学习

按照美国生产力与质量中心（APQC）的定义，所谓标杆学习就是“一项系统的、持续的评估过程，通过不断地将自己的企业流程与全球范围内优秀企业进行对比，从而获得有助于改善企业运营效率的信息”。

对于三星标杆企业的选择，李健熙做了一个具体的要求：它们必须是全球范围内首屈一指的公司，也就是说必须是掌握各个领域关键秘诀的公司。其终极目标就是要通过这种全方位的学习来不断地提升自己的竞争实力，从而最终实现成为世界超一流企业的梦想。基于这样的条件，三星在日常经营运作的各个环节上都找到了可资借鉴的学习对象，这些企业无一不是在某些领域内拥有其他企业所不具备的一技之长。

（五）开放式的文化

约翰·科特认为："只要你是成功者，那么不管你是否想要，你都会有一种企业文化。相反地，没有企业文化的，必将是那些长期以来不断失败的公司。"在对三星的企业文化进行审视时，能够看到两条非常清晰的主线：一条是以保守观念为主导的企业文化，强调的是集体主义以及对组织和上级领导的忠诚；一条是以开放观念为主导的企业文化，强调的是对不同事物的包容性以及对创新、企业进化的疯狂追求。

强调集体主义的好处在于它能够很好地团结和凝聚人心，使大家有劲往一个方向使，从而产生强大的合力，彻底贯彻上级传达的指示和命令，有力地保证企业的战略规划在组织中得到有效的执行。而以开放观念为主导的企业文化保证了三星能够不断地吸纳来自外界的各种新鲜事物，吐故纳新，同时对身边潜在的各种危险保持必要的警觉。具体体现在，他们能够不断地打破各种传统的束缚，以高昂的薪水从国外聘请许多一流人才，同时将国内大量优秀的员工派遣到海外去学习，接受先进企业的设计和研发理念；他们能够如饥似渴地吸收国外先进的管理经验和经营理念，并且以世界卓越企业为学习标杆，不断地改善自身存在的不足之处，有效提高管理能力。

（六）人才第一主义

重视人才是三星的一项优良传统。从创始人李秉喆开始，三星就十分重视对人才的管理，在其自传《第一主义》一书中，他首次提出了“人才第一”的理念。在“人才第一”观念的影响下，李秉喆在领导三星的过程中，逐渐积累并形成了“疑人不用，用人不疑”“因材施教”“有无能力”等重要的人才管理原则。而李健熙接手三星后，更是不断加大对人才的投资力度，提出了“人才为本”“质量为主”“技术领先”的口号，积极引进和利用各类优秀人才。而李健熙“1 个天才能养活 10 万人”的论调更是成为三星“人才第一主义”观念的重要标志。

在人才战略方面，三星实行“有所区别”的人才战略：敢于投入重金，吸引国外的天才级人物；重视对人才的培养，并为此建立了很多培训机构；建立了一套赏罚分明的评价体系，从而有效地激励人才为三星的战略规划而奋斗等。三星的高层领导还拥有培养人才的长期战略眼光，事实上，很多目前执掌实权的高层管理人员都是从公司内部逐步培养起来的，这在很大程度上保持了人才培养和晋升的连续性。进入 21 世纪，三星提出了打造“国际化三星”的口号，为了实现这个宏伟的目标，三星在 2002 年的一份报告中指出：“三星要建立全球人力资源管理系统，以便为今后 5 到 10 年的发展提供充足的人才储备。”

在人才使用上，三星是一家包容性极强的公司。三星不但敢于重金吸纳天才级人物，而且同时对一些非常具有个性、甚至是难以相处的员工也能够做到知人善用，让他们在公司内尽情地发挥自身优势和特长。在三星看来，每一位领导者都不应该冷落个性天才，相反地，应该根据实际情况给予重用，同时要善于利用他们身上的优点来为己所用。因为这些人尽管个性突出，但是往往对工作和事业非常执着，不达目的誓不罢休。因此，只要愿意花时间对其进行悉心的培养，他们就会有潜力成为某一个领域的行家里手。

（七）人才的激励、考核和培训体系

为了激活人们的工作积极性，在公司内部形成一种相互竞争的机制，三星开创了分门别类的人才管理体系，按照能力来区分人才，三星员工被分为三个主要的级别：S 级（超级人才，不但拥有超凡的能力和潜质，而且在实际工作中同样成绩显著，是公司现在和未来重点要关注的对象）；H 级（拥有很大潜力的人才，这些人虽然拥有很好的个人潜质，但是尚未能在工作中取得很显著的成绩，他们是公司需要给予重视，而且进一步培养的对象）；A 级（同样具备一定的潜质，同时拥有一定的工作成果）。三星将 H 级和 S 级人才视为公司内部的核心智囊团，对他们进行重点培养和利用。针对这些在能力上有所差异的员工，三星提供的薪酬标准也是不一样的。对于 S 级的超级人才（大约 400 人）来说，他们所得到的平均报酬将会比普通员工高出 3 倍还多，目的主要是更好地吸引并留住他们，对于 H 级和 A 级人才，薪水以此为标准逐级下降。

（八）按照实际业绩支付薪酬

公司组织的年度评估中，将评定结果分为四个级别：A 级、B 级、C 级和 D 级。A 级为最高级，可以拿到岗位工资 130% 的报酬；如果工作完成情况良好，就可以拿到全额年薪；相反，如果没有按时、按质地完成预定的任务，则会遭到相应的扣减。在首席执行官的年薪结构中，基本工资部分所占比例只有 25%，剩下 75% 要看公司股票在证券市场上的具体表现以及最终的经济增加值（EVA）指标而定。除此之外，三星还经常会给予那些为公司做出重大贡献的技术人员以重奖，颁发“技术开发奖

金”，是除了正常薪水以外额外颁发的。另外，三星还拥有一套非常完善的奖励制度（集体奖励和个人奖励），成为有效激励人才的关键。

在人员的考核方面，三星开发出了“知、行、用、训、评”5项基本准则。知，就是要非常熟悉自己的业务和工作内容，包括基本的概念、技术以及人事技巧等；行，就是要不但“知其然”，还要用实际行动来向众人证明一切，而不是仅仅只停留在口头上；用，就是要懂得在工作中合理地分配任务给下属，并且做到赏罚分明，把人才用到刀刃上；训，就是在下属需要指导的时候能够及时地给予必要的帮助，同时对他们进行指正和教导，不要放任自流；评，就是对下属取得的成绩要给予正确的评价，指出他们的优点和不足，同时要做到及时反馈。

而在人员培训方面，三星人力开发院、地域性专家培养制度等一大批培养机构和培养制度相继建立起来，构成了一套立体的、全方位的人才培养体系，有效保障了三星源源不断的人才输出。三星人力开发院本着“共享价值”的理念，为三星培养能够引领未来趋势、富有创造力而且乐于奉献的优秀人才。而根据“地域性专家培养制度”，三星每年将会派遣350名左右的国内优秀人才（一般需要有5年以上的工作经验）到海外市场进行参观和研修。在此期间，他们将学习当地的社会文化和风俗习惯，亲身体验当地的实际情况，以便提高在国际化运作方面的经验。三星将他们培养成熟悉国外风情的专家，以备将来在需要时将他们派遣到海外市场接管三星在那里的相关事务。另外，除了将国内优秀人才派到海外学习，三星还大力推行“海外人才三星化”战略。

三、着力构建企业创新生态系统

（一）柔性 OLED 显示创新生态系统

三星显示的柔性 OLED 显示被誉为平板显示的最佳形态，有望引领未来屏幕的发展趋势。从实践角度看，柔性 OLED 显示先后在三星 Galaxy S10、苹果公司 iPhone X、Oppo 广东移动通信有限公司（以下简称 Oppo）Reno 等众多一线智能手机品牌的旗舰机型中被采用，在行业内引起强烈反响。三星显示依据理论基础建立全球价值链下自己主导的柔性 OLED 显示创新生态系统（见图 5-3），它主要由多核心企业牵引并集结周围众多的互补方而构成，其中，颠覆性创新供应端的核心企业主要包括柔性 OLED 核心原材料（含器件）与关键制造设备供应商，着重开展上游价值链的材料和工艺突破；整合端以领导型核心企业——三星显示为轴心，着重打造颠覆性的柔性 OLED 核心技术平台及整合创新要素等；应用端的核心企业则分布着智能手机品牌厂商，推动柔性 OLED 显示颠覆性创新成果的应用扩散和商品化。

系统的关键内在特征在于：第一，以核心技术平台为基础。柔性 OLED 显示预留有 PCI/MIPI 等模块接口，这些兼容性设计便于客户进行扩展、集成。引人关注的是，在三星柔性 OLED 核心技术平台中，还集成了化学气相沉积（Chemical Vapor Deposition，简称 CVD）的薄膜封装技术及投资入股的佳能 Canon Tokki 真空蒸镀技术，这些突破性技术的应用使三星显示在柔性 OLED 显示的制造良品率和品质上全球领先。

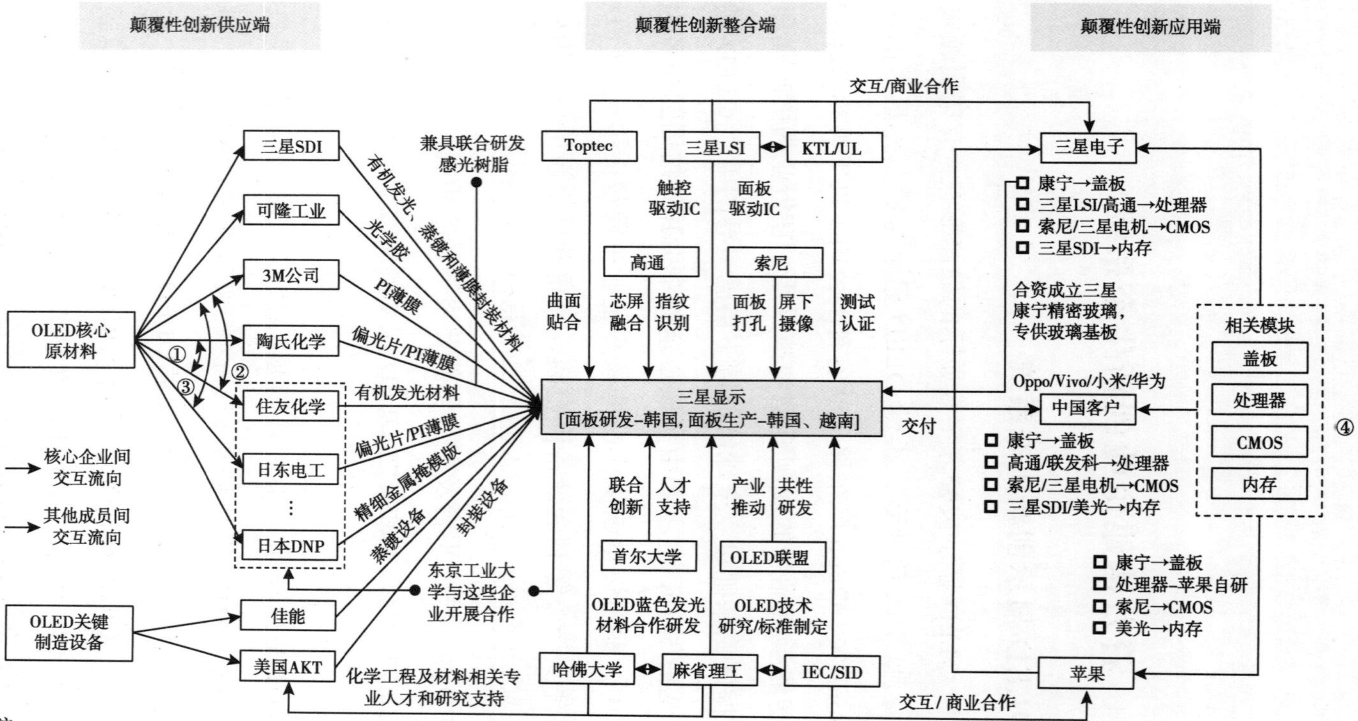

注：

三星SDI：三星半导体　三星LSI：三星大规模集成电路　KTL：韩国产业技术试验院　日本DNP：日本印刷株式会社

IEC：国际电工委员会　UL：美国保险商试验所　IC：芯片　美国AKT：美国应用材料公司

SID：国际信息显示学会　Toptec：韩国最大的面板贴合设备生产企业　CMOS：用于摄像的图像传感器　PI薄膜：聚酰亚胺薄膜

注：

①住友化学并购陶氏化学发光聚合物业务

②3M与住友化学成立合资公司

③日东电工与3M合作开发高性能偏光片

④高通与索尼公司合作开展基于AI的CMOS传感器研发

图 5-3　三星显示主导的柔性 OLED 显示创新生态系统框架

同时，三星显示还积极推动核心技术平台的升级，努力维持和发展自身在柔性 OLED 领域的主导地位。第二，嵌入模块化创新协调机制。模块化对核心技术平台创新带来了重要的影响。一方面，创新可以发生在技术模块上，而不会影响或威胁到平台的完整性；另一方面，三星显示还能以 OLED 核心技术平台为基础，开发出易于互换且以模块为单元的产品组合，从而减少产品结构复杂度，吸引更多的互补方在平台上创新。通过嵌入模块化创新协调机制，三星显示针对柔性 OLED 核心技术平台设计了模块化产品架构和模块接口，并以此为纽带建构了创新生态系统。第三，单、多核心企业价值链协同。由分布于不同价值链节点的多核心企业牵引，集结若干模块子系统及资源模块所构成，形成外部协作、内部联动的价值网络。通过实施高层互访、技术路标交流、标准制定、供需链全面对接等措施，三星显示及其核心企业伙伴逐步建立起战略性互信机制，形成了柔性 OLED 创新生态系统中的支柱力量。

（二）全球价值链协同机制

推动全球价值链下 OLED 颠覆性创新进程及其商品化，不仅要依托于创新生态系统这个载体，更离不开运行机制的保障，其中对不同机制与其应用典型进行整理与描述，如表 5-1 所示。

推动全球价值链下 OLED 颠覆性创新进程及其商品化，不仅要依托于创新生态系统这个载体，更离不开运行机制的保障。经过 10 多年反复试错之后，三星显示才找到并确定了主动矩阵有机发光二极体技术路线，并以此为基础打造核心技术平台，吸引其他合作伙伴共同推动颠覆性创新及其商品化。在此过程中，来自三星电子总部的先进技术研究院（Samsung Advanced Institute of Technology）、三星显示的 OLED 研发中心及其产品

表 5-1 三星显示的 OLED 全球价值链协同机制应用情况

机制细项	机制描述	典型应用
全球价值链嵌入机制	基于柔性 OLED 显示的技术复杂性和创新逻辑，围绕上游、中游和下游建构价值链，并结合自身优势嵌入相应节点，进而确立最佳价值定位	三星显示将模块化创新设计策略嵌入柔性 OLED 显示核心技术平台，建立了分工明确的全球价值链条，并定位在要素整合和面板研发创新节点上
价值链核心互动机制	① 针对全球价值链的外部合作伙伴，设计相应的遴选和导入手段，尤其注重吸纳互补性强的顶级资源进入价值链，确保在多核心参与者互动的前提下，OLED 显示的研发、采购、生产和交付顺畅； ② 核心企业应允许在松散耦合的全球价值链体系中存在非唯一性和排他性的合作对象及合作方式，价值链中的其他核心合作伙伴有权自主选择价值链内部乃至跨价值链的合作对象，反过来这也有利于激发本价值链的创新、成长和重构	① 三星显示采取与三星电子相同的供应商行为准则，在 OLED 显示的关键物料供应源上，一般会选择不低于两家优秀供应商，例如偏光片由日东电工株式会社、住友化学株式会社（以下简称住友化学）和三星 SDI 供应，避免影响物料的及时交付； ② 三星显示不排斥客户在与三星合作的同时，还可以使用其他显示技术产品。例如，住友化学既能与三星显示合作，又可以同 LGD 签订供货合同；Oppo 的智能手机阵容中除了使用 OLED 显示外，还采用了 LTPS 和 a-Si 显示方案
全球价值链共益机制	① 核心企业在与全球价值链伙伴开展交互合作时，合作各方均能在推进价值链分工、信息交流和资源整合过程中，享受到价值共同创造所带来的惠益，进而促进价值链的可持续发展； ② 核心企业应采取个性化的激励措施，用以提升价值链节点伙伴的合作黏性（例如“大资源换大资源”“超利分成”等）和创新动力，实现双方互利共赢	① 三星显示与 OLED 蒸镀设备商 Canon Tokki 持续了十多年的紧密合作，联合改进了工艺并签订长期供货合同，在保障三星显示 OLED 显示良品率的同时，Canon Tokki 也从濒临倒闭到驰名世界； ② 针对苹果公司、Oppo 等 OLED 需求量较大的战略性客户，三星显示不仅给予价格优惠和交付保障，还提供定制化的面板设计和及时性的面板技术支援

开发部形成了“三位一体”技术创新系统，前两者聚焦电子类产品的共性技术和 OLED 中长期先进技术研究，产品开发部则专注于短期上市产品的开发和商品化。

（三）维护创新生态系统

尽管构建了 OLED 颠覆性创新生态系统，但如何促进其顺利运转和动态循环？如何确保该系统内的成员间既竞争又合作？这些问题是三星显示面临的又一挑战，如果治理措施不当或实施不畅则依然不能真正推动 OLED 颠覆性创新进程及其商品化，这也是该企业连续亏损七年仍无法扭转其 LCD 显示业务的症结所在。三星显示充分意识到运行机制是保障全球化价值链协同和 OLED 创新生态系统健康运行的必要条件，该企业主要从以下三个层面切入，着力开展对 OLED 颠覆性创新生态系统的治理，如表 5-2 所示。

第一，参与方动态优化机制。拥有互补性资源的战略角色是创造新价值、把握新机遇的基础条件。对于基石型核心企业来说，参与方的动态优化有利于颠覆性创新生态系统的新陈代谢，可以保障有竞争力的合作伙伴留下来、不合格的资源及时退出去，这样的创新生态系统运行特征也符合达尔文提出的自然选择、适者生存法则。此外，如图 5-3 所示的 OLED 颠覆性创新生态系统并不是恒定的，会结合用户需求和全球价值链的变迁而重构。通过实施该机制，三星显示得以整合来自全球价值链的优秀合作伙伴，从而推动 OLED 颠覆性创新生态系统的演化。

第二，有效性互动促进机制。参与方的有效性互动是维持颠覆性创新生态系统竞争力的关键因素。三星显示历经 10 余年的不断摸索，最终确定了 OLED 技术路线，并以其为基础打造极具竞争力的 OLED 核心技术平台。进一步地，该平台起到了连接全球价值链节点、增强创新生态系统成员间核心互动的作用，实现了提高协同创新效率、降低沟通协调成本的效果，其他系统成员还能利用三星显示所搭建的核心技术平台进行二次开发，乃至可能拓展商业新机会、催生新产业，继而实现更广意义上的价值创造。

第三，模块化创新协调机制。专业化分工和组织协同是驱动颠覆性创新生态系统的核心环节。一方面，在三星显示技术创新系统中，三星电子总部的先进技术研究院、三星显示的OLED研发中心专注于电子类产品的共性技术和OLED中长期先进技术研究，而产品开发部负责短期上市产品的开发和商业化；另一方面，模块化创新协调机制在OLED创新生态系统应用显著，不但降低了三星显示与其价值链合作伙伴的摩擦，也提高了合作各方互相选择的自由度和适配性。

表5-2 三星显示的OLED颠覆性创新生态系统治理机制

机制细项	机制描述	典型应用
参与方动态优化机制	① 基石型核心企业应整合外部的优秀合作伙伴（如供应商、终端集成商、大学和研究机构）进入OLED创新生态系统，同时积极塑造共同的愿景目标，促进创新生态系统参与方的动态优化； ② 基石型核心企业应允许在松散耦合的全球价值链体系中存在非唯一性和排他性的合作对象及合作方式，价值链条中的其他合作伙伴有权选择链条内外部的合作对象，反过来这也有利于激发创新生态系统的成长和演进	① 三星显示扬弃了将核心技术及零部件都掌握在自己手中的垂直整合文化，将包括氢氟酸、光刻胶在内的资源整合视角瞄准全球。同时，该企业每年都要对其合作伙伴进行审核评估，辅以即时性的检视，保障了优秀的合作伙伴进入、不合格资源及时退出； ② 三星显示不排斥客户在与三星合作的同时，还可以使用其他显示技术产品。例如，住友化学既能与三星显示合作，又可以同LGD签订供货合同；Oppo的智能手机阵容中既有OLED，又有LTPS和a-Si

续表

机制细项	机制描述	典型应用
有效性互动促进机制	① 核心技术平台是吸引互补方、促进成员间有效性互动的载体，企业通过打造专有、独特的核心技术平台，且与互补方合作推动其升级，有利于减轻、规避惧怕颠覆性技术创新的“大企业病”； ② 核心技术平台还是保障创新生态系统生命力的关键。创新生态系统内参与方可以基于基石型核心企业提供的可拓展性产品平台，投入力量进行二次合作开发，进而推动创新迭代； ③ 基石型核心企业应设计相应的合作伙伴遴选和导入手段，尤其注重吸纳互补性强的顶级资源进入创新生态系统。在参与者间良性互动的前提下，保障 OLED 的研发、采购、生产和交付顺畅	① 围绕灵敏触控、边框宽度、面板厚度、屏内打孔、屏下摄像等行业关切，三星显示积极地推动其核心技术平台持续优化。在 2010—2019 年间，三星显示的 OLED 核心技术平台先后经历了 6 次重大革新； ② 三星显示平台既拥有 PCI/MIPI 等接口，又为客户提供延续性创新空间，苹果公司、Oppo 和华为等主流客户提供了基于柔性 OLED 平台，推出搭载压力触控、瀑布设计、屏下摄像等亮点功能的终端产品； ③ 三星显示采取与母公司三星电子一致的供应商行为准则，例如在 OLED 关键物料供应源上一般会选择多家全球一流供应商，以避免影响相关物料的准时交付
模块化创新协调机制	① 从企业内部视角来看，各个专业化的组织模块之间应呈现出既相互依存又关系独立的弱连接合作关系（即良性依赖），进而实现“各美其美、美美与共”的模块化组织管理效果； ② 基石型核心企业应能实施兼具颠覆性创新和维持性创新的二元性创新管理策略，并在企业业务系统中设置专业化组织模块来承接相应创新活动，进而有机协调企业创新策略的探索与实施； ③ 基于模块接口具有的标准化和透明特征，可以将其模块接口视为基石型核心企业与其他合作伙伴间共同遵守的技术逻辑和信息交互“软治理”手段，成为对传统的契约“硬治理”的重要补充	① 三星显示虽隶属于三星电子（100% 控股），但坚持实体化运作，且与三星其他子公司相互独立。三星显示目前已经成为三星电子的竞争对手——苹果公司和中国客户的 AMOLED 的关键供应商； ② 三星显示既有负责短期市场需求的维持性 OLED 产品企划和开发部门，又设立了 4 所聚焦前瞻性市场需求分析和突破性、颠覆性前沿科技研究中心，分别位于京畿道和忠清南道、硅谷和横滨； ③ 作为典型的 ICT 产品，AMOLED 产品架构清晰、模块接口规范，且在行业内被广泛接受，这直接推动了三星显示与其创新合作伙伴从以往的被动性合作转变为“默契式”“互信式”合作

四、经验启示

置身于经济全球化的发展环境中，企业面临着如何协同价值链条、推动颠覆性创新及其商品化等深刻命题。在需求拉动、技术驱动和市场开放的交织作用下，平板显示产业正在不断发生裂变，“赢者通吃”的时代早已过去，转向价值链协同以及基于创新生态系统的竞合共生。

第一，对于三星显示来说，全球价值链不仅仅是情景，更是颠覆性创新的关键要素。围绕用户对于显示面板的厚度变薄、高效节能、曲面设计和可弯折等个性化需求，三星显示打造了 OLED 核心技术平台，在此基础上整合全球价值链资源构建了 OLED 显示创新生态系统，其中分布在产业链上下游的核心企业在 OLED 显示创新生态系统中起到“基石”的作用，贡献了较多的、有价值的核心互动。依托 OLED 颠覆性创新成果，三星显示成功地实现了从后发企业的高端市场进入，冲击着由夏普、日立、东芝等在位企业占据的 LCD 显示主流市场。

第二，模块化创新策略在三星显示主导的 OLED 显示创新生态系统中起到了关键促进作用。在模块化嵌入的 OLED 显示创新生态系统内部，分工更细、协作程度更高、沟通协调成本更低，例如，大学、科研院所提供的专业化分工（*基础研究和应用研究*）成为 OLED 创新生态系统中不可缺失的关键一环。

第三，“无平台不生态！”三星显示在 OLED 显示创新生态系统中起到了参与者、协调者和匹配者等平台型企业的角色。同时推动了单、多核心企业价值链协同，辅以全球价值链协同机制和创新生态系统运行机制，保障了创新生态系统的健康良序运转。这些举措有力推动了OLED显示的技术裂变和商品化进程，支撑三星显示在行业内取得显著的市场绩效和技术创新绩效，并且促进了企业的全球价值链升级。

【案例点评】

纵观三星的创新之路，不难发现，三星走向世界一流企业的路是靠内部与外部“两条腿”前行的。内部“一条腿”是技术创新，最具代表性的言论是李秉喆曾说过的：“技术的支配者将支配世界。”“人才第一”的理念也是这一技术理念衍生而来的，接着衍生出相应的激励制度，而这一制度又促进了技术创新。之前形成的闭环，帮助三星实现了从技术追赶到技术赶超；外部“一条腿”是时代给予的外部机会，最具典型性的是三星抓住了半导体的机会窗口，实现了进一步的飞跃。“虽有智慧，不如乘势”，三星遇到了半导体的时机之势，聚焦半导体，成为全球价值链中的关键部分，实现了迅速发展，也由此奠定了三星的行业地位。内部与外部“两条腿”齐步跨进世界一流创新企业。

天津师范大学管理学院　张党珠

第 6 章

微软

软件创新的巨人[1]

① 本章由杭州电子科技大学管理学院杨伟教授编写。

1975年，比尔·盖茨从哈佛大学退学，与自己的高中好友保罗·艾伦在一家旅馆房间里共同创立了微软。创业伊始，微软以修改BASIC程序为主要业务，最终，微软BASIC逐渐成为公认的市场标准，公司也逐渐占领了整个市场。1980年，IBM公司选中微软为其新PC机编写关键的操作系统软件。微软将MS-DOS提供给了IBM，IBM-PC机的普及使MS-DOS取得了巨大的成功。其他PC制造者都希望与IBM兼容，于是MS-DOS在很多家公司被特许使用，至80年代，MS-DOS成了PC机的标准操作系统。1983年，微软与IBM签订合同，为IBM PC提供BASIC解译器和操作系统。

20世纪80年代末90年代初，微软在其MS-DOS操作系统的基础上推出了Windows 3.x系统，进行了一次有利的尝试。1995年，微软推出了独立于DOS系统的Windows 95操作系统，它迅速占领了全球的个人电脑市场。1998年，微软推出了Windows 98操作系统，这是其历史上影响时间最长、最成功的操作系统之一。2021年，微软发布了Windows 11，至此Windows操作系统已经更新了16个版本，成为应用最广泛的操作系统。

除了PC机的操作系统以外，微软在服务器操作系统、办公软件、网页浏览器、搜索引擎等一系列的领域都有着较大的市场份额。在服务器操作系统应用领域，微软先是推出了Windows NT系列操作系统，接着在此基础上推出了Windows 2000系列操作系统。2003年微软又相继推出了Windows 2003 Sever系统和Windows 2008 Sever系统。在办公软件领域，Office套件目前已经升级到了Office 2019，其强大的功能和易用性在办公软件领域可谓无人能敌。微软成立40多年以来，创造了无数的神话。它的视窗操作系统在全世界90%的PC上被应用，它的Office办公软件，服务器OS，还有嵌入式OS Windows CE、手机OS Windows Mobile都已经在各个行业中保持着较高的市场占有率。

2014 年以来，微软致力于推动业务转型与组织变革，在智能云平台、个性化计算和终端设备等领域推出了一系列新的产品和服务。一方面，微软在云平台领域频频发力，与亚马逊开展正面竞争。另一方面，微软也推出了 Xbox、Surface 等硬件产品，并实现与硬件和 Windows 的混合应用。

在上述一系列创新型产品的背后，是微软持续的研发活动与资源投入。微软拥有超过 63000 件的美国和全球专利，在加拿大、中国、印度等设立了 7 个海外研发中心。2015 年以来，微软研发经费投入保持了近 10% 的年均增长率，一直保持 13% 左右研发投入强度，2020 年微软研发投入 192.69 亿美元，研发强度占比 13.47%。

微软多年来一直位居各类创新型企业排行榜的前列，在创新管理方面有自己的独到经验。归纳起来，主要表现为适时调整愿景与创新战略、激发员工创新活力、服务于创新转型的绩效考核体系改革、采取平台型产品创新策略、通过过程控制推动技术创新质量、支持创新的领导者和积极实施组织变革等方面。

一、适时调整愿景与创新战略

作为一家数十年来一直保持领先地位的科技型企业，微软能够根据内外部环境的变化适时调整自身的创新战略和产品愿景，为公司的发展指明新的方向。

在微软设立的初期，公司的愿景是：让每台桌上、每个家里都有一台个人计算机。当时微型计算机刚刚起步，通过软件来推动计算机的普及化是微软当时的最终目标，这也是比尔·盖茨当时的理想。在这个愿景的激励下，公司的产品开发努力都是为了达到这个理想，力图通过个人计算机提供廉价和易用的操作系统及大量的应用软件，推动微型计算机的普及。

随着微软整体业务的扩展，微软逐步开始向桌面计算机软件之外的软件市场进行发展，例如像服务器、移动设备、嵌入式设备等，在这个方向的驱动下，微软调整了企业的愿景：在任何时候，任何地方，于任何设备上，提供能够为人类发挥最大潜力的优秀软件。在这个更新了的企业愿景下，微软在过去的十几年中在那些非传统计算机的软件开发上做了巨大的投资和努力，例如应用于手机上的 Windows Mobile 操作系统、游戏平台产品 Xbox 等。这都是微软在其愿景的引领下完成的。

在 2002 年，随着信息技术的进一步应用和互联网的高速发展，微软更进一步更新了自己的企业愿景：帮助全世界的个人和企业充分发挥他们最大的潜力。从那时起，微软开始致力于开发各种企业内部平台、软件开发、网络协议及网络运营平台，在微软的技术的领导与业界激烈的竞争下，互联网信息技术呈爆炸式发展，企业与个人的工作效率也大幅度提高。如今 Office 系列办公平台不仅仅是一款个人工作平台，其已经成为企业内部内容分享、内容发布、信息处理的解决方案，仅仅一个 Office 所发展出的解决方案分支就已经达到近十个。

随着公司愿景的调整，微软的创新战略也在不断调整。微软的创始人比尔·盖茨很注重战略计划。他手里总是有一份五年计划，每当计划快完成时，他就会制定下一个五年计划。比尔·盖茨每年都会留出一个“思考周”，在这一周时间里，他会阅读资料、研究软件，其主要目的是从微软的日常事务中抽出身来，为公司发展做长远规划①。创立之初，微软公司采取了“标准先行”的战略，借助 IBM 个人电脑和兼容机，使得 Windows 系统成为行业标准，占据了绝大部分的市场份额②。但“成也萧何，败也萧何”，Windows 也使得微软陷入了“创新者的窘境”，错失了移动互联网时代。在此背景下，微软的第三任 CEO 萨提亚·纳德拉提出了“刷新”的战略，对微软的核心业务进行了重塑，将“云与 AI”作为微软的重点创新领域，以更好地适应智能计算的环境③。

---

① 〔加〕戴夫·贾沃斯基:《微软风云：见证软件帝国的成长、迷茫与创新》，李文远译，杭州，浙江大学出版社，2019。

② 赵小兵:《方舟：数字经济创新史》，北京，中信出版集团，2020。

③ None:《微软 CEO：重新发现商业与未来》，载《企业研究》，2018(08):32 ~ 43。

二、激发员工创新活力

公司深知好的想法存在于每个部门和每个层次的员工的头脑中。创造一个良好的环境和契机，对激发员工的创新潜力具有重要的意义。在激发员工创新活力方面，微软采取了如下举措。

首先，微软创建了微软车库，一个旨在促进草根创新的中心。创建微软车库的出发点是：如果你给员工空间、支持、帮助和一些有指导的项目，那么任何有想法的人都可以做一些事情。当每个人都能为创新做出贡献时，公司创造了一种不同的动态，创新是民主化的，最好的想法是那些繁荣的想法。微软车库的目标是让整个组织踏上创新之旅。如果员工发现有什么东西坏了，或者有什么东西可以做得更好，他们就不用等别人来做了，他们可以去车库发展他们的想法。

其次，微软组织了“全球黑客马拉松（Hackathon）”活动。这是一个为期一周的活动，员工们在这个活动中提出想法，招募其他员工进行合作、聚集在一起，然后进行“黑客攻击”完善他们的概念和创意。黑客马拉松产生的想法中的一部分将被纳入微软的产品中，并被数以百万计的用户使用。第一次黑客马拉松有 11000 名员工参加。第 2 年，黑客马拉松引入了公司领导团队开发的“挑战”，员工开始着力解决公司面临的挑战性问题。2020 年，新冠疫情使得微软全员在家办公，微软更加鼓励员工参加黑客马拉松，结果有来自 97 个国家和遍及每个部门的总共 7 万多名员工参加，使当年的黑客马拉松成为世界上最大的私人创新活动。

第三，重视员工培训。微软通常采用寓教于乐的方式对员工进行培训。微软采用各种培训方式，既有传统的，也有游戏场景式的，比如玩类似于《危险边缘》游戏节目或模仿当时所流行的其他游戏节目，在游戏过程中提出想灌输给团队与知识有关系的问题，使得培训内容变得更加有趣难忘，并确保整个团队能获得一致的信息。这样的培训有助于微软创造卓越业绩。微软认为企业要对员工持续不断地进行培训，因为培训能让企业变得与众不同。如今，绝大多数企业和团队比以往任何时候都更注重精益化管理，这时候培训就显得尤为重要。通过培训，企业可以让一个年轻的团队从激烈的市场竞争中脱颖而出，帮助员工取得个人成长和职业生涯成就，并彰显企业对员工的关怀①。

---

①〔加〕戴夫·贾沃斯基:《微软风云：见证软件帝国的成长、迷茫与创新》，李文远译，杭州，浙江大学出版社，2019。

三、服务于创新转型的绩效考核体系改革

微软长期以来使用了“强制分级排名”的员工绩效考核体系，每个商业单元的管理团队对自己管理的所有员工进行绩效考核，并按照固定的比例，将员工放入高绩效员工、平均绩效员工以及低绩效员工等不同的等级中。这一考核体系使得员工们总是在和自己同一个团队的同事竞争，阻碍了员工间的开放合作创新。萨提亚·纳德拉出任 CEO 后，积极推动微软进行绩效考核体系改革，将“促进合作、帮助成长、奖励价值”作为新体系的三大目标[①]。

首先，促进合作。新的绩效体系将通过合作所产生的影响正式纳入了考核中，而不是光看个人产生的影响。“影响力”的考核主要围绕三个维度展开：(1) 你是否整合、利用了前人的工作成果？(2) 你是否为他人的成功做出了贡献？(3) 你自己的贡献是什么？这样的指导思想极大地促进了微软员工之间的通力合作，并获得了显著的成效。现在，微软的产品是不同团队的聪明人之间全面合作的结果。员工们也开始意识到并接受：群体智慧比个人智慧能创造更高的价值。这种开放的心态甚至逐渐地渗透到了微软的业务上，形成了从封闭到开放的局面，从过去只使用微软的技术与平台进行开发，变成了在微软的平台上用其他技术也可以进行开发。这种

① 廖卉：《昔日王者，荣耀回归——人力资源双翼合力，助微软战略成功转型》，载《清华管理评论》，2018(10)：28 ~ 37。

对开源技术的支持，帮助吸引更广泛的开发商与开发者加入他们的阵营。

其次，帮助成长。新的绩效系统取消了评分，关注点不再是给员工贴上一个又一个标签，而是帮助他们成长。在分数被抛弃后，取而代之的是频繁的有关员工学习、发展和创造价值的指导性对话。微软的指导性对话，相比与有固定频率（例如：一年一次/两次）和固定时间的领导—员工绩效考评对话更加灵活。这样，领导就能够根据工作自然的周期和进度更为及时地提供反馈，以帮助员工进行反思，促进员工进步。一般来说，对话主要围绕以下四个话题展开：（1）你产生了多大的影响力？（2）有哪些方面你可以做得更好？（3）你优先考虑的事情是什么？（4）你想要学习什么？在与团队领导讨论之前，员工需要书面写下对于这些问题简明扼要的回答。这本身就是一个反思与展望的过程，不仅有助于阶段性地记录和梳理工作心得与计划，也有助于系统地培养员工的成长型思维。

最后，奖励价值。在这个新的绩效体系下，员工只要为业务真正创造了价值就能够得到奖励。在根据价值论功行赏时，经理们在拿到奖金预算后有很大的自由度对奖金池在团队成员中进行分配。但是，为了增加团队内部的区分度以及团队之间的可比性，微软会组织“校准会”，经理们各自推荐和描述自己认为具有高影响力、产生了高价值的员工，进而通过讨论与比较来确定相对一致的衡量标准。

四、平台型产品创新策略

为了在软件产业日益多样化的各个相关领域中参与竞争，微软实施平台型产品创新的策略，这一策略可以分成五个部分：（1）平台形成；（2）平台的自我更新；（3）平台纵向深入；（4）平台演化；（5）平台横向扩张。以下为具体内容。

一是平台形成。微软在产品开发是强调尽早进入不断演变的大规模市场，或以能够成为行业标准的“好”产品促进新市场的形成。例如，微软不断地从一种软件和大规模市场转向另一种软件和大规模市场，从一代产品转向另一代产品。这种多样化和更新换代有时是通过技术上有联系的产品和某种启动性技术完成的。在此过程中，微软创立了一些标准，它们本身能促进新的大规模市场的形成，并通过积极扩张，扩大平台范围。

二是平台的自我更新。主要是指微软不断改进新产品，定期淘汰旧产品。一方面，微软通过每年投入大量研发经费稳步地改善其产品，使得其竞争者要想赶上来是非常困难的。另一方面，微软定期推出新的换代产品，这些新的换代产品仍严重依赖于原先的产品，并且在某种程度上不过是一些渐增改进的拼凑。但是，一旦几种新技术放在一起，许多这种小的改进就会导致一种新产品的出现，使老产品几近过时。随时间的变化而不断变化并加载新的特性，这导致了富有竞争性的产品的不断出现。

三是平台纵向深入。微软通过推动大批量销售，签订专有供货合同，以保证公司产品成为或继续成为行业标准。微软定价、促销、授权和支持产品的方式都有力地促进了大批量销售。公司为产品提供大量优惠，前提是公司认为如果低价格能导致市场的指数扩展，那么对每件产品只取薄利要好得多。长期以来，这些策略与其他一些策略一起使微软在编程语言、字符操作系统、PC 图形操作系统和桌面套装软件等主要市场上取得了压倒性的优势。大批量销售对于维持这一循环过程和公司发展一直是至关重要的，软件业是固定成本产业。因此量绝对代表着一切，因为可以将固定成本在广泛的范围内分摊。

四是平台演化。主要是指微软充分发挥作为新产品和关联产品的平台供应商的优势。定价、促销以及促成大批量销售的销售协议，使微软确立了其公司的地位，也使它的一些产品成为巨大的平台。但为维持和扩张其市场地位或者为向新市场销售新产品，一个平台提供者还要争取利用其对产品“结构”的影响力。对微软来说，包括应用软件的制造者，以及软件开发工具、硬件外围设备和驱动器（如打印机和监视器）以及为微软操作系统设计的其他产品的生产者。

五是平台横向扩张。微软通过整合、拓宽并简化产品以进入新的大规模市场。微软为开发将原本分离的功能集成为一体的、更便于消费者使用的产品而投入了巨大的资源。微软在工作场所、家庭市场、互联网上都将现有产品做了充分整合。

这些策略都不是微软所特有的，然而很少有公司能够在一个产业的几代产品中将这些原则结合起来运用。微软作为一个公司在其始终如一地将这些原则结合运用的能力方面是超群的。例如微软供应 MS-DOS 和 Windows 操作系统时采用了大批量排他性合同，还利用其标准提供者的地位向市场推出新产品。

值得指出的是，平台提供者并非是一件很容易的事情，还有两个更不易应付的挑战：一个是在足够长的时间内维持这一地位，以便在几代产品中利用这一优势。另一个是将这种支配力扩展（比如通过产品或营销联系）到新的市场上去。它控制了不止一代的关键工具和平台技术——语言和操作系统（字符形的和图形计算机），但它控制的仅是一些应用软件的领域。不过，微软是少数维持并扩张了其市场实力的公司之一。首先，微软不断进行渐进的产品革新，并不时有重大的突破，尽管这通常不过是将许多渐进的革新进行包装。渐进的革新，有时是重大的革新形成一种不断的新陈代谢机制，使竞争对手们很少有机会能对市场的主导者构成威胁。微软积聚了巨大的财力和技术资源，使其能够维持这一研发水平。它还遵循着某种不同寻常的战略原则：主导性企业一般不愿因引进新产品而使其现有产品的销售量减少。其次，微软在不断地整合、嫁接、重组并简化其产品。这样做的主要目标是以同时拥有多种过去一度是相互分离的功能的产品进入新的市场，并使产品更广泛地走向广大用户。这种竞争和革新模式使微软的影响力扩展到包括计算机初学者及家庭消费者的规模巨大的市场上。

五、通过过程控制推动技术创新质量

微软力求开发面向广大市场的产品，并设立了实事求是的标准。它的产品开发期与生命周期相对较短，这些因素都产生了非常巨大的影响。产品开发计划既要紧凑，又必须灵活而有弹性，开发过程还必须尽快往前进行，这样才能确保技术创新的质量。

一是将技术创新节奏分割成里程碑，并设立缓冲时间。一个项目的进度安排具有灵活性，但同时也提供了项目内外互相依赖性以及一种高度组织化的预期交流机制。微软的管理人员并不是一味地在一个项目中投入得越多越好。他们要努力弄清在一个新的开发项目上，到底有多少时间和人员可用。他们也考虑了未知的变化与困难，确定项目的规模使之与时间和可用人员相符。这样，微软的项目进度表由计划阶段与若干循环过程组成，每一循环包括产品的开发与发布，测试与稳定化以及为意外事故准备的或在重要阶段连接处安插的“缓冲”时间。每个项目都有自已单独的进度表，但微软已经越来越强调产品之间发送安排的协调性。

微软的同步——稳定产品开发法集中了里程碑和每日构造这些关键的概念。在微软，计划阶段的产品是想象性描述与说明文件，用来解释项目将做什么和怎么做。在管理人员拟定进度表、开发人员写出源代码之前，这些东西都促进了人们对设计问题的思考与讨论。开发阶段围绕三次主要的内部产品发布来进行。稳定化阶段集中于广泛的内部与外部测试。在整个产品生产周期中，微软都使用了缓冲时间的概念。缓冲时间使开发组能够对付意外的困难和影响到时间进度的变故，它也提供了一种手段，可以缓和及时出品与试图精确估计出品日之间的矛盾。

二是运用想象性描述和对特性的概要说明指导具体技术创新。就单独的一个项目而言，微软和其他 PC 软件开发者的主要任务是，既要给出足够的开发框架以使工作能持续进行，又要能容纳开发过程中出现的变化并保持足够的灵活性。为了做到这一点，微软采用高水平的想象性描述和概要的说明来指导项目运转，而不是在一开始就努力写出一份完整和详细的说明。想象性描述是由程序经理和来自市场营销组的产品计划人员共同编写的，它是一份非常短的文件，定义了一组驱动产品开发过程的目标，但不涉及产品要求的细节。

三是根据用户行为和有关用户的资料确定特性创新的顺序及优先级。微软采用了在开发进度表中，将特性选择与优先级安排建立在公司的被称为“基于行为制定计划”的技术之上来确定产品特性及优先顺序。基于行为制定计划法从对用户行为，诸如写信或做预算，做系统研究开始。然后，根据特性在支持重要的或经常的用户行为上的重要性来对其进行评价。这样做的优点是对特性取舍的更理性的讨论，对顾客想要做什么的更好的排序，对某个给定特性是否方便了特定任务的更集中的辩论，可读性更强的说明，以及在市场营销、用户教育和产品开发中更好地同步。基于行为制定计划法中的关键点在于按用户行为、产品特性以及行为和特性之间的内部联系来分析产品，当说明产品的新版本时，基于行为制定计划法帮助程序经理和开发人员集中他们的精力与创造力。

四是建立模块化的和水平式的设计结构，促进技术创新的共享。微软产品设计中的一个关键概念是产品的基础结构——尤其是生命周期短的应用软件——应随项目的进展变得更加单一（而不是错综复杂）。当开发组构造产品的第一版时，他们更多地使用分级式结构，好为产品设计规定出一个最初的架构。然而，随着时间推移，他们向单一的结构迈进，以使项目能集中于特性开发。项目需要逐渐地增加和删除特性，随着时间改变和发展特性（比如从基于字符的界面向图形用户界面过渡），以及增加产品间特性表现和运作的一致性。微软越来越强调不同产品间的特性共享。共享有助于使不同产品的“性能与感觉”都统一协调起来；它也方便了需要不止一个应用软件的用户，减少了代码的重复书写，缩小了单独一个应用软件的规模。

五是靠个人负责和固定项目资源实施控制，控制创新所需资源。估计产品的开发与交付进度是一项富有挑战性的任务，尤其是在软件项目中。有许多因素会影响到进度，并且测量开发过程也很困难。微软解决这些困难的方法是把进度安排和工作管理的责任推到最底层，即推到单个的开发人员和测试人员那儿去。这保证了每个人除了作为小组的一部分来表现外，还负有个人的责任。单独的开发人员设立他们自己的进度表，程序经理把单独的进度表加总起来，再加上缓冲时间，以制定出一个全面的项目进度表。顶层的总经理也固定基本的资源——人员与时间，以确保项目集中并限制其努力与创造程度。

六、支持创新的领导者

许多成功的企业都归因于总裁的专业知识和商业敏锐感及其领导和管理才能。在美国产业界，比尔·盖茨也许是最精明的企业家，同时也是最被低估的管理者。无论是在对软件和计算机技术的独到见解上，还是在创建并维持一个庞大的盈利企业上，他都表现出了惊人的天赋。

在技术上不必赘言，作为 BASIC 语言的发明者和 MS-DOS 的实际发明人，他的技术实力在整个计算机科学界都屈指可数。在创新管理上，比尔·盖茨作为领导者采取了如下策略。

（1）精明人士和小型团组：一开始就聘请一批了不起的人物并成立小型团组，使得优秀的人员总是与优秀的人员在一起工作。

（2）使大型团组的工作方式小型化的开发过程：在许多方面正规化。经过每一个里程碑式的重要阶段时，都力争做到没有任何瑕疵。

（3）使团组之间相互依赖性减少的产品结构：在微软，其良好的组织结构能使相互依赖性降到最低限度，即使在开发组内部也是如此。

（4）集中力量开发新产品：公司所有的成员都在一块儿工作，只有少数例外。

（5）公司构造的软件产品，直接用于其工作机器。

（6）单一的主要开发语言。

（7）公司内部使用自己设计的软件工具。

（8）多人了解有关产品细节。

（9）经理人员既创建产品又进行技术决策：没有不懂技术的管理人员，因此，去寻求技术和管理之间的平衡毫不费力。

（10）一个范围广泛的消费者信息反馈圈：拥有包括市场在内的更为优质的信息反馈圈。

（11）从过去项目中汲取经验教训。

萨提亚·纳德拉出任微软 CEO 后，深知高层领导对公司创新和战略转型的重要性，启动了对高管薪酬的改革，以激发高管对创新的支持。转型后微软的高管激励一改多年以来“平庸也可”的养人模式，着重强调“按绩效授予”薪酬的模式。即转型后，微软高管必须做出符合预期的成绩才能拿到相应的回报。微软高管薪酬设计通过拉高浮动薪酬、长短激励搭配、选人留人并举，引导整个高管团队的回归初创企业的奋斗状态。再看微软股权激励的业绩目标，虽然都与新战略一脉相承，却完全不同于短期现金奖金的年度指标，年度考核更多侧重财务指标，而股权激励则关注前瞻性的里程碑，引导高管做长期决策[①]。

① 黄钰昌、陆怡：《高科技企业转型的参考样本：看微软如何设计高管激励》，载《经济观察报》，2020-05-13(023)，https://baijiahao.baidu.com/s?id=1666541574704438422&wfr=spider&for=pc。

七、组织变革

随着移动互联网的崛起，微软经历了“失落的十年”。2014 年萨提亚·纳德拉接任 CEO 后，提出了“刷新”微软，启动了全面的组织变革，为微软的创新发展注入了新的活力。概括而言，微软的组织变革主要包括三方面内容①。

第一，从以产品为中心，转向以客户为中心。以客户为中心，意味着必须时刻关注和解决客户的问题。那种停留在给产品和技术打打补丁、修修补补的方式，显然不是以客户为中心。保持好奇心、保持想象力，用技术创新来满足客户未能表达和未被满足的需求；在理解客户应用场景的基础上，倾听客户的心声，预测客户的喜好，以初者心态，了解行业和对手，不断带给客户惊喜，这是公司保持成长型思维的关键。

以客户为中心的背后，是微软的同理心文化。同理心是一种“站在对方立场设身处地思考的一种方式”，一旦沟通双方具备同理心，冲突就会大幅度化解。萨提亚·纳德拉为微软文化输入同理心：对那些努力获得成功的中小企业主们报以同理心，对那些渴望创新突破的工程师们报以同理心，对那些寻求技术解决方案的合作伙伴报以同理心，甚至对竞争对手也要报以同理心。

---

① 杨继刚：《微软十年转型：组织变革赋能于人》，载《中国工业和信息化》，2018(11)：50 ~ 55。

第二，减少自以为是，增加自以为非。面对别人的不同意见，不是去证明自己的观点是正确的，而是首先想到，对方为何会有这种差异，我能从差异中学到什么，之前的观点有何漏洞和问题，对方的意见对我有什么帮助。唯有尊重差异，才能察觉自己的认知偏见，真正张开双臂拥抱差异，让成长无处不在。

第三，打破部门和团队壁垒，跳出舒适区。客户要的是 Windows，还是系统解决方案？客户要的是 Office，还是办公效率提升？客户要的是云服务，还是生产力效率提升？微软意识到，客户需求的不是产品，而是解决方案。因此，过去那种条线分离、各自为政的产品格局体系，就需要被打破和改变。围绕客户需求，各个部门和团队上下一心、共同协商解决方案，才是微软真正的竞争力所在。

八、经验启示

作为长期处于 ICT（信息通信技术）领域领导地位的创新型企业，微软在发展过程中既经历了“创新者的窘境”，又实现了自我变革与“刷新”，对世界一流创新型企业的建设具有如下启示意义。

（一）动态能力是实现持续创新的基石

动态能力是企业整合、建立和再构造内部与外部资源以应对快速变化环境的能力。持续创新需要企业不断地“审时度势”，根据内外部环境变化调整战略方向和具体的创新行为，动态能力则是这种动态调整背后的能力基础。不具备动态能力，企业可能可以产生偶然性的创新，但也容易陷入“创新者的窘境”，最终被市场所淘汰。

就微软的创新经验来看，无论是适时调整的愿景和战略，还是萨提亚·纳德拉以“刷新”为核心的组织变革，以及核心业务从传统软件向云平台及人工智能的转变，都展现出其具有的强大动态能力。基于微软的经验可以看出，企业首先要形成动态思维，认识到企业的创新行为需要不断适应内外部环境的变化，并时刻做好变革的准备。在此基础上，需要形成三种有助于提升动态能力的核心机制。

一是愿景与战略变革机制。正如微软在不同发展时期提出不同的企业愿景一样，企业需要根据环境的变化，及时修正对未来的假设，进而及时调整企业价值观和发展目标。如果缺乏一套有效的愿景与战略变革机制，这种调整只能是企业高层管理者的偶发行为。因此，企业需要建立从环境扫描到既有战略和愿景评估，再到情景规划的完整机制，为愿景与战略变革提供制度基础。

二是资源重组机制。在战略和愿景发生变化的情况下，企业面对的主要市场领域和需要的关键资源也往往随之变化，能够及时对企业创新资源进行重新配置就成为适应环境的关键。从微软的经验来看，第一是要保证充足的研发资源投入，使得资源重组留有余地。第二是采用平台或模块化策略，使得资源重组以更加渐进或连续的方式进行。

三是组织变革机制。组织变革是战略调整和资源重组的保障机制。根据微软的经验，组织变革并非简单地对组织结构进行重新划分，还要进行组织文化与考核机制的调整。组织文化的重构有助于减少组织变革的阻力，增强新设立的组织部门的凝聚力。考核机制的调整则有助于增强员工参与变革的动力，也给员工形成新的预期。

（二）以标准引领和保障创新

微软非常注重标准的作用，通过技术产品标准和管理标准来拓展市场、驱动创新和进行创新管理的管理。例如，在微软创立初期，比尔·盖茨就树立了让公司产品成为行业标准的策略，通过签订专有供货合同、捆绑销售等方式推动大批量销售，使得 Windows 成为 PC 机最主流和安装基础最大的操作系统，微软产品开发等创新活动也是围绕这一策略逐步推进的。同时，在具体的软件开发项目方面，微软也形成了自己的管理标准，并被同行业企业广泛学习，有效提升了产品开发效率。根据微软的经验，企业需要做好如下工作。

一是制定标准化战略，稳步推进技术标准体系建设和开展标准竞争。“一流的企业做标准”已成为业界的共识。微软 Windows 产品的成功，进一步诠释了技术和产品标准的巨大威力和丰厚回报。企业需要深刻认识技术和产品标准的重要作用，提早布局和谋划，在提升技术能力的同时加强标准竞争的意识，抢占法定标准和事实标准（或主导设计）的制高点。同时，技术和产品标准具有系统性，形成相互关联的标准体系能够使技术标准价值最大化。从标准体系构建的角度进行研发布局和技术创新，有助于企业研发和市场化高效衔接。

二是因地制宜推动产品开发项目的标准化管理。新产品开发等创新项目具有高度不确定性，标准化管理有助于控制风险，减少不确定性带来的影响。微软对软件产品开发过程进行精细的设计，并使之标准化和制度化，成为行业圭臬。企业在推进产品开发项目标准化管理工作时，一方面要积极引入项目管理、NPD（新产品开发）等系统化的管理框架体系，另一方面要深入分析自身情况，因地制宜地进行适应性改造。

（三）构建服务于创新的人力资源管理体系

员工是创新的核心资源，如何激发员工的创新活力是所有企业面临的共同问题。微软形成了独具特色的人力资源管理体系，为企业创新提供了强有力的支撑，具有启示意义。

一是通过创新游戏激发全员创新。微软的“黑客马拉松”本质上是一种创新游戏。通过创新游戏，可以营造一种相对轻松的氛围，吸引大量员工参与，激发员工创意并将优质创意纳入公司的创意库，同时还起到强化创新文化的作用。

二是鼓励合作的绩效考核制度。绩效考核制度是员工行为的“指挥棒”，对创新绩效有直接的影响。微软的经验表明，随着创新活动复杂性和组织化程度越来越高，绩效考核从关注个人向关注团队转变，鼓励员工之间的合作，避免过度竞争。

【案例点评】

如果说任何事物都有一个生根、发芽、开花、结果的过程，那么微软的创新之根就是微软的技术创新能力之本，其中包括公司的愿景、价值观等；发芽就是组织内部促进创新的资源与机制；开花就是创新成果获得了市场的认可并拥有了丰硕的回报；结果就是造就了微软世界一流软件企业的地位。但必须承认的是，市场化是非常关键的环节。微软的早期创新之路能取得成功的关键在于微软的 Windows 系统，采取的是软件操作系统的兼容策略，而与之相对的苹果 Mac OS 操作系统则只能用在苹果电脑上。除了技术的差异化，商业模式的差异化优势，也是企业获得快速增产不可忽略的因素。

天津师范大学管理学院 张党珠

第 7 章

苹果

富有激情的创新之王①

① 本章由广东环保学院创新创业学院张渭武老师编写。

随着全球经济水平的不断提升，科技水平日新月异的进化与发展，电子消费类产品不断更新换代，推陈出新。一般来说，消费电子产业的发展可以分为三个阶段，即传统家庭视听为主的阶段，代表产品主要有录像机、电视机、收音机等；新兴产品不断扩展的阶段，代表产品主要有个人计算机、影碟机、游戏机、手机等；智能互联互通阶段，代表产品主要有智能手机、智能家电、智能安防及可穿戴设备等。在当前的信息化时代，随着互联网技术的快速发展，全球消费电子产业逐渐由硬件主导进入到以软件为主导的发展阶段，电子产品和内容不断融合，先进的技术和硬件产品的设计使产品的内容更加完善，消费者的体验效果更加具体和丰富，人类无止境的欲望使得消费者对电子产品的设计与创新的要求越来越高，产品迭代越来越快，行业内的竞争更加激烈与残酷。

在这个竞争激烈、投资巨大、高风险、高淘汰率的行业中，苹果公司作为全球消费电子行业的头部公司，多次以产品和服务的创新，为全球消费者带来了一次又一次超越预期的惊喜，在全球范围内掀起了一阵又一阵的消费高潮，至今仍长盛不衰。

苹果公司于 1976 年 4 月 1 日由史蒂夫·乔布斯、斯蒂夫·盖瑞·沃兹尼亚克和罗纳德·杰拉尔德·韦恩等三人创立，总部位于美国加利福尼亚库比蒂诺。公司创立之初主要业务是开发和销售个人计算机。经过多年发展，现在主要业务是设计、开发和销售消费电子、计算机软件、在线服务和个人计算机。公司硬件产品主要有 Mac 计算机系列、iPod 媒体播放器、iPhone 智能手机和 iPad 平板计算机等；在线服务包括 iCloud、iTunes Store 和 App Store；消费软件包括 OSX 和 iOS 操作系统、iTunes 多媒体浏览器、Safari 网络浏览器，还有 iLife 和 iWork 创意和生产力套件。

苹果公司一直以富有创新精神而闻名于世。1977 年，Apple II（有时亦写作 Apple 2）是苹果公司制作的第一种普及性质的微电脑。它的直系先祖是 Apple I（一种有限的、以电路板组成的电脑）。许多电子玩家基于此电脑创新了许多功能，使 Apple II 在应用上取得了极大的成功。

1984 年，Apple Macintosh（麦金塔电脑，简称 Mac）发布，该电脑配有全新的、具有革命性的操作系统，成为计算机工业发展史上的一个里程碑，Mac 电脑一经推出，即受到热捧，人们争相抢购，苹果电脑的市场份额不断上升。

2001 年 10 月 23 日，苹果公司推出的 iPod 数码音乐播放器大获成功，配合其独家的 iTunes 网络付费音乐下载系统，一举击败索尼集团公司（以下简称索尼）的 Walkman 系列成为全球占有率第一的便携式音乐播放器。

2007 年，苹果公司推出了 iPhone，这个结合了移动互联网和电脑功能的划时代产品，第一次清晰定义了什么是智能化手机，深刻地改变了人类社会。

2008 年，史蒂夫·乔布斯在 Mac World 上发布 MacBook Air，是当时最薄的笔记本电脑。

2010 年 1 月 27 日，苹果公司推出了 iPad。这个独特新颖的产品以高效的使用效率和便捷性在市场上赢得了商务人群和学生的普遍欢迎，又一次在全球范围内推进了生产力的发展。

随着公司在电子消费产品领域的不断创新，苹果公司得到市场的广泛认可。市场调查机构高德纳（Gartner）发布的 2014 年第四季度全球智能手机销量数据显示，苹果 iPhone 该季度共售出 7483.2 万台，超过了三星电子的 7303.2 万台，是全球智能手机销售量最高的品牌，市场占有率达到 20.4%。2014 年苹果公司市值超过 7000 亿美元，是竞争对手微软市值的两倍多。2018 年《财富》美国 500 强排行榜发布，苹果公司位列第四，在当年 8 月苹果公司股票市值首次超过 1 万亿美元，股价刷新历史最高位至 203.57 美元。2020 年 8 月 19 日早盘，苹果公司股价一度突破 468 美元，总市值首次突破 2 万亿美元。

苹果公司在创立之初就一直以富有创新性的产品而著称。1997 年，史蒂夫·乔布斯再次回到苹果公司担任董事长后，苹果公司不断探索移动通信、计算机的发展新领域，成功推出了 iPod、iPhone、iPad 等极受全球消费者热捧的新产品。2011 年史蒂夫·乔布斯逝世后，苹果公司进入了后乔布斯时期，苹果公司基本上仍然坚持着乔布斯时代的经营方向，不断迎接着新的挑战。

一、史蒂夫·乔布斯时期的苹果公司（1997—2011 年）

（一）深入研究顾客需求，开发极具创新性和个性化产品及服务模式

电子产品消费行业之所以竞争激烈，主要在于产品能给消费者带来便利和新奇的体验，而也正是人类无穷无尽的欲望，使得产品一旦过时，马上就被市场彻底抛弃，这种残酷的特性使得这个行业对消费者的需求十分重视和敏感。为开发超过顾客预期的新产品，苹果公司通过市场细分将目标客户分为三个类型：商务型、娱乐型和技术型。商务型客户的年龄主要是集中在 30 岁至 45 岁的职场用户，拥有稳定的收入，他们处于企业的中上层，是商业社会中最重要的群体之一。娱乐型主要以学生群体和年轻的上班族为主，经济能力较弱，重视照相、游戏、上网等娱乐性功能。技术型主要是在 20 到 30 岁之间的 IT 相关行业工作者或电子产品发烧友，他们对电子产品有极大的探索热情。正是对目标顾客研究非常透彻，对其需求把握精准，苹果公司总是能够将自身特性和这些消费者的特点相结合，有针对性的区分顾客类型，并推出相应的个性化产品。如 iPod 面向的客户群就是追求时尚、爱好音乐的年轻人；iPad 面向商务人群和学生，强调了产品的使用效率和便捷性。

由于充分了解消费者需求，苹果公司基本上都能够成功地踏准市场节奏，设计的产品在功能、品牌形象都超预期地满足了消费者的情感与

心理，引发了极大的市场共鸣，吸引了一大批“果粉”。史蒂夫·乔布斯一上任就着手开发 iMac，并于 1998 年 5 月发布 iMac 和专业笔记本计算机 Power Book G3；2001 年发布 iPod，进入数码音乐领域。2007 年推出 iPod touch，它可以被看作 iPhone 的精简版——不含电话及 GPS 等功能，同样适用 iOS 操作系统，可以在苹果商店中下载游戏和应用。2007 年发布了第一代 iPhone，这款不同于市面流行的全键盘智能机，完全通过滑动、点击来控制屏幕，并且运行十分流畅的智能手机震惊了全世界，开创了电子消费产品的新时代，iPhone 成为移动通信设备中的尖端象征；2010 年和 2011 年推出了 iPad 平板电脑和 Apple TV，至此，苹果公司形成了计算机产品、数码产品和通信产品三种产品多元化的发展格局，开始向数字领域多元化出击。虽然全球电子消费产业的竞争非常激烈，但在史蒂夫·乔布斯的领导下，苹果公司每次都成功地紧追时代步伐，创新一款又一款的电子科技产品，满足时代的需求。

苹果公司不仅仅是在产品的外观和性能上进行了创新，还创造性地推出了产品加内容的服务模式——“软件、硬件、内容一体化”的盈利模式。

第一，iPod+iTunes+ 音乐商店。苹果公司的 iPod 音乐播放器从 2001 年推出后大受欢迎，为进一步提升音乐爱好者的体验，2003 年，苹果公司与宝丽金、百代、索尼、环球和华纳等影音行业巨头合作，创造性地推出了 iTunes 音乐商店，在网上提供合法的音乐下载服务。通过整合，iTunes 播放软件成为音乐听众与音乐版权商连接的平台，音乐消费者首先需要一个硬件产品即 iPod，然后才能通过 iTunes 连接互联网在音乐商店上下载音乐，通过这个独特的商业模式，苹果公司既销售硬件产品 iPod 取得收入，又运营音乐商店取得用户的流量与收入，还进一步提升了消费者的体验，极大地增加了产品附加值，一举三得。

第二，App Store 的持续性收入。苹果公司除了拥有明星效应的硬件产品以外，还有极具品牌精神的第三方应用平台 App Store。App Store 是一个由苹果公司为 iPhone 手机和 iPad 平板电脑等硬件设备创建的服务平台，可以从中浏览和下载一些专门为相应的硬件设备开发的应用程序。消费者可以先免费试用也可以直接购买，然后将该应用程序直接下载到拥有的苹果设备中。在这个平台上包含游戏、日历、翻译程式、图库等许多实用的软件。App Store 对苹果公司的重要性是不容忽视的，它对消费者决策的影响力极大，是苹果公司最有价值的长期资产。而且苹果公司开放了应用商店，可以融合更多的第三方软件，能让软件开发商将自身开发的软件或应用程序产品通过这个平台展示出来。这样的方式使苹果公司能够为消费者提供更多更有特色的应用程序和软件，能更有效地吸引顾客，增加消费和认知的联动效应，也对品牌知名度的提高和销售量的增长有着较大的促进作用。在这个平台上，苹果公司和第三方开发商一般采取三七分成的模式合作，应用商店在给苹果公司增加收入来源的同时也保障了苹果应用程序的不断增加，形成了重复性的持续盈利。

苹果公司这种将硬件设备的销售、软件程序开发与内容的提供结合在一起的创新做法，充分发挥了移动互联网特点与优势，形成了“产品销售促进服务应用，服务应用推动产品销售”的循环收入模式。iTunes 与 iPod 的无缝连接，形成了 iTunes 音乐商店＋ iPod 的服务模式；iPhone 和 iPod touch 的移动应用系统平台 iOS 绑定了 App Store 在线商店。这些创新性的服务模式使得苹果用户既可以下载各种应用，满足个性化需求，又可以让苹果公司和第三方服务商从中获得高附加值的收益。苹果公司这种将硬件产品和软件服务结合起来的创新，为消费者提供了高附加值的产品的做法，使其逐渐占据市场，拥有越来越多的“果粉”。苹果公司不再是一个纯粹的电子产品硬件制造商，而是逐渐演变成了一家高端消费电子与服务公司。

（二）与众不同的营销渠道与营销手段

苹果公司原来的营销渠道是自建的网络渠道——苹果官方在线商店和中间商渠道——零售商、批发商、授权经销商。但史蒂夫·乔布斯经研究发现，消费者对产品的亲身体验，会激发强烈的好奇心，促使其转化为产品价值的发现者，这种独特的体验价值，能够促使消费者更好地了解产品，学到更专业的产品知识，最终形成对品牌的正确认知和忠诚感，而这些都是中间商无法提供的。故此，从 2001 年开始，苹果公司面向市场，陆续建设了一批自营的苹果体验商店。这些体验店风格简洁明快，既时尚又富有亲和力，其主体结构都是带有标志性“水晶盒”样式，极富苹果特色。在功能划分方面，苹果公司还按照不同的需求与用途将体验店的区域进行了划分，有效地为不同需求的客户提供解决方案。苹果公司这种自建体验店的营销策略，极大提升了顾客对产品的认知与体验的价值，使得消费者对苹果品牌的认知度和忠诚度得到了大大提升。自 2001 年起，苹果公司在全球范围内迅速扩张其自营店，2004 年，苹果公司自营零售店增至 86 家，2007 年新开 34 家，2012 年苹果公司又新开 33 家零售店，零售店的营业收入占到了总营业收入的 12%，达到了 191 亿美元。苹果公司的营销渠道改革举措，使得公司能够直接贴近消费者，节约了大量的市场调查费用，对市场变化的反应速度更加快速。

苹果公司在饥饿营销和品牌营销方面有很多特色。苹果公司饥饿营销的做法是，当新产品准备推出时，总是强调保密，新产品只有等到召开发布会时才知道上市日期，在这个欲说还休的过程中又会透露一些产品消息激起消费者的好奇心和购买欲望。比如苹果公司在正式发布 iPhone 之前，对它所有细节保密时间长达两年半，在此期间还不断放出类似产品的消息，使市场上对这款产品的猜想和期待达到空前的高度，吸引大量媒体主动无收费的跟踪报道。苹果公司的这种刻意的消息走漏往往会引发消费者强烈的好奇心和“饥饿感”，保证了产品持续性的热销。苹果公司的品牌营销则致力于创造独具特色的品牌文化，苹果公司成功的背后是非常好的品牌形象。苹果公司的“Think Different（非同凡想）”“Bigger than bigger（比更大还更大）”等经典而又富含哲理的广告语不断刷新消费者的认识，提升公司的形象，同时还激励员工不断进取和创新，塑造了与众不同的品牌文化。产品和服务带来的完美体验让苹果公司的品牌形象根深蒂固，它提供的产品和服务在消费者心目中是潮流代表,使用苹果产品成为一种“酷”的表现。

（三）建设鼓励创新的企业文化，积极吸纳与培养创新性人才

企业文化决定着公司的未来与发展，富有创新精神的苹果公司自创办之初就有着独特的企业文化和创新基因。在史蒂夫·乔布斯的影响下，苹果公司建立了鼓励创新、勇于冒险的核心价值观，这种内生性的创新文化，已经和苹果公司的每一个人、每一个行为融合在一起。苹果公司还建立苹果大学作为传递企业文化，塑造员工核心价值观的平台。在苹果大学中，苹果公司对各个岗位的职员进行一系列的创新与冒险的精神的塑造与整合，为公司的创新发展提供了强有力的支撑。

苹果公司一直重视人才的引进与培养，公司认为由世界上出色的精英人才组成的团队才能让产品和服务引领时代潮流。创造力是苹果公司招聘人才的一个主要标准，苹果公司在人才的招募和精英团队建设上会花费大量的资金吸纳带有叛逆精神的各种奇才，因为这类群体极富创新力。史蒂夫·乔布斯更是以身作则，一直都在世界范围内寻找他所知道的一些领域内最优秀的人才，并且他善于说服别人加入苹果公司，为苹果公司聚集了一大批的精英人才。苹果公司还重视员工精神需求，强调员工在工作时的状态要开放并且充满激情。因此，当优秀人才来到苹果公司后，公司会给予他们大额的股票期权，提供舒适的工作环境，为苹果公司员工营造可以

充分发挥创造力的环境与氛围。为了激发员工的创造性思维，史蒂夫·乔布斯还十分喜欢采取头脑风暴的方式进行团队工作。为了激发人才的凝聚力与归属感，充分发挥人才作用，苹果公司以产品为中心，设置职能部门，将最合适的人才配备到最合适的岗位，采取扁平化的组织架构，简化职责，明确任务，使内部信息沟通顺畅，极大地降低公司人工成本，激发人才潜力，提高了管理效率。

（四）聚焦核心业务，打造覆盖全行业的供应链管理模式

苹果公司一直专注创新，为了将更多的资源与精力放在产品与服务的创新上，苹果公司从供应链管理的角度，整合全球资源，打造了覆盖全行业的供应链管理模式。

第一，实行制造外包，专注研发设计。从 1998 年起，苹果公司对自身的制造系统以及上下游供应链和销售环节进行了重大改革，关闭了所有工厂、大量仓库和国内配送中心，提高苹果产品零部件的通用性，将产品生产和制造外包给第三方制造商，以外购的方式获得产品，并将所有的运输和后勤管理业务外包给第三方物流公司，大幅度降低非核心业务的成本。为此，苹果公司在全球范围内（主要分布在中国、日本、韩国以及东南亚地区和欧洲的部分区域）寻找低成本的制造地区和企业，并把组装等相对劳动密集型的环节转移到那些劳动力密集型的国家，形成低成本优势。通过外包，苹果公司不仅提高了资源的配置效率，还将更多的资源和能力聚焦在新产品和服务的研发与创新上，提高了公司的规模经济，降低了库存和固定资产方面的投资，使其得以专注于操作系统、芯片、多点触摸技术等核心技术的研发，打造强大的核心技术开发能力。

第二，注重打造行业性的技术合作联盟。苹果公司注重通过并购或合作的方式与其他研发机构或是企业建立联盟关系。史蒂夫·乔布斯刚回苹

果公司时就取得了微软 1.5 亿美元的投资，与其共同开发软件。苹果公司有着强大的设计运用技术，能将很多其他科技企业的核心技术融入其自身的产品和服务中，并且可以发挥出比原有公司更大的影响力。如 2008 年收购 P.A.Semi（帕洛阿尔托半导体）公司，该公司拥有设计芯片的核心技术，这一技术对于苹果公司至关重要，帮助其打破了垄断计算机行业多年的 Windows+Intel 联盟。苹果公司注重与软件供应商的合作，苹果公司应用下载平台上数以万计的应用程序都是由第三方应用程序开发者提供的。苹果公司与软件供应商的合作使苹果产品的应用功能得到了拓展，为消费者提供了更加完美的应用体验，吸引更多的顾客，还在硬件销售后获得持续性的收入。

总之，苹果公司凭借着大量持续的订单和大量的现金储备，掌控了整个行业的供应链条。苹果公司通过 OEM 方式外包将供货风险转移；利用全球各代工厂商的制造优势来降低成本；加强了库存管理，提高了公司的存货周转率；利用统一原材料的采购，对上游零件供应商采取支付专项资金及大额预付款、公开招标等措施来主导关键零部件的供应和产能；通过并购技术领先企业，有效地降低技术研发费用。苹果公司这些经营措施，使其形成极强的经营优势，降低营运成本。

二、蒂姆·库克时期的苹果公司（2012 年至今）

（一）顺应时代需要，打造苹果生态系统

2011 年，备受史蒂夫·乔布斯赏识的蒂姆·库克成为苹果公司新任 CEO，上任时他表示会继续坚持史蒂夫·乔布斯的创新理念。在蒂姆·库克的领导下，公司更加关注用户需求，以开放的心态迎合市场，苹果公司继续保持迅速增长的势头，2012 年 8 月公司市值达到 6075 亿美元。2012 年，苹果公司推出了采用 Retina 屏幕的 new iPad，对 iPad 2 进行升级。2012 年 9 月，苹果公司推出 iPhone 5，相比于 iPhone 4s 它的屏幕更大，更加轻薄，用扁平化图标取代了拟人化图标，并采用了铝制品外壳，具备了蒂姆·库克强烈的个人色彩。同年 10 月为了与安卓系统和 windows 8 系统的平板电脑争夺市场，苹果公司发布了 iPad 4 和小尺寸的 iPad mini。随后在 2013 年 9 月苹果公司发布了有五种颜色的 iPhone 5c 和加入指纹识别的 iPhone 5s 两款苹果手机。虽然这种改变没有达到市场预期，但苹果公司还是继续以市场为中心，挖掘消费者潜在需求不断进行产品服务设计创新。

2014 年 9 月蒂姆·库克及团队在美国加州库比蒂诺德安萨学院的弗林特艺术中心展出了苹果新一代大屏智能手机 iPhone 6（4.7 英寸）、iPhone 6 Plus（5.5 英寸）以及在其任期内首部全新的智能穿戴设备 Apple。iPhone 6 系列最大的特点就是满足了消费者的偏好，启用了大屏，备受消费者的喜爱，该系列手机的销量达 2.2 亿台，是全球销量第三的手机单品。

Apple Watch 是可穿戴智能设备领域的一大突破，开启了人机交互的新篇章，是苹果设计的一款非常具有个性化的设备。Apple Watch 推出了三种版本和两种尺寸，根据不同的性别、需求和品味，通过颜色、材质与腕带的选择可以搭配出三十几种不同的样式，而且由于消费能力的不同，它的价格区间从 2588 元跨越到 12.68 万元。在功能上，实现了压力感应屏技术，而且还可以实现心跳的传递、涂鸦以及情感的数字触控（Digital Touch）功能，为人机交互方式开拓了新的发展方向。

苹果公司还积极开发移动支付服务 Apple pay，Apple Pay 由苹果公司在 2014 年 9 月推出，并于 10 月正式上线。花旗、美国银行和摩根大通等是 Apple Pay 的首批合作伙伴，而且刚上市就得到了美国 22 万家零售商和 500 家金融机构的支持。2015 年 1 月 27 日，蒂姆·库克在业绩说明会上展示 Apple Pay 的市场情况，在美国已经有七百多家银行和信用联盟接受 Apple Pay 服务，很多连锁商店也启用了这项服务。他还指出在美国维萨、MC、AMEX 三大信用卡支付网络覆盖下的 NF 支付交易中，每 3 美元中就有 2 美元是通过使用 Apple Pay 完成的。从 2014 年 10 月就启用 Apple Pay 服务的有机食品连锁超市全食超市在开始的第一周就处理了超过 15 万宗以上支付交易。目前在美国，包括麦当劳、史泰博、星巴克等大型零售商基本都已接受 Apple Pay 的交易，Apple Pay 在美国开始迅速扩张，从长期看，Apple Pay 有着比较广阔的前景，还可以增加消费者对苹果设备的使用黏性。

音乐是苹果公司产品和服务的一个很重要的组成部分，在苹果公司内部拥有重要的地位，随着流媒体的付费用户模式成为新的主流，全球“云音乐”发展迅猛，2013 年世界各国的音乐付费下载都普遍出现下滑，而且 iTunes 音乐商店的音乐下载也出现了十年来的首次下滑的危机。为了继续为消费者提供全球最具创新性的音乐产品和服务，苹果公司开始营造具有

“革命性的”的流媒体音乐服务生态系统，2014 年苹果公司以 30 亿美元的代价收购了擅长耳机制造和流媒体音乐业务的 Beats 电子公司。并在 2015 年推出苹果音乐（Apple Music），苹果公司推出的这项“革命性”的音乐服务集音乐下载、流媒体音乐电台和流媒体音乐服务于一体。音乐迷可以从拥有数以千万计曲目的曲库中挑选音乐，这个平台还可以让艺术家上传音乐、照片和信息，增进与粉丝的沟通。

在蒂姆·库克的领导下，苹果公司继续顺应时代的要求，为消费者带来更多的创新产品与服务，进一步巩固公司的品牌形象，使得苹果公司继续保持着行业领先者的地位。2019 年，蒂姆·库克宣称，10 年后的苹果将转型为“由硬件、软件、服务组合而成的产品企业”。在蒂姆·库克的领导下，苹果公司通过整合 iPhone 手机设备、各类服务（**特别是数字娱乐和金融服务**）、Mac、iPad、可穿戴设备、智能家居、配件等，已经构建了一个高速增长的苹果生态系统。虽然苹果手机销售增长速度已经放缓，但在蒂姆·库克的领导下，苹果公司的服务和可穿戴设备开始快速增长，公司的服务业务包括 Apple Music、App Store、Mac App Store、iCloud、iTunes/Apple Books 、Apple TV Plus 和 Apple Card 等。截至 2020 财年第三季度，苹果公司的服务业务成为仅次于 iPhone 的第二大产品部门。自 2015 年推出 Apple Watch 和 2016 年推出 Air Pods 以来，苹果公司已经成长为全球可穿戴设备市场的领头羊。市场研究公司 IDC 报告称，2020 年第一季度，该公司可穿戴设备的出货量超过了小米、三星、华为和 Fitbit 等竞争对手。苹果公司在 2019 年 4 月表示，仅其可穿戴设备部门就相当于一家财富 200 强公司的规模。相关数据显示，在 2020 年第三财季，苹果公司的可穿戴设备、家庭和配件部门创造了 64 亿美元收入，高于一年前的 55 亿美元。这种增长态势，缓解了投资者对苹果公司过于依赖其智能手机业务的担忧，显示随着苹果公司的不断创新，未来仍有很大的增长空间。2020 年 8 月，苹果公司成为首家市值达到2万亿美元的美国上市科技公司，而这距离该公司市值突破1万亿美元大关的里程碑仅仅过去了两年。

（二）致力提升苹果公司社会责任感，塑造企业良好形象

蒂姆·库克成为苹果公司的CEO后，为了推动公司成为一家更具社会责任心企业采取了一系列的举措，提升了企业的良好形象。2011年苹果公司曾被称为“最不环保”的科技公司，蒂姆·库克接手后，开始打造绿色供应链，开展了一系列资源可再生行动。在蒂姆·库克的推动下，苹果公司树立了产品在设计时不仅是为了美观便携，更是为了在制造过程中消耗更少的材料的理念。苹果公司设计师和工程师们不断用创新的方式，用更少的材料制造产品。在苹果公司的产品中，全新Mac Pro的铝金属和钢材料用量比上一代减少了74%；全新21.5英寸iMac的用料比第一代产品减少了68%；而全新MacBook比第一代MacBook Air节省了32%的铝金属。即使一般人没有留意的产品包装，苹果公司的设计师也会寻找各种方法设计了更小的包装并尽可能多地使用再生纸。从2016年开始，苹果公司超过60%的包装用纸来自再生木纤维，iPhone 7包装盒内的配件盘就采用可持续竹纤维和甘蔗渣混合制成。iPhone 6s时代手机包装盒中塑料占了总重的三分之一，而在iPhone 7时代，其手机包装盒中塑料含量不足十分之一，同时，原生纤维的用量也减少了大概40%；而到了iPhone X时代，苹果公司开始使用纤维材料来取代包裹着电源适配器的聚丙烯材料。相比起iPhone 6s，iPhone X的包装盒生产相关的温室气体排放量已经减少了56%。苹果公司给出的数据显示，iPhone X包装盒总计183克的重量中，175克来自再生纤维材料，仅有8克是塑料薄膜。

电子产品中含有多种有毒物质，随意废弃会给环境造成巨大的污染。在苹果公司的推动下，2018年，公司所属的iPhone、iPad、Mac、Apple

Watch、AirPods 和 HomePod 总装工厂都获得 UL 的废弃物零填埋认证。其中，爱尔兰科克的总装工厂，是苹果公司首家获得 UL 认证的工厂。苹果公司还与 90 家供应商达成了合作，成功转化了超过 100 万吨的废弃物，足够以 1 米的高度铺满 4000 多个足球场。同时，已有 44 家 Apple 供应商承诺采用 100% 可再生能源生产 Apple 产品。

作为一家全球化公司，苹果公司的这些举措，充分显示公司作为一家行业头部企业的社会责任与担当。企业履行社会责任的行为与企业品牌资产具有极高的相关性，消费者通过了解企业履行社会责任的信息，经过自身的主观加工，形成了对企业的新的认知，从而改变消费者对企业品牌的评价，最终促使企业的品牌资产提升。从公共关系的角度来看，苹果公司在蒂姆·库克的领导下，顺应时代的发展要求，超脱一般企业唯利是图的局限性，积极主动履行企业社会责任，对于苹果公司的形象塑造和未来的长远发展具有非常深远的意义。

三、经验启示

（一）以市场为导向，围绕消费者的需求研究产品与服务创新

对于任何企业来说，其存在的核心意义在于具有市场价值，因此，只有最富有创新意识，能够开发出更符合实际需要的产品与服务的企业，才能够活得更好更久，但这个道理，在现实中往往未被广大的企业经营者所感知或者重视。

（二）组建创新联盟，实行开放式创新

苹果公司的一个创新秘诀是打造了一个以产业链为基础的开发式创新生态系统。在这个创新生态系统中，苹果公司的用户、供应商、外包商、内容提供商甚至是竞争对手，都可以成为其创新的来源或者合作对象，苹果公司以自身为产业链核心，通过打造的创新联盟，实现创新产品及商业模式的成功。

（三）重视企业家精神

苹果公司自创立之初到现在，其突出的表现就是不断有成功的创新，而造就这些创新成果的关键人物，前期是史蒂夫·乔布斯，现在是蒂姆·库克，从这个角度来说，苹果公司的成功，其实也是企业家精神的成功。企业家的创新精神体现为一个成熟的企业家能够发现一般人所无法发现的机会，能够运用一般人所不能运用的资源、能够找到一般人所无法想象的办法。要造就伟大的创新成果，我国企业必须逐步完善创新机制，实施企业家管理，重视培养员工的创新意识、提高组织学习能力并完善相应的激励制度。

（四）打造鼓励创新的企业文化，重视创新型人才

良好的、持续的企业文化建设是企业核心竞争力成长和发展的基石。苹果公司能够取得优异的市场业绩，其关键原因在于史蒂夫·乔布斯所建立的鼓励创新，勇于冒险的企业文化，苹果公司的企业文化明确了公司发展战略，激励着苹果人创造出一代又一代令用户惊喜的产品，在消费者心目中苹果公司是一个不断创新、追求完美、贴近用户、兼容并蓄、拥有优秀团队、始终与众不同的存在。无数消费者也正是在苹果公司的创新文化的感召下成为苹果产品的忠诚顾客。而这种鼓励创新的文化也促使苹果公司坚持精英人才主义。在招聘中，严格把关精心挑选创新型人才，建立股票期权制度满足员工的需求，防止优秀人才的流失。

【案例点评】

苹果公司，是一家内生驱动创新发展的公司，也是践行“创新无极限”理念的杰出代表。互联网大爆炸背景下，苹果公司以 iPhone 为主打产品开拓了电子消费品领域“颠覆性发展”的新时代，打造了一个以顶级硬件设计、系统软件开发为核心的“软硬双强”创新生态圈。为了更专注于设计和研发以及利润最大化，苹果公司采用了独特的“产品 + 服务”的商业模式、差异化的营销策略，并将非核心业务外包，整合全球资源，构建全产业链的供应体系，保证了其产品和服务的完美落地，最终收获了一大批忠实的“果粉”。

然而，苹果公司取得成功的最重要因素应归功于富有创新激情的领导层和以人为本的人才管理，史蒂夫·乔布斯和蒂姆·库克两代掌舵人的适当“独裁”管理使得苹果公司战略目标更聚焦，创新方向更持续；工作以工程师主导、鼓励创新、勇于冒险以及推崇精英人才的企业文化使得苹果一直保持着独特的创新能力，引领行业风尚。

中科和光（天津）应用激光技术研究所有限公司　周玉梅

第 8 章

亚马逊

战略飞轮下的“万物商店”

20 世纪 90 年代信息技术的发展，直接催生了以信息、数据能力为核心能力的世界一流创新企业，“万物商店”亚马逊的成长很好地揭示了这个时代正在变化的一切，使用信息化的工具解决衣食住行中的信息不对称问题。亚马逊则是“万物商店”的开创者。那么，亚马逊又是如何成长为世界一流创新企业呢？

亚马逊是在 1995 年 7 月 16 日由杰夫·贝佐斯成立的，一开始叫 Cadabra，性质是网络书店。之后，贝佐斯将 Cadabra 以地球上孕育最多物种的亚马孙河重新命名，于 1995 年 7 月重新开张。该公司原于 1994 年在华盛顿州登记，1996 年时改到特拉华州登记，并在 1997 年 5 月 15 日时股票上市。亚马逊的最初计划原本是在 4 到 5 年之后开始有营利，2000 年的网络泡沫造成了公司平稳成长的风格成为独树一帜的佳话。

在 2004 年 1 月，亚马逊更推出总统候选人特别活动，鼓励顾客捐赠从 5 美元到 200 美元给他们心目中理想的美国总统候选人，作为竞选活动经费。1999 年贝佐斯因经营策略得法、成为时代杂志的年度人物。之后，亚马逊正朝着多元化的产品销售发展，贩卖的产品包括音乐零售 CD、录影带和 DVD、软体、家电、厨房项目、工具、草坪和庭院项目、玩具、服装、体育用品、鲜美食品、首饰、手表、健康和个人关心项目、美容品、乐器等，应有尽有。

到 2010 年 3 月，亚马逊已拥有 23 大类、超过 120 万种商品，网上商城卓越亚马逊发布了“网络购物诚信声明白皮书”，主要就消费者网购普遍关心的“正品”和“退换”问题，针对售前和售后的诚信保证做出具体阐释。对此，卓越亚马逊对消费者推出了“天天低价、正品保证”的承诺。随后亚马逊开始了服装零售行业的发展，仅次于沃尔玛百货有限公司（以下简称沃尔玛），而且亚马逊的网络业务也在不断扩大规模，销售额占到了美国服装行业和鞋类及配饰的 1/3 以上，美国亚马逊现在还在不断扩大其他产业，食品杂货也正在崛起，也就是无人超市，通过与其他国家的亚马逊发展来看，亚马逊的会员在各个平台都能享受打折优惠，而且还在食品超市的销售地点销售智能音箱。

2018 年 9 月 5 日，亚马逊总市值突破万亿美元大关，成为继苹果公司后第二家市值突破万亿美元大关的科技公司。亚马逊是目前全球商品品种最多的网上零售商和全球第二大互联网公司。亚马逊已经成为全球用户数量最大的零售网站，大大超过了沃尔玛、苹果、易贝等公司。数据显示，截至 2019 年 6 月，全球约有 20% 的独立用户使用亚马逊的零售和拍卖网站，亚马逊全球独立用户数量也达到了 2.822 亿，位居全球第一。

事实上，亚马逊对技术研发创新的追求几乎狂热。数据显示，2017 年美国研发支出最多的五家科技公司，投资总额高达 760 亿美元。其中亚马逊以 226 亿美元的研发支出位居榜首，它将大量的资金和资源投入到了 AWS、Alexa 以及计算机视觉等尖端科技的研发中，以便在之后为诸如 Amazon Go 无人收银商店这样极具野心的项目提供支持。这比它 2016 年在研发方面的投资又增长了 41%（2016 年亚马逊也位于榜首）。

在坚持研发创新的战略方针下，亚马逊 2020 年报显示，公司 2020 财年全年归属于普通股东净利润为 213.31 亿美元，同比增长 84.08%，营业收入为 3860.64 亿美元，同比增长 37.62%。

从 1996 年贝佐斯在西雅图某家车库创业以来，亚马逊已发展蜕变为一家涉足硬软件领域、横跨实体经济与虚拟服务的公司，而支撑起这个架构的，是它强大的技术系统。而引导亚马逊构建庞大技术系统，构建庞大帝国的灵魂是创新。这是亚马逊不断无中生有的根本灵魂所在，也是亚马逊在漫漫创业征途中不断吸引资本市场眼球的能力所在。亚马逊依据其完善的创新管理体制和文化，建立起有效的创新方法和模式，才造就了亚马逊的巨大商业帝国。

一、超前引领的创新战略

战略与时代的匹配是任何企业追求持续发展的关键，引领行业的跨时代的创新战略能够引导企业创造新的蓝海市场，开拓未来发展的有利局势。亚马逊的飞轮战略就是带领亚马逊创造奇迹的动力。

亚马逊早期的飞轮战略始于价格（见图 8-1）。更低的价格带来了更多的客户，更多的客户访问会增加销售，同时也会吸引更多的第三方卖家支付佣金并在亚马逊的平台上售卖商品。这让亚马逊在承担相同运营和固定

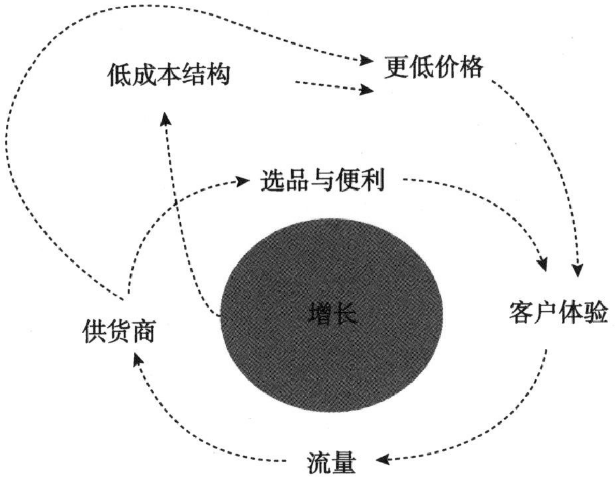

图 8-1　亚马逊飞轮战略 1.0[①]

① 陈劲、韩令晖:《“万物商店”亚马逊的战略飞轮》，载《清华管理评论》，2020(06)：108 ~ 118。

成本（客服中心、服务器）从而获得更多的收益，同时，降低的成本被用来以更低的价格回馈用户，之后，这个飞轮就转了起来！

展开这个轮子，涉及了亚马逊的三大核心业务：Prime 会员服务、Marketplace 第三方卖家平台和亚马逊物流（Fulfilled by Amazon，即 FBA）。

Prime——亚马逊的会员服务

Prime 的基本逻辑是，如果你每年交给亚马逊固定的会员费，就可以享受一系列非常超值的服务，比如：免除所有邮费。

Marketplace——第三方卖家平台

所谓的第三方卖家平台，就是在亚马逊的平台上，除了有亚马逊自营的各种商品，所有其他大大小小的卖家也可以入驻亚马逊，直接售卖自己的东西。

亚马逊物流——物流等基础设施服务

亚马逊物流，就是第三方卖家将商品提前备货到亚马逊在全球搭建的仓库，当有订单后，亚马逊代卖家进行包装、贴标、发货和客户服务等后续工作。所有商家使用亚马逊物流都可以实现 2 日送达。

通过早期的飞轮战略，亚马逊让 B2C 会员服务与 B2B 基础设施服务形成了联动！

而亚马逊飞轮战略升级版（见图 8-2）则是另一个通过建立深层能力打造市场竞争优势的绝佳案例：它通过挖掘数据以了解用户需求和行为模式，并在此基础上扩展了经营范围，从线上内容流到云服务，以及 IoT 中的系列硬件产品。尤其是亚马逊通过旗下智能语音音箱 Alexa 打造了第二个因果反馈闭环，即通过 Alexa 适配更多硬件设备，提高销量，从而吸引了更多合作伙伴①。

---

① 陈劲、韩令晖：《“万物商店”亚马逊的战略飞轮》，载《清华管理评论》，2020(06)：108 ~ 118 页。

超前引领的创新战略呈现了组织从上到下对未来行业发展动态的判断、预测和掌控程度，只有指定科学领先的创新战略，才能引领企业不断创新，实现颠覆。

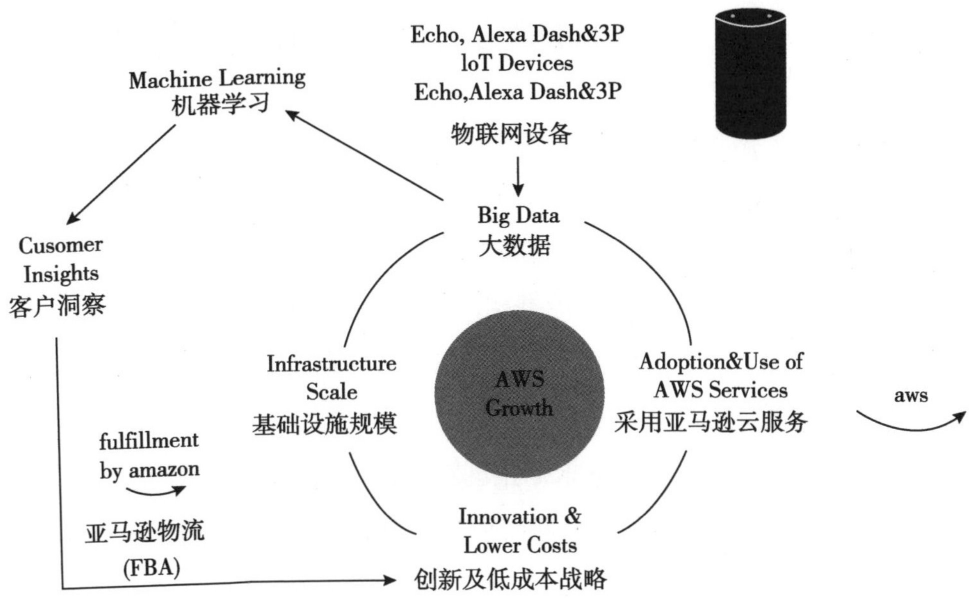

图 8-2　亚马逊飞轮战略升级版

二、孕育创新的激励机制

在亚马逊，创新从来都不是被当作一段时间的成果孵化器，它存在于每一个岗位每一天的工作中。从亚马逊云服务（AWS）的推出、Kindle 电子阅读器的发布、亚马逊 Alexa 和 Echo 的发明、Kiva 机器人和 PrimeAir 无人机的应用，到 Amazon Go 的亮相，种种创新层出不穷。这些成功的创新经验和实践推广至更多地区、更多行业，赋能企业用户、惠及全球消费者并推动了整个产业的发展升级。

从全球到中国，亚马逊从未停止创新的脚步。那么追本溯源，亚马逊在全球持续创新的动力和灵感由何而来呢？亚马逊分享了它的 5 条“秘诀”。

赋予每个员工创新的空间。逆向思考机制，被超过 600000 亚马逊人认为是行之有效的一个方法。在亚马逊，每一位员工都是创新者，公司鼓励每一个亚马逊人提出创造性观点，希望员工勇于发现问题并提出新的解决方案。

长期思考并接受失败。亚马逊认为，要真正专注于创新就必须要进行长远考虑，并愿意承担创新的风险。亚马逊员工会定期对新产品和服务进行试验及测试，其中有些产品取得了巨大成功，而有些产品却失败而被改进或放弃，但从这些失败中得到的经验也将成为下一个伟大创意的基础。

做出可逆化决策。亚马逊将决策比作“门”,并提出“单向门”与“双向门”，即不可逆和可逆的决策。“双向门”决策意味着即便新的想法无法推进，也可以重新打开那扇“门”再走回去。亚马逊尤其强调这两种决策的区别，因为理解这种差异可以培养一种“实验文化”。

支持内部转岗。亚马逊是一家有许多“创业项目”的大公司，全球的业务和团队都在不断深入了解新的客户需求、提出新的想法。亚马逊鼓励员工抓住这些新想法所带来的职业机遇。

培养创造力。亚马逊发起了许多有趣的项目来保持员工创新能力，比如为员工提供参与艺术研讨会和创新课程机会的“表达实验室”（Expressions Lab），以及由 100 位员工组成的亚马逊交响乐团。此外，亚马逊还为员工提供有助于激发创新与合作的办公场所[①]。

① 石丹:《亚马逊：为创新者打造“最佳工作场所”》，载《商学院》，2019(10)：117。

三、灵活的创新流程与保护创新的组织架构

在亚马逊，公司的创新流程不是一成不变的，是随着项目特点而定的个性化创新流程，定制化的创新流程最大程度提高了创新效率和效益。同时为了保护创新者的声音，亚马逊设计了利于创新的组织架构，保证创新的顺利推进。具体措施如下。

（一）灵活的创新流程

创新的过程，很多人会认为充满偶然性。一拍脑门想到一个创意，就是创新。这实际上是误区。亚马逊的创新过程是有系统的，当然也会有流程。但这些流程在亚马逊并非总部死板地强加于每个团队，而是根据每个团队的实际情况，会有各自特有的创新流程。而且创新流程与项目或地域密切相关。如卓越亚马逊，由于处于转型期，创新流程就有别于其他成熟的区域市场。

在卓越亚马逊，业务团队与技术团队会紧密合作，在一些领域产生创新的课题，指定相应的业务或技术人员担任负责人。在团队人员的来源上，有自愿参与的，也有负责人定向邀请一些在相应创新项目上有专长的同事加入团队。接下来，负责人会带领团队成员对相应创新项目进行深入调研和研究。这个创新项目的优点在哪儿？缺陷在哪儿？难度在哪儿？是不是有的区域市场已经尝试过了，他们尝试和应用的结果怎么样？针对每一个创新项目，都有一系列必需的功课要做，最终形成整体报告，进而决定该

项目是否继续进行。

而且在卓越亚马逊的创新过程中充分汲取亚马逊全球市场的创新成果，同时卓越亚马逊也会把其创新成果共享到亚马逊全球。在亚马逊全球，卓越亚马逊是唯一保留本地化 IT 团队的子公司，其背后最重要的原因，是因为依托于中国市场的卓越亚马逊有很多独有的业务特点。如果亚马逊在某个区域市场拓展类似业务，需要类似功能的系统，卓越亚马逊也会将这类创新的系统移植给亚马逊其他区域市场。在迁移的系统移植过程中，也并不是 100% 完全移植亚马逊总部的系统，而是围绕中国消费者的消费习惯，做了很多本地化创新服务。从过去平台迁移过程中的个性化 EDM、发票服务、货到付款，到现在版面改变过程中的相关购买推荐、重复购买提醒和用户点评空间等，都是特别适合中国网购用户使用习惯的创新功能。

（二）保护创新的组织架构

亚马逊没有研究开发部门或 IT 部门。取而代之的是，每个团队都要对创新出力。这与其他公司不太一样。亚马逊的工程和商业是相互交织在一起的，没有创新副总裁，每个团队都有创新的责任。整个亚马逊就是以此为驱动力的。

但亚马逊内部也很警惕一些根深蒂固的规范可能抑制创新和新思想，而且反对者往往会在交锋中占上风。亚马逊的做法是，如果有人要叫停一个有关新想法的项目，就得交一个完整的报告，详细准确地说明叫停的理由。如果你想阻止创新和新思想，你必须花力气写这个报告。是你说“这东西行不通”的，那你就要写一个 4 页到 6 页的报告，解释你绝对地相信这个公司不应该做这事的理由。这样做以后，90% 的反对创新的声音会被消灭。

四、商业模式的创新颠覆

亚马逊的商业模式颠覆是其难以模仿的核心竞争力的重要来源。对于电子商务企业来说，商务层面的同质化越来越严重，IT 能力越来越成为竞争的核心优势之一。从用户体验，到订单处理、仓储管理、物流配送，再到售后服务，电子商务业务流程的每一个环节，IT 能力稍有欠缺，都可能造成整体竞争力的短板。

亚马逊对于 Kindle 的商业模式主要创新体现在做三件事：首先，向上游产业链扩张，推动数字出版计划。在 Kindle 发布的同时，亚马逊推出了其自助出版工具，其为作者发布原创书籍作品提供了便利，并给作者 35% 的版税分成，以此试图向上整合部分内容资源。其次，瞄准特定细分市场，比如教科书市场。从 2008 年开始亚马逊推出了面向大学生的新版 Kindle 阅读器，开拓美国教科书市场。最后，推动 Kindle 的多业务融合，比如基于 Kindle 平台的音乐下载、社交网络等。亚马逊收购了社交网站 Audible，事实上，很多电子书阅读器也都在考虑加入音乐播放、游戏等功能。

不管是推出 FBA（Fulfillment by Amazon，亚马逊提供的代发货业务）还是 Kindle，或者是高调提供云计算服务，如今的亚马逊虽然变得越来越难以界定究竟是一家电子商务公司，还是一家 IT 公司，但有一点是明确的，这一切商业模式创新的背后，都是基于亚马逊强大的 IT 系统。

基于 IT 系统的很多商业模式创新，是 IT 系统发展到一定程度之后水到渠成的结果。最初，亚马逊的 IT 系统以基于网络零售的电子商务为起点，逐步优化和完善。虽然很多功能已经堪称行业典范，但是归根到底还是在支持电子商务这种商业模式的实现。

当 IT 对原有商业模式的支撑达到一定的阶段，就开始产生一些新的商业模式，比如云计算。电子商务的销售有一定的季节性。在美国，第四季度因为临近圣诞节，顾客流量非常大，亚马逊的数据中心必须满足购物高峰流量。但是在购物淡季，顾客流量没有那么大，就产生很多空闲的计算能力。那么，如何充分利用这些在淡季空闲的计算资源？能不能租借出去？对这些问题的思考最终促使亚马逊提供云计算服务，一个新的商业模式诞生了。

如果将互联网企业商业模式划分为价值主张、盈利模式、资源能力和外部效应四个维度[①]，亚马逊这一阶段的商业模式创新更为复杂，所有商业模式构成要素被涵盖其中，创新的成功不仅得益于单个要素的改变，还得益于要素之间的相互作用，要素之间的关系实现重组，最终带来了商业模式的创新。

---

① 刘晓娴、胡兴球：《互联网企业商业模式创新途径探讨——以亚马逊公司为例》，载《商业经济研究》，2015(26)：95 ~ 96。

五、科学理性的决策机制

数据思维可以说是亚马逊的底层逻辑，无论是创新决策还是各个环节中，数据都是决策的重要遵循。利用大数据手段，数字化工具实现决策的科学理性的决策机制是亚马逊创新的又一典型举措。

每一位亚马逊高管几乎都关注“数据应用与决策”的问题。事实证明，没有一个人会说“数据”这事儿跟本部门工作关系不大。事实上，技术团队对新功能的研发，会基于一系列用户行为数据观测与分析；同时，用户行为数据也是营销决策的依据；亚马逊会用数据来为平台上的商家提供服务，比如在某天某个时间段，监测到网球拍卖得不错，亚马逊会去搜索看哪些商家在卖网球拍，如果该商家还只是在线下，他们会主动去问，你需不需要把业务搬到亚马逊平台上去？亚马逊全球商户服务高级副总裁塞巴斯蒂安·甘宁汉（Sebastian Gunningham）说，亚马逊还会根据实时的销售数据，帮助商家制订未来销售计划。

在CTO（首席技术官）看来，创新活动最富于挑战的地方并非在于实现新功能，而在于：你并不知道未来用户是否会用这个新功能、是否会喜欢它。所以小范围“测试”、根据测试的数据反复调整与修正功能，变得非常重要。所谓的“A/B testing”（简单说来，就是同时推一个功能的两个版本，给不同的用户，通过数据反馈看用户喜欢哪个），在亚马逊是流行的做法[①]。

引用一中一外两个知识问答网站上亚马逊（前）员工对亚马逊如何做数据化运营的信息分享。英文网站Quora上某亚马逊前员工说：“测量/数据是公司里的裁判。亚马逊追踪一切，大部分决策都基于数据。公司里的每个团队几乎都要每周开总结会，讨论指标与数据。如果会上你不提数据和指标，你会在这个会上很不自在的。”

中文网站知乎上，卓越亚马逊的公关总监金俊说，亚马逊网站一天进行几百次试验，如使用不同的算法来推荐商品，或改变购物车在屏幕上出现的位置。进行这些试验的成本很低。这些试验结果得来的数据，可以帮助网站优化UI设计，给顾客提供更好的购物体验。亚马逊雇用了很多数学、工程方面的牛人，开发软件获取有效数据并提供强大的分析工具。负责运营算法的某位VP为普林斯顿大学数学博士，一位来自俄罗斯的女数学家。她更举例说明亚马逊的“数据文化”：“大家在做提案时，必须要有数据支持，否则很难通过。曾经有次开会，一位员工说‘我认为……’，后来感觉不对，赶紧改口道‘不，不，数据认为……’”

---

① 《亚马逊CTO谈如何创新：一切围绕用户体验》，载《新浪科技》，http://tech.sina.com.cn/i/2011-04-18/08225417255.shtml。

六、客户导向的创新文化

在亚马逊，客户导向的创新文化是创新举措的基本遵循，在每个亚马逊人心里，都有基本的价值遵循，而创新也成为潜移默化的底层逻辑。“用户体验”是在亚马逊听到最多的词。如果说“改善”是手段，那么“用户”就是核心。

在亚马逊的核心价值观包括六大不同的理念（见图 8-3）。亚马逊的人解释说，“这张图可以从任何一个地方看起，但我们建议你从‘用户体验’那进入……”显然，这事已公理般地成为亚马逊人思考问题的“入口”。

“用户体验”作为企业文化理念的第一条，写在贝佐斯 1997 年上市第一年的致股东信里，至今没变。曾任亚马逊全球副总裁、现任一号店董事长的于刚说：“顾客体验（customer experience）和可扩性（scalability）是

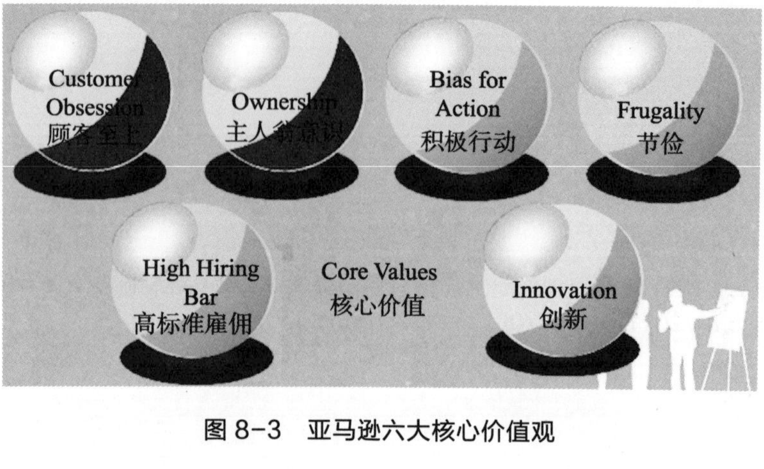

图 8-3 亚马逊六大核心价值观

电子商务最重要的两个成功要素，是我在亚马逊就职时听到最多和体会最深的两个概念。顾客体验是一个综合的考量，涵盖商品 / 服务的丰富度和质量保障、价格的实惠，以及商品搜索的简易、描述的准确、展示的直观，购买流程的明晰简单，付款的多样和方便，送货的及时和快捷，顾客信息的安全、退换货的容易，售后服务的温馨和问题解决的合理等。”

在于刚所描述的这么漫长的一个链条上，亚马逊为改善顾客体验所做的努力自然不胜枚举。凤凰城运营中心总经理伯特（Bert）举了一个更细小的例子，如果亚马逊客服连续两次收到不同客户对同一种产品的投诉，不管何种原因，客服都有权力立即将货品下架，待核查清楚后再决定上架与否。客服之所以被赋予这么大的权力，因为他（她）是离用户体验最近的人。

现在被亚马逊高层经常用来举例说明该公司如何彻底以用户为中心的例子是，当年贝佐斯顶住华尔街和公司内部的批评与压力，决意开发亚马逊的第三方卖家市场，甚至不惜“承受短期财务损失”。贝佐斯当时表态说：碰见要做这种自己跟自己打架的决定，我们不妨把问题简化一下，只需想下“什么对顾客是更好的”，只要我们站在顾客这边思考问题，时间一长，这能强制我们做出正确的行为[①]。亚马逊全球高级副总裁迭戈（Diego）说：“我们的业务汇报并不是说你昨天的营业额多少，而是说用户体验出现了什么问题。”他描述，亚马逊分输入和输出两个系统。输入是指货品种类的齐全性、价格竞争力、送货精确性等，这些都指向用户体验，如果“输入”做好了，“输出”就是营业额与新增客户，是水到渠成的事。事实上，在上面举的那个例子中，在亚马逊推出第三方卖家市场后，该业务增长迅速，现

---

① 黄刚：《亚马逊长盛不衰的创新之道：贝索斯 10 大运营内核揭秘》，载《物流指闻》，https://www.sohu.com/a/168775278_343156。

在已占到公司全球销售额的 30%，亚马逊提取商家销售收入的 15% 作为平台服务费。

亚马逊的商业模式发展到现在，“用户”对它而言，已不再仅是零售顾客，还包括活跃在 B2C 平台上的中小商家，享受其物流服务和云存储服务的企业[①]。正是因为亚马逊零售商出身，且长期专注在用户需求上，所以在向大量中小企业提供 IT 系统基础架构时，体现出比其他高科技公司更好的成本控制力与服务用户的能力，这是亚马逊的云计算当下领先的原因。

不是只有贝佐斯一个 CEO 重视用户体验的价值，但很少见一个 CEO 这么频繁地、自我暗示性地展现他对此的偏执。并且，他成功地把这自我暗示施加给了全公司，“用户体验”成了哪怕从亚马逊离辞的人都忘不掉的共同语言。

① 王静：《价值主张下的商业模式创新：亚马逊转型的案例研究》，载《沈阳工程学院学报（社会科学版）》，2018，14(02)：195 ~ 198+279。

七、精益管理的领导团队

在亚马逊，所有的领导团队都有一个基本的管理认知——精益管理。这是亚马逊创新得以成功的基本保障。精益管理已经成为亚马逊根深蒂固的管理理念之一，在美国大互联网公司中，这可能是独一无二的。很难想象，它是在出身华尔街的贝佐斯坚决推动下，植入亚马逊体内的。

在亚马逊凤凰城运营中心，一些来自亚马逊全球各地的运营管理人员在这进行“标准工作”学习。通过这样的交流与分享活动，可以把各个库房的改善经验推广到全球。

这是一个企业家自觉的成长。几年前，《哈佛商业评论》曾问贝佐斯：“这一路走过来，哪些东西你认为是你必须要学的？”贝佐斯回答：“全身心地投入到执行和缺陷控制之中。”他接着说，尽管自己天性是一个注重细节的人，但，“在创办亚马逊网上书店之前，我做的是对冲基金的定量分析工作——它并不需要设计一个可重复的流程。它和汽车制造厂不一样，在汽车厂，工作必须以同一种方式一遍遍地重复执行，而且必须保证不出错。在网上书店，执行可是重中之重。”

贝佐斯带头，很多亚马逊中高层每年都会抽出一定时间到运营中心现场工作，甚至做最具体的放货、装货工作。有人回忆贝佐斯有一年到某个仓库工作期间，刚好在那发生一起安全事故，有个工作人员把自己的包放在传送带上，结果拿包时不慎启动传送带，伤了手指。贝佐斯马上从“为什么他会伤手指？”开始问起，在现场的白板上一连问了五个“为什么”，一步步推导出：需要在仓库适当的地方为员工放置桌台，并加强安全培训[①]。

在亚马逊内部，有一个“飞轮”的概念，所有人都要想，怎么能让“飞轮”转得更快，即如何提升效率、降低成本；有一个系统叫 ACES（Amazon Customer Excellence System，直译为“亚马逊用户卓越系统”），精益管理是其中的重要环节。

① 黄刚：《亚马逊长盛不衰的创新之道：贝索斯 10 大运营内核揭秘》，载《物流指闻》，https://www.sohu.com/a/168775278_343156。

八、经验启示

2020 年，电商巨头亚马逊的全球销售额猛增至每秒 1.1 万美元，其市值也被推升至 12000 亿美元。人们不禁好奇，是怎样的历史和发展道路，造就了这个至今依然在不断扩张版图的亚马逊帝国？“飞轮”是亚马逊从 CEO 到普通管理层都熟悉并喜欢的用来描述这家规模惊人的企业内部的各个部分是怎样组成了一台看似永无停歇的永动机的方式。概括起来，对世界一流创新型企业建设而言，亚马逊创新管理具有如下的经验启示。

（一）系统思维引导的创新战略

对于世界一流创新型企业来说，可以学习亚马逊的战略，在企业内打造“飞轮效应”。“飞轮效应”是管理学家吉姆·柯林斯在《从优秀到卓越》一书中提出的概念。对于任何一个世界一流创新型企业来说，从优秀到卓越从来不是一蹴而就的。在建立一个伟大世界一流创新型企业的过程中，并不存在某一次行动某项宏伟计划、某个重量级的创新，或者类似的奇迹时刻能决定企业成功的命运。从优秀到卓越的过程就像推动一个重型巨轮转动的过程，从开始缓慢的旋转，速度到达某一个突破点后，轮子会自己产生动能，越转越快。

打造世界一流创新型企业，重点在创新战略。创新战略的核心在于打造一个良性运转、自演进的创新系统。例如，亚马逊的飞轮战略就是系统思维取胜的典型。在飞轮战略 2.0 中，AWS 让亚马逊有能力从电商场景，扩展到线下卖场，乃至各个家庭。通过亚马逊物流，亚马逊打通了实物商品“线上”与“线下”对接的“任脉”。让商品在消费者、第三方商家、Amazon Go、全食超市……之间自由流转。通过 Echo 以及第三方物联网设备，消费者的体验得到了提升，亚马逊获得了电商之外，更多的真实数据。Alexa、Echo 以及第三方 IoT 设备的加入，进一步增强了亚马逊 B2B 业务与 B2C 业务的巨大协同性。

世界一流创新型企业要注重创新战略系统中各个子系统之间的协调和配合，各个子系统能够转化为独立的创新单元，支撑整体创新系统的顺利运转。例如，亚马逊的核心优势在于其每个组成部分皆以面向服务架构进行构建，而这一架构能够持续将企业中的每个独立业务单元转化为独立平台，并使其最终成为外部竞争当中的强大优势性因素。亚马逊在自身整体生态系统中皆推出了外部访问接口，并利用这种长期的外部协同关系保障服务可用性，其中影响最为广泛的当数亚马逊物流项目。亚马逊还致力于在更为细化的层面上实施自己的设计思路。即使是面对那些难以进行销售的服务，亚马逊仍然倾向于将其开放给公众。其中最典型的例子就是亚马逊的 Marketplace Web Service（简称 MWS）API——亚马逊 Marketplace 的卖家可以借助这项服务通过编程方式与亚马逊进行数据交换。通过以上各个子系统的构建，亚马逊成功建立了一个以销售为核心的商业闭环系统，获得了巨大的优势。

（二）聚焦用户体验的创新使命

世界一流创新型企业要肩负聚焦用户体验的创新使命。事实上，超前引领的创新使命感、责任感也是引领性创新的核心内涵。世界一流创新型企业应致力于企业自身利益和促进社会利益的双元平衡，更加重视在促进社会进步的过程中实现自身利益[①]。在企业管理实践中体现为“用户需求导向”，以解决市场痛点和满足用户需求为企业行为的逻辑起点和价值旨归。

首先，世界一流创新型企业创新的出发点是用户。往往是亚马逊从上至下素来有独立团队“小而精”的说法，并且一切的发明创造都是为了消费者。亚马逊的团队坚持不做无用功，做就做消费者真正想要的。而消费者们的积极反馈也同样激励着亚马逊的团队。亚马逊的产品从头到脚乃至每一个毛孔都承载着客户的意志，不断创新，汲取客户反馈，继续创新正是每天发生在这里习以为常的事。亚马逊灵活的云计算系统（Amazon EC2）正是这众多上述产品中的佼佼者。

其次，世界一流创新型企业要对用户的创新意见进行科学高效的管理，筛选颠覆性的创新点。例如，有些公司在拥有畅销的产品后，更加将精力集中于维护这个产品，保持垄断地位直到另一个跨时代的新产品打破这种垄断，但亚马逊却从不怎么眷恋“老产品”。因为在互联网时代，太多太多用户提出的新要求与新建议，而亚马逊会及时地对这些要求和建议予以反馈，为客户提供更新鲜、更高效实用的新产品。

最后，世界一流创新型企业严格践行和保证以用户为中心的观念落实。由于以“用户”为中心，在亚马逊，还有一个专用名词叫“working from customers backwards”，即从用户体验倒推工作。CTO 维尔纳·沃格尔斯（Werner Vogels）说，亚马逊技术团队以公司向用户提供的各种服务来划分，每个团队 8 到 10 人，便于简单沟通、快速创新。用户在某一方面的需求和相关行为数据被反馈到各小组，技术团队想办法予以满足，所有创新都围

① 刘海兵、许庆瑞、吕佩师：《从驱动到引领：“创新引领”的概念和过程——基于海尔集团的纵向案例研究（1984—2019）》，载《广西财经学院学报》，2020，33(01)：127 ~ 142。

绕着用户体验与需求进行，而不是为了技术而技术。

对世界一流创新型企业的建设而言，要坚持以优化用户体验作为创新的起点。不忘初心，砥砺前行，以用户体验探索未来创新方向。

（三）敏捷应变的创新型组织架构

世界一流创新型企业要有敏捷应变的创新型组织架构，组织架构直接决定了世界一流创新型企业对于前段创新需求的反应速度，在信息快速传递的今天，敏捷性的创新团队十分重要。

首先，世界一流创新型企业除了常规的创新组织，还应该建立灵活小巧的创新团队，提高创新效率。例如，有了强大的技术背景后，亚马逊思考的，就是如何很快地去创新。为此亚马逊建立了很多的技术小团队，每个团队基本上都是 8 ～ 10 个人，这种团队的灵活性体现在，当有了新的想法马上就能够行动起来，而且沟通简单，不需要开很多会议才能把事情说清楚。这些技术小团队围绕的是亚马逊提供的各种服务，比如购物、推荐系统甚至评论服务。亚马逊希望成为世界上最以客户为中心的公司，他们很多的创新其实都是在为客户更好的体验去创新。

其次，对于世界一流创新型企业来说，需要鼓励向下赋权的创新组织形式。例如，亚马逊另外还有一种创新方式，则来自其扁平管理系统自下而上的创新。比如在亚马逊的运营中心，每个分拣、上货的工作人员，都可以通过其实际工作中的体会，去提出一些改进的要求。而这些会通过一些鼓励和荣誉来持续推进。组织小团队进行创新的设计，实际上也是亚马逊的一种创新。维尔纳·沃格尔斯表示，曾经让他们觉得困难很大的时期是，整个技术团队的工程师 70% 时间是在存储这种基础设施方面，只有 30% 时间去创新，如何让大家能够动作更快地去创新？于是亚马逊把工程师重新组织，成立了一些共同的团队将基础设施方面集中起来，服务于全公司，这样就释放了工程师很多额外的时间和精力，他们可以专注地去做一些创新，比如网上提供的服务以及云计算等，都是这样产生的。

对世界一流创新型企业的建设而言，组织结构直接决定了组织开展创新的效率和效益，亚马逊的做法强调创新团队与创新项目特征之间的匹配，只有针对性地设计个性化的创新团队模式，才能保证创新的有序开展和顺利推进，更好地鼓励员工创新。

（四）全面创新的创新管理模式

全面创新管理（Total Innovation Management，TIM）是一种极为先进科学的创新管理模式，它以构建和提高核心能力为中心，以价值创造和增加为目标，凭借有效的创新管理机制和方法，达到全要素创新、全员创新、全时空创新的创新模式，开放性和协同性是其典型特征[①]。也是从亚马逊得出的世界一流创新型企业成功的基本经验。

世界一流创新型企业要设计全员、全要素、全时空创新的组织创新模式。例如，在亚马逊凤凰城物流运营中心里有两个汉字：改善。确切地说，这是来自日文的汉字。在英语里，它被拼成 Kaizen，写在“改善”两字旁边，挂在运营中心某角的墙上。几张办公桌放在这，它是个半开放的空间。亚马逊把这个小小的角落叫作“改善角”。据凤凰城运营中心总经理伯特介绍，这是仓库里供大家（从经理到普通员工）讨论——如何提高入库、放货、取货、装货、出库等系列环节的效率、降低成本的场所。人们以小组为单位，每个小组针对一个话题，用几天时间去讨论，然后把改进建议与措施贴在“改善角”，供大家交流分享。在办公室是无法‘改善’的，只有在仓库现

① 许庆瑞：《全面创新管理：理论与实践》，北京，科学出版社，2007。

场可以去‘改善’、去解决问题。有时用一个什么工具、模型试一下，就知道有没有效果。

在此基础上，世界一流创新型企业要努力提高员工的创新积极性，公司创新能力的高低根本原因在于员工的创新意愿和创新能力。在亚马逊，提出最佳改善意见的员工，会被中心颁发奖章、纪念品，身上的挂牌颜色也不一样。这是以丰田汽车公司（以下简称丰田）为首的日本制造企业精益式管理的典型做法。伯特说，包括他本人在内的很多亚马逊运营管理人员，都专门为此去丰田考察学习过。

从亚马逊的创新管理经验可以得出启示，对于世界一流创新型企业而言，全要素创新、全员创新、全时空创新的全面创新模式是至关重要的。只有达到开放和协同兼具的全面创新管理模式，世界一流创新型企业才能做到基业长青。

【案例点评】

亚马逊生动的案例，诠释了成本敏感型企业如何会变身成为高科技企业。首先，“客户体验—卖家规模—低成本供应”闭环循环飞轮的难点在于难以快速满足客户需求，这需要企业为客户进行超前的发明创造。亚马逊从以客户为导向构建概念，再到落地应用，最终提升客户体验；其次，亚马逊是从资源优化配置角度来降低成本服务客户的，而且愿意长期保持低利润，展现了具有社会责任感零售商的情怀；最后，亚马逊基于全球数据中心，提供超过 200 项功能服务，积极将最新开源技术融入 AWS 中，包括计算、存储和数据库等基础设施技术，到机器学习、人工智能、数据湖和分析以及物联网等新兴技术，亚马逊成功转型为技术驱动型高科技企业，其云计算设施承载了北美互联网流量的 1%，连续 4 年蝉联全球 IT 企业 100 强榜首。

中国矿业大学区域产业协同创新发展研究中心主任　高伟

亚马逊的飞轮战略就是带领亚马逊创造奇迹的动力，它在降低公司自身成本的同时有效地实现了“公司一买家一卖家”三方的良性循环，这一种超前的战略模式使得亚马逊成为电子商务领域的一面旗帜。更值得我们注意的是亚马逊独有的商业创新模式，公司的创新流程不断随着时代和环境的变化而做出针对性改变，不断随着每个项目特点而定的个性化创新流程，企业内没有任何的研发机构和部门，但是每个岗位、每份工作都融入了创新与发展，从而形成了一种“小团队，快速跑”的新型创新发展模式，让行业内的竞争对手始终无法超越，并始终保持优势。总之，以人为本、精益管理、顾客至上、创新的技术研发与组织结构，这些标签既是亚马逊的代名词，也是企业能够长远发展不断创新的源源动力。对于电子商务领域的其他企业更是一种很好的借鉴和学习，也让我们感受到了物流在电子商务的发展中起到了至关重要的作用。

重庆工商大学　熊艾伦

第9章

谷歌

引领社会的搜索巨头①

① 本章由杭州电子科技大学管理学院杨伟教授编写。

和亚马逊成长于同时期，搜索引擎谷歌同样借助信息和数据逐步成为引领社会的搜索巨头。人们借助强大的数字搜索工具认知世界，尽管也许会让我们的学习和阅读变得“支离破碎”，但毫无疑问的是这种工具大大地拓宽了我们的认知空间。

1998 年 9 月 7 日，两名斯坦福大学毕业生谢尔盖·布林和拉里·佩奇从加州的一间破车库开始，以“组织全世界所有的信息，让所有人都能使用、对每个人都有用”为使命，成立了搜索引擎谷歌。2009 年，谷歌已掌握了全球近七成的网络搜索量和五成的网络广告。2015 年，谷歌进行了重组，以 Alphabet 品牌为母公司，谷歌成为其中最大的全资子公司，而谷歌 X、Calico、Nest 等从事新业务的事业部逐步独立为子公司。

谷歌 2000 年发布的 AdWords 是其第一款明星产品，它允许企业购买与搜索词相关的广告，谷歌搜索引擎由此开始流行。AdWords 为谷歌提供了稳定的收入来源，安然度过了互联网泡沫带来的危机。上市之后，谷歌开始将业务领域扩张至搜索引擎之外，通过收购，先后推出了 Google Maps、安卓、YouTube、Chrome 浏览器等有广泛影响力的产品，奠定了谷歌在互联网领域的领先地位。随着 Google Glass 和无人驾驶汽车等硬件产品的推出，谷歌的新业务领域也得到了快速的发展。

作为世界一流创新型企业中的领先者，谷歌长期保持着高强度的研发经费投入。2013 年以来，谷歌研发经费强度基本上保持在 15% 以上，部分年份甚至超过了 16%。2020 年，谷歌的研发经费支出高达 275.73 亿美元。

凭借高强度的研发投入，谷歌产出了大量的专利，展示出其强大的技术实力。根据美国商业专利数据库发布的报告，截至 2021 年 1 月 4 日，谷歌拥有 21762 项国际专利，全球排名第 13 位，在互联网公司中仅次于微软排名第 2。

在技术创新的驱动下，谷歌母公司 Alphabet 2020 年的营业收入高达 1825.27 亿美元，营业利润为 412.24 亿美元。从构成看，除了广告、搜索等传统业务继续保持增长外，云业务的收入也出现了显著增长，成为谷歌新的利润来源。

能够成为世界一流的创新型企业，谷歌在创新管理方面具有诸多值得学习的经验和举措。其中，谷歌在创新哲学、创新战略、组织结构、人力资源管理、领导风格、创新文化和创新生态系统等方面最具特色。

一、10倍哲学

谷歌CFO帕特里克·皮切特认为，“如果企业的目标只是比竞争对手稍微优秀一点，那么每家企业都会因为这个目标而没落，也可能死在一些魔鬼细节上，企业如果只尝试成为比较优秀的公司，也许它不会突然陷入困境或者迅速陨落，但也绝不会取得巨大成功，不会领先行业，更不可能为行业带来革命性改变。”谷歌创始人拉里·佩奇很认同帕特里克·皮切特的观点，并因此要求谷歌所有部门开发的产品及服务不要只优秀10%，而要优秀10倍，既要比竞争对手优秀10倍，也要比前一版本优秀10倍。拉里·佩奇认为：“只要要求足够高，且大家都了然于心，所有项目组和部门才会不断地尝试跨越新高度，更努力地工作，为公司投入更多的精力。”[①]由此形成了谷歌著名的“10倍哲学”。

10倍哲学本质上强调追求卓越、大胆想象、目标高远，是谷歌最核心的创新哲学。谷歌工程师们坚信，比起10%的提高，颠覆性的创意往往效率更高、成本更低，且能更直接地达到目的。一旦涉及谷歌想做的新产品或新业务，10倍哲学就会被发挥到极致。以谷歌自主搭建的光纤网络为例。谷歌光纤可以为已覆盖的美国城市提供速度高达1GB每秒的超级数据传输服务，这比美国现有的网络的平均传输速度快100倍。但谷歌的主要目

① 〔德〕托马斯·舒尔茨：《Google：未来之镜》，严孟然、陈琴译，北京，当代中国出版社，2016。

的不是为了开发新商业领域或在全球范围内直接与电信公司以及电缆公司竞争，而是着眼于未来的新应用程序、在线流媒体服务以及虚拟现实。如帕特里克·皮切特所说："这些长期项目的基本思想，即10倍哲学的本质，不是从一开始就建立盈利模式，而是能在10年内衍生出17种不同的产品。"

谷歌X实验室的登月计划项目是10倍哲学的具体反映。阿斯特罗·泰勒作为X实验室的负责人，认为几乎每个人都有以10倍哲学进行思考的能力。真正的问题是如何塑造一种企业文化，提高这种能力。他的哲学还包括称赞新员工提出的第一个创意——不管这个创意看上去多差，多不切实际，多不成熟。

二、远见且务实的创新战略

一方面，在 10 倍哲学的引领下，谷歌的创新战略着眼未来的大目标，持续为科技洞见下注。谷歌认为，产品开发应当信赖科技洞见，而非市场调查。所谓科技洞见，是指用创新方式应用科技或设计，以达到生产成本的显著降低或产品功能和可用性的大幅提升[①]。以科技洞见为基础的产品，往往与其他产品有着显著的差异，能够引领甚至颠覆现有市场。直到今天，谷歌最好的产品仍然是那些以科技洞见为基础的产品，也就是那些通过新的方法运用一两项科技来解决重大问题的独特洞见。例如，谷歌研究很早就开始研究如何以匿名方式观察用户行为，并对这些观察结果分析，从而提供更精准的个性化用户体验。一些 YouTube 的工程师听说了这项功能，于是抓住机遇，借此更精准地为用户推荐视频播放完之后接着该看的内容。这一技术大大提升了视频播放量[②]。

谷歌 X 在决定是否要实践某个想法时，会从三个方面加以评判：第一，这个想法必须涉及一个能够影响数亿人甚至几十亿人的巨大挑战或机遇；第二，这个想法必须提供一种与市场上现存的解决方案截然不同的方法。谷歌不希望在已有的做事方法上做改进，而是另辟蹊径；第三，将突

① 〔美〕埃里克·施密特、乔纳森·罗森伯格、艾伦·伊格尔：《重新定义公司：谷歌是如何运营的》，靳婷婷译，北京，中信出版社，2019。

② 〔美〕克里斯·厄特尔：《谷歌的五个原则：如何让公司保持活力》，载《销售与管理》，2019(13)：54 ~ 59。

破性解决方案变成现实的科技必须具备可行性，且在不久的将来可实现[①]。

另一方面，谷歌也意识到，仅仅依靠大胆的创意不足以支撑公司的持续创新和发展。2014 年，路易斯・巴罗索在一篇内部帖子提出，对于 10 倍哲学教条的“过分美化”，掩盖了“有条不紊、不屈不挠、坚持不懈地追求 1.3 ~ 2 倍机遇”所带来的实实在在的成绩。他把这些渐进式创新的项目称为“登屋顶”项目。例如，谷歌搜索引擎每年实现大约 500 次升级，并建设一批堆叠在外部服务器上的强大而高效的数据中心。谷歌搜索引擎的强大力量，以及为引擎提供动力的数据中心惊人的效率，都是建立在一个个的“登屋顶”项目上的。路易斯・巴罗索总结道：“一连串的‘登屋顶’项目可以形成一种强大的创新模式，既能够创造出快速的收益，也能够持续打造革命性的收效。”[②]

在上述战略模式基础上，谷歌形成了 70/20/10 的创新资源配置原则。即将 70% 的资源配置给核心业务，20% 分配给新兴产品，10% 投在全新产品上。70/20/10 原则确保谷歌的核心业务占有大部分资源，蓬勃发展中的新兴业务也可享受一定的投资，而与此同时，异想天开的创新想法也得到了一定的支持[③]。同时，谷歌认为 10% 的资源配置给全新产品，也符合“资源上的稀缺，是激发创意的催化剂”这一原因。

---

① ﹝美﹞埃里克・施密特、乔纳森・罗森伯格：《像谷歌那样去创新》，载《清华管理评论》，2015(10)：14 ~ 20。

② ﹝美﹞克里斯・厄特尔：《谷歌的五个原则：如何让公司保持活力》，载《销售与管理》，2019(13)：54 ~ 59。

③ ﹝美﹞埃里克・施密特、乔纳森・罗森伯格、艾伦・伊格尔：《重新定义公司：谷歌是如何运营的》，靳婷婷译，北京，中信出版社，2019。

三、灵活和有序兼具的组织结构

谷歌认为，创新需要一定程度的灵活性和自由度，因而一直在有序和无序之间寻找最佳的平衡点。

首先，谷歌非常强调组织的扁平化，力图通过减少管理层级来积极主动地避免官僚主义，以更好地激发员工的创意。在谷歌只有4个明确的级别划分：普通员工（独立贡献者）、经理、主管（多位经理的经理）和高管。此外对技术员工还有一条平行的职业轨迹，他们整个职业生涯一直保持着独立贡献者的身份①。此外，谷歌使用了“7的规则”，即员工至少向每位经理直接汇报7次，以及由首席财务官主导的一项名为“官僚主义克星”的年度计划，该计划旨在限制不必要的官僚主义。

支撑谷歌扁平化组织的，是一个个小型的团队。谷歌认为小团队能带来许多好处。当一个项目被打包成一个个小块时，创新很容易发生，因为你只需要说服很少的人，需要处理的相互关系也比较少。小团队让谷歌看起来更像是个亲密的公司，而不是一个臃肿的官僚机构。在大型团队中，杰出的个人贡献通常会被更优秀的同事掩盖或是被较差的同事抵消。而在谷歌，小团队将个人努力和个人成绩紧密结合在一起。

---

①〔美〕拉斯洛·博克：《重新定义团队：谷歌如何工作》，宋伟译，北京，中信出版社，2015。

同时，谷歌会把不同职能的团队整合在一起，谷歌认为方便的交流可以为创意精英们提供灵感，这是与其他许多企业不同的做法。在互联网时代，产品经理的任务是与设计、策划以及研发人员通力合作，共同打造高质量的产品。创意精英式的产品经理不仅要求涉足传统概念中的管理工作，还需要从技术入手，让产品质量更上一层楼，这就需要产品经理与工程技术人员一同工作。

在谷歌的两万多名员工中，几乎有一半都是参与产品开发的人员，都在小团队中工作。一个小组平均有 3 个工程师。即使像 Gmail 这样有 30 名员工参与的大工程，也被分为 3 到 4 个小组，每个小组都有一个“超级技术领导人”。大多数的工程师都同时为好几个团队工作。如果他们想在团队之间调换，也不需要得到人力资源部门的许可。

其次，谷歌通过将传统业务与新业务分离的方式来实现组织双元。到访谷歌园区的人会看到两台高速运转的机器：一台是赚钱机器，即通过高端的搜索引擎技术，雇佣上千员工经营广告业务；另一台是未来机器，即成立无数实验室，聚集数千信息技术研究者、机械制造工程师、生物学家以及医药学者进行基础研究。2015 年重组后，谷歌 X 实验室等从事新业务的部门成为独立的子公司。重组后，谷歌的组织结构呈现出双元组织的特点，如图 9-1 所示。一方面是相对成熟稳定的业务，主要以利用现有知识的渐进性创新为主，另一方面是面向未来的前瞻性业务，主要以探索式创新和突破性创新为主。

谷歌的 X 实验室是谷歌开展突破式创新的主体，它与公司其他部门不存在紧密的联系，保持了一种相对独立性。在谷歌 X 实验室，诞生了谷歌气球、纳米粒子、机器人、风筝发电、量子计算机等重要的项目。尽管这些项目离最终的商业成功还有距离，但展示了谷歌富有想象力的雄图大志和面向未来的创意。

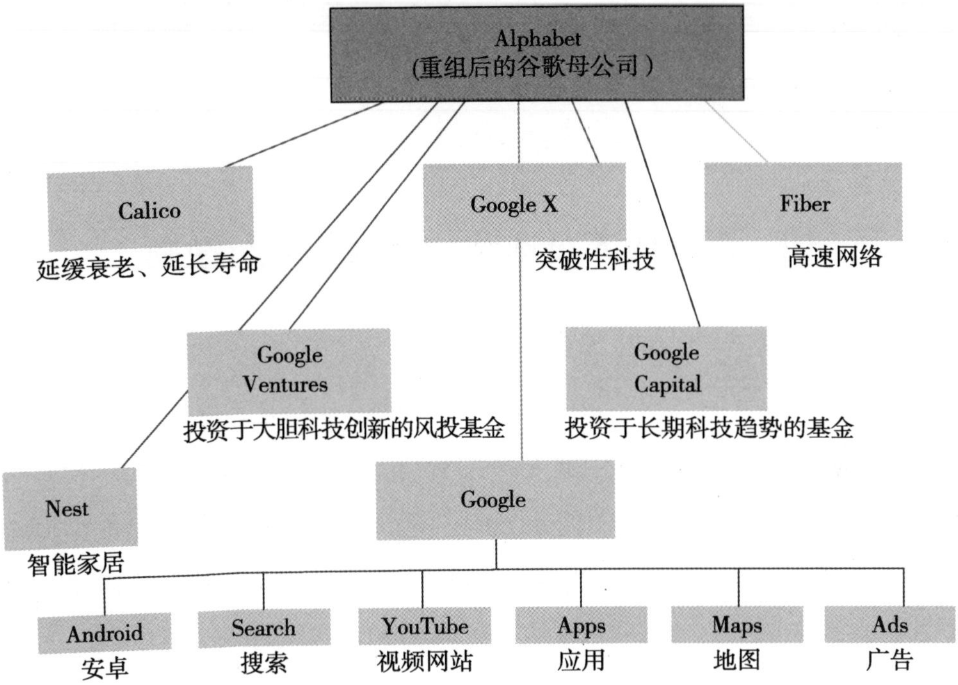

图 9-1 重组后谷歌的组织结构图[①]

① 刘文慧、李基礼:《新谷歌，熟悉的味道》，载《二十一世纪商业评论》，2015(09): 94 ~ 95。

四、严谨的人员选聘与全面的创新激励

大量创新型人才是谷歌最大的优势，员工选聘则在其中发挥了关键性作用。谷歌的领导认为，一个非凡的技术专家比一个普通的工程师更有价值，因此他们坚持只招聘“天才中的天才”。每年谷歌只有约 0.25% 的应聘者能够得到职位，应聘者拿到工作机会之前可能要参加 15 ~ 25 次面试，每聘用一位应聘者，谷歌人需要投入 150 ~ 500 个小时，因此，谷歌的招聘过程严谨，目的是招到最适合谷歌的人才。具体的，谷歌有六大举措来保证招聘质量：一是由专职的招聘人员（简历分析专家）开展评估工作；二是安排专人做远程评估；三是由下属对潜在的雇员做面试；四是补充了“跨职能面试官”；五是采用了一种彻底颠覆的方式给应聘者编写反馈意见；六是依靠没有利益相关性的审核人[①]。谷歌的招聘重点关注四个方面的能力：认知能力（cognitive ability），与角色相关的能力（role-related ability），领导力（leadership），和“谷歌性”（Googliness，成为谷歌人的能力）。

被录用后，新入职的员工需要快速融入谷歌，融入谷歌的文化中。谷歌会为新员工组织名为“Noogler”的入职培训日，让员工更正式地接触谷歌的文化。人事运营部和经理帮助新员工快速建立了内部网络，帮助员工

① 〔美〕拉斯洛·博克：《重新定义团队：谷歌如何工作》，宋伟译，北京，中信出版集团，2019。

开展公司内部的社交。谷歌把员工当作家人，培养他们，帮助他们发展，确保他们实现自己的全部潜能。谷歌拥有像顶尖大学里研究生院那样的学习型文化。来自世界各地的著名研究人员受邀定期到谷歌做讲座，帮助工程师们持续学习，更新知识[①]。

由关键绩效指标、评估流程和物质与非物质激励组成的 P&I 体系（performance and incentive system）也在科技型人才的激励方面发挥了重要的作用。在目标管理理念基础上，谷歌提出了 OKR（Objectives and Key Results）管理方法，通过整合目标分解和关键结果管理来实现从战略到员工绩效的一致性。OKR 管理包括目标设定、KR 设定和评估三个关键步骤。其中目标设定需要自上而下进行，从组织到业务集团再到部门和个人，上下贯通。关键结果指的是通向成功的关键，即达成目标需要的可预见的、可衡量的里程碑。关键结果通常跨度为一至几个季度，每一关键结果应该包括数个具有时间节点的交付物，并最终完成目标。如关键结果不能有助于目标达成，则需要重新设定目标和关键结果[②]。绩效评估时则包括半 / 年度绩效评估、员工自评、同事反馈、上级评估、绩效校准、绩效面谈等内容，体现了评估的全面性和自我价值驱动。

谷歌的 OKR 管理方法有如下独特之处。一是完备的 OKR 不仅制定了大的“目标”，也确立了易于衡量的“关键成果”。二是根据谷歌“往大处想”的理念，合理的 OKR 应有一定的难度，达到其中所有的要求应是不可及的。三是 OKR 系统几乎人人可用。四是 OKR 分数的唯一用途是让员工诚实地评判自己的表现。五是日常工作不需要计入 OKR[③]。

---

① 马浩：《从谷歌到固锝：家文化的逻辑》，载《清华管理评论》，2015(09)：8 ~ 13。
② 陈德金：《OKR，追求卓越的管理工具》，载《清华管理评论》，2015(12)：78 ~ 83。
③〔美〕埃里克 · 施密特、乔纳森 · 罗森伯格、艾伦 · 伊格尔：《重新定义公司：谷歌是如何运营的》，靳婷婷译，北京，中信出版社，2019。

创新的外在激励主要有两种，显性奖励和现场奖金。每位员工每年都会接受两次评估，如果在一定任期内，员工评价的结果连续四分之三超过预期，得到360分的正面评价（如果不是经理，则为270分），就有可能获得晋升。然而，工作本身的内在动机被认为对创新更重要，例如与有才华的同事互动、任务中的技术难度以及开发世界领先解决方案的可能性。谷歌员工享有丰富的娱乐设施，如排球场、保龄球场、攀岩壁、幻灯片放映室等，这些配置是给予努力地工作的员工额外的奖励。特别需要指出的是，谷歌认为精心筹划却遭受失败的员工或团队也要奖励。例如，2009年5月上市的“谷歌波浪（Google Wave）”最终失败，在2010年被停止使用。开发团队用了两年时间开发这个产品，尝试改变人们在网上沟通的方式。尽管失败了，谷歌还是给这个团队予以奖励，目的是培养敢于冒险的精神。这种容忍失败的激励机制对创新至关重要。

五、支持创新的领导风格

谷歌认为，创新不能靠传统的 MBA 式的管理方法来实现。与传统业务不同，创新不可把握、无法强制，也不能事先安排。因此，以一般公司的看法不一样，谷歌认为设立首席创新官的做法行不通，而应该由首席执行官兼任首席创新官，由此从最高管理层加强对创新的重视，营造适合于创新的管理氛围。

对各级管理者来说，谷歌的领导者将扮演文化大使和连接器的角色，能够迅速吸收并向团队传播来自组织其他部分的信息，并在创新过程中充当推动者。领导者应该授权他们的员工，在新项目中信任和支持他们，并最大限度地减少创新的障碍。领导者应该为他们的团队设定愿景和方向，并明确团队在组织中的角色。基于上述理念，谷歌人员运营部为领导力发展提供支持，并对什么样的领导行为会影响良好的团队绩效进行研究，确定了影响团队绩效的八个领导者习惯。

（1）是一个好的指导者；

（2）能够赋予工作团队权力，而不是事无巨细地参与各种微观管理；

（3）关注团队成员的成功和个人生活状况；

（4）富有生产力，并以结果为导向；

（5）是一个好的交流者，可以倾听他人的意见，并与他人共享信息；

（6）帮助员工在事业上取得进步；

（7）具有清晰的眼光，并能够为团队制定明确的战略；

（8）具有重要的技能，能够帮助他（她）本人为团队提供意见。

谷歌的每一位领导者都会对照这八个习惯每年进行一次评估。在定期的绩效评估会议上，领导也从他们的下属那里得到了直接反馈。此外，高级主管及以上人员可以通过特殊的辅导计划获得反馈。此外，还设立了一个优秀管理奖，采用自下而上的程序提名候选人。

六、自由开放的创新文化

谷歌能够保持创新活力，很大程度上得益于其内部的创新文化，通过良好的文化氛围感染调动员工的积极性，实现良性互动。谷歌的创新文化首先根植于谷歌公司的价值观之中，是企业文化的重要组成部分。在谷歌的企业文化中，有意义的使命、信息的透明度和真正的话语权是三大基石①。谷歌的核心价值观如图 9-2 所示。

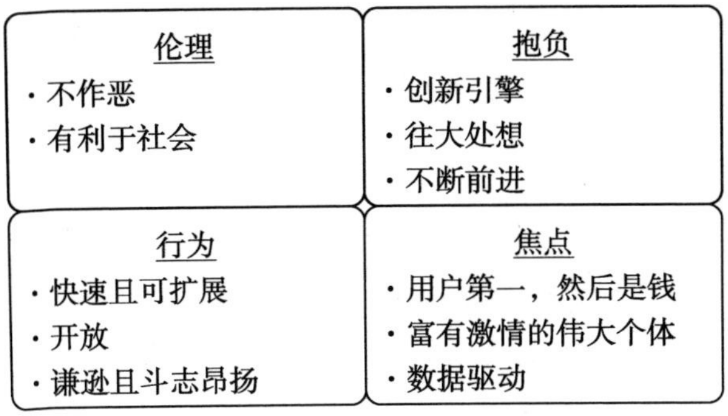

图 9-2　谷歌的核心价值观

在上述企业文化和核心价值观基础上，谷歌形成了以“自由开放”为核心的创新文化，成为谷歌创新的重要精神支柱。

---

① 〔美〕拉斯洛·博克:《重新定义团队：谷歌如何工作》，宋伟译，北京，中信出版集团，2019。

“自由”强调鼓励员工自由探索和大胆思考。在谷歌内部，没有人会轻易否定哪个想法太傻，或者太大，相反其领导人愿意刺激员工思考。鼓励员工自由探索的典型措施是20%法则。20%法则允许员工用20%的工作时间来进行自主探索，这意味着公司的科学家和工程师每周可花费长达一天的时间研究自己的构想。20%法则使得谷歌拥有了一个庞大的创意机器，建立了数以百计或数以千计的研究项目。同时，谷歌认为办公室的设计应该奔着激发活力、鼓励交流的理念，而不要一味制造阻隔、强调地位，因此是一排排物品堆积、混乱不堪的隔间。在谷歌的办公楼里，设有两块约10米长的白板，一块写着谷歌的“外星计划”，另一块是谷歌的“大师计划”。上面均是员工书写、绘制的各种异想天开的“计划”：如买下火星、消灭罪恶、开办谷歌银行，当然也有做出谷歌的操作系统——这其中一些注定不会实现，但也有一些已经变成了现实。这就形成了一种“没有限制”的开发哲学。谷歌的工程师可以在设计一个产品之初，不去考虑CPU计算能力、存储、带宽、商业化等众多限制想象力的问题。因此，谷歌内才能进行大量多数企业难以开展的项目。

“开放”则旨在形成鼓励员工进行创意交互的良好氛围和机制。员工可以直接向任何层级的公司领导发邮件，任何人都可以提出技术创新的问题和想法。为了使员工的创意得到分享、讨论、分析和批评，谷歌建立了有关每个工程师正在研究的每个项目的信息数据库。公司的所有工程师都有权访问这个数据库，并可以找到其他人在做的项目，任何工程师都可以审查任何项目的设计文件，添加项目意见，并向团队成员发送电子邮件，提出自己的意见和观点。他们甚至可以评价其他人的意见，在工程学方面，每个人都是批评家，谷歌的创始人谢尔盖·布林和拉里·佩奇会与小范围内工程师团队进行非正式的谈话，还会在每周五下午举办人人都可畅所欲言的“TGIF（Thank God, it's Friday 的缩写，意为感谢上帝，今天是星期五）”大会，并在大会上与大家谈话。谷歌会定期组织“Demo Day（演示日）”的活动，让大家从手头繁忙的工作中留出一个礼拜的时间，专门从一些全新的角度去考虑解决方案，考虑新产品方向并快速写出一份雏形来展示给同事们进行讨论和评选，有许多来年的新方向就是从“Demo Day”的成果中提炼出来的①。谷歌在办公区域内设置了很多微型小厨房和口袋，员工可以从中拿点咖啡或食物，用几分钟的时间放松、与他人交流，目的是为员工的思想碰撞提供机会。

在自由开放的创新文化基础上，谷歌还形成了一个非正式但高效的组织学习系统。谷歌的不同部门会采用各种灵活的方式来反思和评估完成的项目，通过事后分析吸取经验和教训。上述各种开放式的创意交流方式本身也是组织学习的重要形式。此外，谷歌还有一些相对“正式”的学习过程，如“鱼食计划（用于在团队成员中测试新产品或功能）”“狗食计划（在员工中测试新产品或功能）”“测试过程（在客户中测试新产品或功能）”，以及快速测试新产品或功能的不同程序。种种组织学习的方式结合起来，核心目标是形成一个快速的创新周期，快速推出新概念，然后不断迭代。

① 亢樱青：《谷歌，这里没有思维的天花板》，载《商学院》，2016(11)：66 ~ 67。

七、富有特色的创新生态系统

聚焦用户和外延式收购是谷歌创新生态系统的重要特点，同时，因为身处硅谷，硅谷的文化氛围和创新环境也为谷歌创新生态系统提供了有力的支撑。

用户在创新生态系统中占据着重要的地位。谷歌认为,在互联网时代,用户的信赖至关重要。正如拉里·佩奇和谢尔盖·布林在谷歌首次公开募股说明书中说的那样:“为终端用户服务是谷歌业务的核心，是我们的第一要务。”但是，“聚焦用户”这句话只说了一半，完整的句子应该是:“聚焦用户，一切水到渠成。”[①]在谷歌，用户就是使用谷歌产品的人，而客户则是花钱投放广告以及购买谷歌技术使用权的公司。这两个群体之间很少会出现冲突，如果出现矛盾，还是会以用户利益为重。谷歌的明星产品 AdWords 引擎充分反映了“聚焦用户”的思想。谷歌创始人拉里·佩奇在使用谷歌网站搜索引擎时，发现经常会搜到对用户无用的信息。拉里·佩奇将有问题的搜索结果打印出来，贴在公司的公告板上。杰夫等五名工程师看到结果后也意识到了问题，尽管这不属于他们的工作范围，他们还是自告奋勇地提出了一个解决思路，核心是通过计算“广告相关度数值”来评估广告与搜索需求的相关性，而不是根据广告商愿

① 〔美〕埃里克·施密特、乔纳森·罗森伯格:《像谷歌那样去创新》，载《清华管理评论》，2015(10)：14 ~ 20。

意支付的费用或广告点击量来判断，这个理念成为AdWords引擎赖以生存的基础[①]。

收购在谷歌创新生态系统构建过程中发挥了重要作用。概括而言，谷歌以搜索和AdWords/AdSense形式的核心业务主要基于内部创新，而一些新的业务领域主要依赖于外部收购产生的创新。谷歌目前收购了近200家公司，极大地扩展了其业务领域和技术来源。谷歌2005年收购安卓，使其成为手机操作系统的主流平台之一，2012年谷歌收购摩托罗拉，则进一步强化了谷歌在智能手机领域的技术实力。2006年，谷歌收购YouTube，使得谷歌的广告业务从传统媒体拓展至在线视频，并强化了其流量获取和大数据能力。2013年，谷歌收购Waze，推动了谷歌地图的改进。2014年，谷歌收购DeepMind，为其人工智能和深度学习技术的发展提供了重要支撑。2016年，谷歌收购Apigee，借以改善其云服务。因此，一系列对初创企业的收购，成为谷歌获取外部技术，打造创新生态系统的重要途径。也正如谷歌的一位高管所言："如果你从长期来看大多的主流公司，要让像Google这样规模的公司不断成功，只有借助内部创新和收购，并在收购的基础上整合创新。"

此外，谷歌的发展也受到了硅谷创新文化与资源的深远影响，这些硅谷元素成为其创新生态系统的重要组成部分。谷歌的两位创始人来自斯坦福大学，谷歌第一个搜索引擎在斯坦福大学的服务器上运行了一年多，谷歌的第一个雇员是斯坦福大学的毕业生……谷歌的发展一定程度上是硅谷发展的缩影。同时，硅谷的文化也在谷歌身上打下了深深的烙印。因此，"该地区（**硅谷**）对谷歌来说一直是一个重要的环境，因为它为创始人提

① 〔美〕埃里克·施密特、乔纳森·罗森伯格、艾伦·伊格尔：《重新定义公司：谷歌是如何运营的》，靳婷婷译，北京，中信出版社，2019。

供了领先的研究、对搜索引擎价值的理解、金钱，以及由非常聪明和有经验的人组成的劳动力大军。”同时，硅谷似乎为如何组织（如基于网络的组织）以及如何思考和行为（如分享、开放、胸怀大志）贡献了具体的规范。

八、经验启示

谷歌上述创新管理的具体举措，不仅体现出数字经济时代互联网企业创新管理的一些共性与前沿趋势，如借助收购初创企业来补充内源创新等，更反映出谷歌作为世界一流创新型企业的一些独到之处。概括起来，对世界一流创新型企业建设而言，谷歌创新管理具有如下的经验启示。

（一）人才是最宝贵的创新资源

科技创新的根本动力和核心资源是人才。拥有大批具备专业知识和创新思维的人才，并且能够真正激发他们的创新活动，是世界一流创新型企业的必然选择。但是，创新人才的选聘和激励又是世界级的难题。谷歌公司在人才选聘和激励方面花费了大量的时间和资源，具有重要的借鉴意义。

一方面，世界一流创新型企业需要开发符合自身需求的人才选聘标准和流程。正如谷歌将"成为谷歌人的能力（谷歌性）"作为员工选聘的重要标准，体现了对员工个人特质是否与企业文化相适配的思考；同时，谷歌设计了比一般企业更加复杂全面的招聘流程，旨在通过更加全面的考察识别适宜的员工。

另一方面，世界一流创新型企业需要对创新型员工进行全面的激励，尤其注意通过企业文化来激发员工的创意和容忍失败。在谷歌不仅有股票期权、现金、职位和优渥的福利待遇等物质激励手段，更是形成了减少等级划分、崇尚自由、鼓励交流的企业文化，形成了谷歌全员参与创新，创意不断涌现的良好局面。此外，特别需要注意形成容忍失败的制度和氛围，正如谷歌对员工尽心尽责但最终未能取得成功的创新项目也予以奖励，这对激发员工的创新意识也具有至关重要的作用。

（二）树立远大且持续的创新目标

科技创新本质是面向未来的工作，企业的愿景、使命，创始人的理想和价值观，员工的预期等对不同层级、未来的看法、企业是否愿意开展创新，以及开展怎样类型的创新具有直接的影响。一般而言，成就伟大的创新型企业，必须有远大的追求和洞见。

谷歌也深谙此道，不论是“10 倍哲学”，还是“为科技洞见持续下注”都体现了这一点。“10 倍哲学”的根本作用在于破除束缚，鼓励员工跳出框架进行思考，使得创新活动努力追求远大目标。“持续为科技洞见下注”则在“10 倍哲学”基础上，进一步强调了创新的科技属性和持续性。这些理念与创新哲学使得谷歌不断探索前沿，开发跨时代的产品和技术，带动其业务规模和盈利能力的指数型增长。

对世界一流创新型企业的建设而言，必须尽早树立科技创新的远大目标，使其成为指引公司发展的核心价值观。同时要培养自身的科技洞见，为公司核心价值观注入科技元素，也为公司的技术路线奠定基石。

（三）形成多目标兼顾的创新组合

对于一个大规模的企业而言，必须保持创新活动的多样性，既要能够保证企业当前的生存和发展，能够有充足的现金流支持技术研发，又要面向未来进行前瞻性的布局；既要在企业核心业务领域进行持续投入，又要积极尝试新的业务领域。谷歌通过组织结构设计、创新项目组合和资源合理配置，形成了一套兼顾多方面要求的创新活动实施体系。

一是创新组织结构的设计。在企业中，成熟业务单元和新业务单元之间往往会产生掣肘和冲突，将二者相分离，构建“双元性”组织是解决冲突的有效途径，也是谷歌 2015 年后进行重组的根本出发点。同时，在组织内部，创新所需要的自由，甚至适度“混乱”，与组织的统一性之间也存在冲突，需要在二者之间进行有机平衡，谷歌广泛使用小团队的方式具有很好的启发性。

二是建立长期目标和短期目标兼顾的创新项目组合。例如，谷歌通过“登月计划”和“登屋顶计划”相结合的方式实现了创新项目的合理组合。“登月计划”是在“10 倍哲学”引导下的一些具有极强探索性的创新项目，如无人驾驶汽车、能检测血糖水平的智能眼镜、提供廉价互联网服务的氦气球等。“登屋顶计划”则是那些渐进性创新的项目。大多数“登月计划”也需要一系列“登屋顶计划”来实现，二者的结合充分体现了目标和过程，远期和近期的关系，使得谷歌的创新既具有远大理想和抱负，又能够脚踏实地。

三是有效控制风险的资源配置模式。谷歌的 70/20/10 法则保证了创新资源的合理配置。根据这一法则，谷歌把主要的资源还是投入在核心业务上，少量的资源用于全新产品的探索，从而降低风险，保证公司能够稳定发展。

（四）打造全员参与的“创意机器”

创意是创新的源泉，谷歌成为创新型企业的一个重要启示是将企业打造为一个全员参与的“创意机器”。公司产生了大量源源不断的创意，为进一步开展持续创新提供了充足的“养分”。就建设世界一流创新型企业而言，可以从如下方面学习谷歌“创意机器”的建设经验。

一是鼓励员工自由探索和相互交流。例如，谷歌通过 20% 法则等鼓励员工自由探索的措施，员工产生了大量创意，在交流过程中，这些创意和灵感相互碰撞，又激发了更多的创意，使得谷歌充满了创新活力。

二是建立创意收集管理系统。员工产生的创意如果不加以收集和管理，将会渐渐消散，不能产生价值。谷歌通过建立正式的数据库，辅之以各种非正式渠道，使得各种创意能够在公司留存，为将组织打造为一个“创意机器”提供了核心模块。

三是管理者对创新活动的支持。公司的管理者在创新系统中发挥着举足轻重的作用。从谷歌的经验来看，一方面要使得创新管理成为所有管理者的工作，并通过“让 CEO 担任首席创新官”的方式形成“一把手工程”。另一方面把管理者定位为文化大使和连接器，重在营造良好的氛围来鼓励创意的形成，并使其传播扩散。

【案例点评】

从招聘技术人员开始，谷歌就在践行“10 倍哲学”——招聘最优秀的员工，入职后给予优厚的待遇，除了薪资还有各种不寻常的福利。比如配给工程师美味的午餐，吸引了更多人因为午餐留在了谷歌，也进一步推动了这些工程师产生优秀的产品与服务。换言之，谷歌在高科技行业领域重新定义了公司：公司的本质是一个愿景，吸引一群创新性人才，运用创新性的激励措施，如 OKR，以此来激发创意，并在办公室环境、组织结构、工作氛围等方面做好运营，制造一个更容易创新的环境，为这些优秀的人才服务。谷歌不仅重视创新，而且重视创新的实践。中国企业除了需要关注如何创新，还需要关注创新实践问题，企业对创新的考核需要纳入实践性的相关指标。建立基于实践的创新理念，是未来研究值得关注的话题。

天津师范大学管理学院　张党珠

第 10 章

特斯拉

颠覆性创新的典范[①]

---

① 本章由南京工业大学经济与管理学院张长江教授编写。

作为一种新的技术范式，信息技术似乎蕴藏着无穷的能量，在其日趋成熟的过程中，人们正在用信息技术改变传统的行业，特斯拉用 IT 理念来造汽车就是例证，颠覆性创新正在模糊行业边界，也在重塑社会生产力。

特斯拉由马丁·艾伯哈德和马克·塔彭宁于 2003 年在美国硅谷创立，最初的创业团队主要来自硅谷，用 IT 理念来造汽车，是一家美国电动车及能源公司，而不是以底特律为代表的传统汽车厂商思路。特斯拉创始人将公司命名为“特斯拉”，用以纪念物理学家尼古拉·特斯拉。2004 年，埃隆·马斯克出任公司董事长以来，公司进入发展快车道。

目前，特斯拉在全球拥有 70757 名员工，截至 2021 年 6 月 15 日收盘价，公司市值 5880 亿美元，公司向 SEC 递交的发展报告看到，2020 年全年，特斯拉实现营收 315.36 亿美元，净利润达 7.21 亿美元。特斯拉近三年大力拓展中国市场，2019 年特斯拉在中国区实现营收 29.79 亿美元，2018 年为 17.57 亿美元。2020 年前三季度在中国市场收入为 40.44 亿美元，2020 年特斯拉在中国市场收入达 66.62 亿美元，同比增长 123.6%。中国和美国外的其他市场收入为 96.67 亿美元。在 2021 年《财富》美国 500 强排行榜中特斯拉以营收 315.3 亿美元，排第 100 名。

2004 年，埃隆·马斯克进入公司并领导了 A 轮融资。2004 年 2 月，埃隆·马斯克向特斯拉投资 630 万美元，但条件是出任公司董事长、拥有所有事务的最终决定权。2010 年 6 月，特斯拉登陆纳斯达克，IPO 发行价 17.00 美元，净募集资金 1.84 亿美元，融资额达 2.26 亿美元，特斯拉成为唯一一家在美国上市的纯电动汽车独立制造商。2016 年 11 月 17 日，特斯拉电动车收购美国太阳能发电系统供应商 SolarCity，使得特斯拉转型成为全球唯一垂直整合的能源公司，向客户提供包括 Powerwall 能源墙、太阳能屋顶等端到端的清洁能源产品。2017 年 2 月 1 日，特斯拉汽车公司（Tesla Motors Inc.）正式改名为特斯拉（Tesla Inc.）。这意味着汽车不再是特斯拉的唯一业务。2018 年 12 月，特斯拉入围 2018 世界品牌 500 强，位列第 81。2019 年 1 月 7 日，在上海的特斯拉超级工厂一期开工建设。特斯拉上海工厂是该公司在美国本土之外建设的首个超级工厂，是上海迄今为止最大的外资制造业项目。待全部建成运营后，年产能将达 50 万辆纯电动整车。2019 年 2 月，埃隆·马斯克宣布，将毫无保留地开放所有特斯拉电动汽车的专利，任何人都可以善意使用，以应对环境变化。2019 年 11 月，特斯拉 CEO 埃隆·马斯克宣布将在德国柏林市建设海外第二座电动车工厂（全球第三座）。2021 年《财富》美国 500 强排行榜中特斯拉以营收 315.3 亿美元，排第 100 名。

特斯拉在 2008 年推出了 Roadster 车型，从而揭开了其尖端电池技术和电动动力总成的神秘面纱。特斯拉从零开始设计了世界上第一款纯电动豪华轿车 Model S，该车型在同类产品中出类拔萃。Model S 安全高效、性能优异，续航里程表现出众，并且可以通过 OTA 空中升级助力车辆不断完善。经《汽车趋势》（*Motor Trend*）杂志的测试，Model S 0 ~ 60 英里 / 小时加速最快仅需 2.28 秒，颠覆了人们对于 21 世纪汽车的期待。2015 年，特斯拉扩大了产品线，推出了 Model X。这是一款安全性、速度和功能性俱佳的 SUV，在美国国家公路交通安全管理局的所有类别测试中均获得五星级安全评级。根据特斯拉首席执行官埃隆·马斯克的“特斯拉秘密宏图”。特斯拉在 2016 年发布了价格更亲民的量产型纯电动汽车 Model 3，并于 2017 年开始量产。同年，特斯拉又推出了深受用户喜爱的半挂卡车 Tesla Semi。单单燃油成本一项，每百万英里就能为车主节省至少 20 万美元。2019 年，中型 SUV Model Y 问世，可容纳 7 人乘坐；同年特斯拉推出了 Cybertruck，该款车比传统卡车更实用，比跑车具有更高的性能。

为了打造可持续发展的完整能源系统，特斯拉还设计了由 Powerwall、Powerpack 和 Solar Roof 等组成的独特的能源解决方案，使居民、企业和公共事业单位能够管理环保能源发电、存储和消耗。目前，特斯拉不仅制造纯电动汽车，还可以生产能够无限扩容的清洁能源收集及储存产品。特斯拉的使命认为，让世界越早摆脱对化石燃料的依赖，向零排放迈进，人类的前景就会更美好。

一、CEO 的独特魅力

2020 年，因为新冠肺炎疫情，世界经济整体是动荡的一年。但是特斯拉的股价却单边暴涨，成功超越丰田成为全球第一车企，也让整个行业位置产生了动荡。

在 2020 年里，得益于公司持续的利润，特斯拉的股价飙升。作为特斯拉的首席执行官埃隆·马斯克，财富不断增加，也于 2021 年 1 月 9 日上午，个人资产达到 1897 亿美元超越亚马逊的创始人杰夫·贝佐斯成为世界首富。“埃隆·马斯克，世界上最富有的人。”1 月 7 日，彭博社的一篇报道称，“这可能是历史上最快的财富创造。”

埃隆·马斯克究竟有怎样的魅力，能够带领他的特斯拉一路像是坐了火箭一般一飞冲天？真实情况是埃隆·马斯克在过去几年里掀起了一场新能源汽车变革风暴，而特斯拉正处于风暴中心。但就在几年前，还有对冲基金把特斯拉的价值判为“负数”。如今，特斯拉已实现连续盈利，市值大涨，其中 Model 3 成为销量担当与标志性产品。

作为现实生活中的“钢铁侠”，他又是怎么样的呢？作为特斯拉的 CEO，埃隆·马斯克本人受到的追崇不亚于任何一个流量明星。一家公司的 CEO，比起流量明星更具魅力，这当然不是因为他会唱、跳、RAP，也没有比超模更有吸引力的颜值身材，而是因为他本人强烈的性格色彩。他做事执着，性格偏外向，善于利用新媒体与外界沟通，长袖善舞，善于与整合资源，由于是连续创业者，自带光环和流量。他在推特拥有 1210 万粉丝，超过了全球十大制造商的总和，而在 YouTube 上的视频播放量超过了 3000 万次。此外，勤奋是一个成功企业家必不可少的因素。他在媒体说，他每周工作 100 个小时，这是一个典型的工作狂，也是成功企业家的一个典型特质。俗话说，成功没有秘密，唯有坚持不懈地努力工作。

20 世纪 70 年代，社会学家斯坦利·利伯森及其合作者在研究美国一些大公司时发现，在影响这些公司利润率的各项因素中，首席执行官的影响占到 14%，而行业因素占到 16%。这些数据说明，当投资人在做投资决策时，选定一个 CEO 和选定一个行业，两者几乎同样重要。选拔这样的魅力型 CEO，能把股民、投资者、雇员甚至大众变成粉丝信徒，这样就容易聚焦资源，快速发展市场。

埃隆·马斯克在连续创业中学会了利用创新使命引领战略落地，在公司运营中表现出高明的商业智慧，这从其开放专利的决定中就可以看出来。通过将专利分享给竞争对手，最终将使电动汽车行业受益，他没有将其他电动汽车的生产厂商视作竞争对手，而是将燃油汽车厂商视为竞争对手。特斯拉通过分享技术，将使整个电动汽车行业市场扩大，很大程度上，特斯拉也将在新崛起的电动汽车产业保持领先地位。

中国有句古话，“取法乎上，仅得其中；取法乎中，仅得其下；取法乎下，无所得。”所以说要想建立一家伟大的企业，就必须要有一个伟大的愿景，埃隆·马斯克和他的公司，拥有十分清晰的愿景。作为特斯拉的灵魂人物，埃隆·马斯克追逐的目标不仅是金钱，经过前两次创业，他已经很富有，并且还向社会捐献了大量财富。他心忧天下，认为如果人类继续不断地从地球攫取资源，人类将会遭受灭顶之灾。所以他一直在做 SpaceX 空间探索技术公司，后来，做特斯拉汽车，因为这样的汽车对环境有益，能造福人类。这样的动因和愿景，对一个企业的成功非常重要。他喜欢克服各种艰巨的挑战从而改变人类的命运，让全人类享有更美好的生活，这是一项伟大的事业，他热爱它并为之投入所有激情。

埃隆·马斯克是一个自信且坚韧的人。纵观他的成长和成功经历，他也失败过很多次，但是埃隆·马斯克坚信他做的事业是正确的，决不放弃，直到成功。他说，“如果你没有失败，那说明你做的事情还不够创新。”所有这一切都清晰地诠释了他坚韧不拔的性格，这就是促使他成为一个非常成功的企业家的根本原因。

二、基于可持续能源的创新使命

特斯拉的使命是加速世界向可持续能源的转变。通过这个宏伟远大的创新使命不断落地，我们逐步了解到特斯拉关注的不仅仅是客户产品，产品只不过是达到使命的手段。因此，特斯拉对自身的定位不仅是汽车制造商，更是能源转型的重要力量，其整体构想是通过一系列行动变革，人类出行方式生产利于环保的汽车，为汽车配置自动驾驶功能，解放用户在车上的时间，车辆的维护需求低于平均水平的 80%，使汽车与清洁能源网络互联，并使能源的储存和回收更容易，汽车按需使用，客户可以在汽车闲置的情况下将其出租，这一愿景实现的结果是现有道路网络和基础设施将会过时，城市建筑及生活环境将迎来翻天覆地的变化。此外，实现清洁能源汽车的共享，有利于减少道路上汽车的数量，从而降低噪声和污染水平，人类终将迎来一个完全重新配置的城市。

通过特斯拉的闭环产品的打造和特斯拉汽车系列产品的大卖，让我们明白为什么在特斯拉还没有发展起来时，国家还有金融市场依然选择信任他的原因，投资者和国家更加看重的是特斯拉的最终愿景。所以一个企业的使命设定非常重要，使命是否具有创新性和吸引力，直接使命影响着后续的整个故事的演绎、沟通和宣传风格，直接影响整合资源的投入推进。有了这类完整且连贯的愿景就可以说服和吸引大量人才，在这个创新性使命的引领下，员工们工作的激情是不一样的。最好的例子，毕业生加入特斯拉，其成就感不在于找到一份新工作，而是感觉在参与一项拯救人类的项目。

事后分析而言，埃隆·马斯克所传达的使命理念是特斯拉成功的一个重要元素，而这一理念也让特斯拉在硅谷这个人才高地，互联网巨头人才争夺更加激烈的地方，依然能够吸引到最优秀的人才。2017 年，特斯拉成为最具吸引力的公司之一，收到超过 50 万份的求职申请，使特斯拉在汽车这个古老的行业中重新获得吸引力。

特斯拉公开信息表明，它在美国大学生最吸引的公司中排名第六，相比之下没有一个其他制造业企业能在排行榜前 50 名。特斯拉的营销预算比主要竞争对手低于 40%，客户形成了一个强大的粉丝群，大多数车型即使产品商未完成，仍能得到客户筹款资助。

三、使命引领战略

特斯拉是使命引领型企业，围绕使命目标，通过科学战略规划引领企业发展，下面让我们了解以下他们战略发展的轨迹。

特斯拉在总体战略布局上，主要以“汽车”与“能源”为主线构造其商业版图，两线相辅相成，推动特斯拉实现其“加速世界向可持续能源的转变”的企业使命。

第一阶段，特斯拉先打造从小众到大众的车型单线推进，并以太阳能电力为终点。2006 年，埃隆·马斯克发布了特斯拉“宏伟秘密计划”四部曲，依次是生产小量而昂贵的电动跑车、适量价格适中的车型、量产价格亲民的车型以及提供太阳能电力。基本上的逻辑是从高端切入，树立品牌形象，寻找对价格不敏感的种子用户，并通过销售收入和后续的融资加大生产规模，进行价格下探和放量。

第二阶段，特斯拉吹响“光伏发电 + 能源存储”号角，进入双线突破阶段。2016 年 7 月 21 日，特斯拉蓝图发布，内含整合能源再生与储存、丰富产品线、自动驾驶和汽车共享四大方向。首先是，开发太阳能光伏产品，并且和电池存储系统无缝整合、优化太阳能光伏系统；其次是拓展电动车的产品线，使之覆盖到所有的主流细分市场；第三是通过海量车队的深度学习完善自动驾驶技术，使之安全性 10 倍于手动驾驶；最后就是打造汽车共享模式、让车辆闲置的时候能替车主赚钱。

第三阶段，特斯拉致力于在能源及汽车双产业链上的垂直整合，打

造生态平台产业链。在能源产业链方面，从上游的发电、到中游的储能、再到下游的消费，特斯拉目前先通过完善太阳能的光伏发电系统，保证整体的转化效率和成本，同时保证与储能系统 powerwall 和 powerpack 的协同整合，夯实了上游和中游的连接。在汽车产业链方面，特斯拉致力于以下三个方面。

（1）拓宽产品品类，提高电池的出货规模，降低成本，丰富应用场景，丰盈大数据；

（2）完善自动驾驶，提升用户体验、降低安全事故，并为后续的汽车共享提供基础支撑；

（3）开发汽车共享作为汽车产业链下游的服务延伸，形成服务闭环，形成入口效应。

四、动态的战略管理能力

特斯拉战略使命与世界各国倡导的可持续发展目标一致。从特斯拉发展历程不难发现，美国联邦和加州政府的产业补贴政策支撑着特斯拉走过发展初期的瓶颈，提供资金、拉动需求，促使特斯拉成为全球电动车行业变革的领导力量。它是怎么巧借外部政策东风，抢抓机遇力促战略落地的呢?

具体的四个关键环节如下。

一是获得政府低息贷款渡过企业发展初期资金难关。2009 年 6 月，特斯拉得到了小布什政府先进技术车辆生产贷款计划（ATVM）4.65 亿美元的低息贷款，从而渡过资金难关。

二是购车补贴促进和鼓励了消费者购买特斯拉电动车。以特斯拉热销车型 Model S 为例，购车者可获得最多 7500 美元的联邦所得税抵税额，特斯拉电动车还可在美国 19 个州享受各种额外福利，例如加州政府额外提供 2500 美元补贴，住宅充电站点还可以获得多至 500 美元的现金返还。

三是零排放积分交易机制（ZEV-Credits）。即美国加州利用它在防治空气污染方面的权力迫使汽车制造商销售一定量的碳零排放汽车，对于没有达到要求的汽车制造商，他们可以从其他汽车制造商购买积分。该项机制直接给特斯拉等新能源车企带来实际收入。自 2008 年以来，特斯拉出售了 13 亿美元以上的监管积分，2017 年，特斯拉在全球交付了 103181 辆汽车，但是通过销售碳排放积分赚了 3.603 亿美元，相当于每辆车大约 3500 美元，2018 年 ZEV 创收更高达 4.2 亿美元。

四是敏锐抓住机会在中国建设超级工厂。于 2018 年初，中国外商投资规定放松，特斯拉抓住时机在华独资建厂，拓展海外市场。2018 年 4 月，国家发改委表示，新的外商投资负面清单将把制造业开放作为一项重点，汽车行业将分类型实行过渡期开放，2018 年取消专用车、新能源汽车外资股比限制。这意味着，特斯拉允许在没有中国合资伙伴的情况下在中国独资建厂，独资建厂意味着能更好掌控自身核心技术。事实上，特斯拉在争取独资在华建厂方面一直保持着与中国政府积极沟通磋商的态度，在促进中国政府政策变化中扮演了重要角色，同时特斯拉也是该项政策实施的最大受益者。Model 3 何时实现预期的产销水平、并实现盈利是特斯拉的命门。在 Model 3 打开大众市场后，特斯拉急需通过规模销量实现盈利，而中国是全球最大的电动汽车市场，中国放松外资车企建厂限制，特斯拉在华建厂后，其产品在免除关税等要素后在华售价将大幅下降，将吸引更多中国消费者，从而加速特斯拉进入中国市场的进程、布局全球版图，更有力地促进特斯拉的战略使命落地。

五、重视商业模式创新

汽车行业被认为是一个极高门槛且具有一定技术垄断性质的行业，在过去人们一直认为这个行业难有新公司去挑战那些传统大型车企，更不可能有新公司在成立几年之内立刻占据消费市场。而特斯拉的出现让这一观点彻底被颠覆。

有人说特斯拉这一切成果主要是归功于其世界领先的电动车技术，其实特斯拉并非最早利用电动技术制造交通工具而占领市场的例子，真正令其如此成功的因素，是它在汽车这个传统制造行业开展的一系列全新商业模式。颠覆式创新的理论提出者克莱顿·克里斯坦森在他写的《创新者的窘境》里提供了两个颠覆式的思路。一是低端颠覆，另一个就是所谓新市场颠覆，产生一个新的市场空间，特斯拉属于后者。它凭靠电动车这一全新的概念和汽车设计思路，开展了一系列全新的商业模式。在它的商业模式里，我们看到了科技公司运作的手法和影子，下面我们分析一下特斯拉区别于其他汽车厂商，尤其是其他电动汽车厂商最独特的商业模式。

（一）基于电动车性能，独特精准定位市场

高端时尚的纯电动轿跑车，这就是特斯拉一开始给自己的定位。我们纵观整个汽车行业及其发展史，可以发现 19 世纪以来大部分开始占据市场的车企，他们推出的主打车型往往都是轿车这一受众广泛且技术门槛相对不高且价格不高昂的车型，比如我们熟知的福特 T 型车、大众甲壳虫或者

国内的比亚迪 F3 等。而以高端跑车为自己主打车型的新车企,除了特斯拉,我们几乎再也看不到了。

这些年传统车企开发的新能源车型，几乎是清一色的中档乘用车。由于续航原因，绝大部分甚至都是些小型车，比如日产聆风、三菱 i–Miev、宝马 i3 以及比亚迪 F3DM 等。那为什么特斯拉要这样给自己定位呢?

首先，电动汽车由于电机的天然特性，车辆在加速过程中无须换挡，并且电机能产生极为强大的扭力，所以其加速性能甚至连法拉利都赶不上。这就省去了传统跑车由于技术成本而增加的高昂研发附加费用。车主都有追求更强性能的倾向，既然不需要用造跑车的成本就能实现跑车的性能，何乐而不为呢?

其次，在纯电动汽车刚进入市场这一时期，普通消费者对其接受能力并不一定很好，更多人对于汽车这样的高昂商品的心态是求稳而不求新，对于新技术稳定性的怀疑一定会影响他们的购买欲望。

而定位于高端车型的特斯拉，则把客户聚焦在高薪人群。这些人群往往接受新事物的能力强，有着较好的环保意识，并且具有更强的炫耀欲望。特斯拉高端时尚且节能的定位完美地符合了他们的需求。

（二）全新的价值传播方式

为了实现时尚这一定位，特斯拉做了很多传统车企甚至是传统制造业从未做过的事。我们分析特斯拉的对外价值传播时可以发现，特斯拉做的事更像是一个科技企业做的事。

他们让媒体把埃隆·马斯克包装成现实版的“钢铁侠”，通过他本身去讲故事。埃隆·马斯克频繁出现在各种镜头前，谈他的过去，谈特斯拉的未来。同时，他们注重口碑的推动力，重视让用户在社交媒体上分享驾车体验，采用很多互联网营销方式。“在传统媒体上的经费投入是零，他没有做任何电视上的广告，也没有做任何平面媒体的广告，他把那一部分的费用全部砍掉，没有任何关于传统广告渠道的挖掘。”中欧国际工商学院创业学教授龚焱如是说。

特斯拉另一个价值传播的关键点在于，他们前期邀请大量的名人、政客、影星、企业家作为自己的第一批客户，并通过他们在社交媒体上引发讨论。这些价值传播方式是以往任何一个车企都未做过的。事实证明特斯拉的产品形象已经被塑造得很成功了，他们在公众面前成功树立起了一个高端、时尚、创新、革命的汽车产品形象。现在提起电动车翘楚谁不是第一个就想到特斯拉。

（三）颠覆传统的营销模式

特斯拉最为关键的商业模式创新是其颠覆式的营销模式。它的销售渠道包括：体验店和网络直销。购买模式为先预定再制造。这怎么看都像是一家科技电子企业而不是一家车企。然而正是这种营销模式，给特斯拉的成功奠定了很好的基础。

传统车营销渠道是通过 4S 店销售和售后服务，这是一个传统典型的经销模式。经销商的存在就是希望更多的人来分一杯客户的羹，让销售渠道担负销售任务，导致汽车价格的上浮。

特斯拉采用的小米式的网络直销以及苹果式的体验店。这样的模式省去了顾客购买的中介渠道费用，同时也利于维护特斯拉的高端时尚的产品形象。

特斯拉体验专卖店都开在大型高端商场的底层，装修炫目而时尚，除了内设展示汽车动力的平台外，顾客还可以在店中央巨大的屏幕上定制专属车型。体验店里面的销售人员不会像 4S 店里的销售人员不断给你推销某一款产品，而是像苹果体验店一样让你更好地体验这款产品。你的单可以在网络上下单，最后车会直接从厂家寄来。

先预付后制造的购买模式，为其创造了大量的现金流。埃隆·马斯克在 2013 年 5 月份接受的一个采访时说，他们通过独特的现金流模式产生的现金足以支撑他们对下一个车型或两个车型的研发，众所周知，开发一个新车型是非常昂贵的，一般都是在 10 亿美金以上。看来这个模式确实给企业带来大量现金流。

（四）颠覆传统专利保护，加速培养产业生态系统

2014 年 6 月 12 日，特斯拉公布了一个震惊车辆行业的决定——将特斯拉的超级充电站系统技术专利公开给业界所有竞争对手。目前为止特斯拉已分别为宝马 Smart、奔驰 A 系列和 B 系列、丰田 RAV4 等提供了电动系统。这让人想到了另一家科技公司的策略——谷歌授权安卓的策略。

特斯拉这一举动表面看起来触及了公司的核心利益，然而他们实则是在培养整个产业生态环境。这样做不仅有利于推动电动车充电标准的统一，而且也使特斯拉将在建造充电站上节约大量成本，充电网的扩张也会进一步加速。毫无疑问，只有电动车真正在全世界得到广泛普及，特斯拉才能得到最大利益。

六、与众不同的企业文化

特斯拉之所以成为特斯拉，它有许多个“首创”和“与众不同”之处，在于它的特立独行。这种现象并非偶然，从特斯拉为员工提供的员工手册——《不是手册的手册》一共只有 4 页，就可见一斑。它一直鼓励“与众不同”，它把“与众不同”写到自己员工手册内，众所周知，特斯拉鼓励创新和勇于胜利的价值观，我们通过分析他的员工手册来了解“与众不同”。

（一）以愿景为引领，建立与众不同的企业文化

“我们是特斯拉人。我们将改变世界。我们愿意重新思考一切事物”。在这个小册子内开宗明义提出企业的使命和做事的基本逻辑。随后，这份文件还提到，“我们与众不同，我们喜欢这样的自己。正是与众不同，才让我们拔新领异，完成在其他人眼中是不可能的任务。”可能许多公司都会提出类似的口号或抱负，但就特斯拉而言，这几句至少就显得特别真实。

在传统企业的员工手册里只会告诉你各种底线在哪里，然而特斯拉的员工手册却强调，“我们更强调的是极高的标准，同时聘用最与众不同的人才。”如果你因为特斯拉的高标准无法认可这种企业文化，这份员工手册也有相应内容：“你在其他地方也许会更加成功。我们并不是刻薄讽刺，但这只是事实。”

也许，在不少人的眼中，这份员工手册也就是一份公司内部用于规范企业文化方面的文件，只不过，其内容及用语可能显得过于自大，但这正是特斯拉的与众不同之处。

（二）以信任、责任、平等为底色，建立主动、担当、创新的企业文化

当我们在看其他许多公司的员工手册，行文要么像是法律条款，要么感觉像是一种官方委员会的文件。这份小册子就没有这么正式，像是埃隆·马斯克用信任的目光与您拉家常。特斯拉强调，这份员工手册不仅仅是在设定期望的基准，它还包含“信任”“沟通交流”“工作职责”“目标与反馈”等多个小标题。具体而言，主要包括以下内容。

（1）只要加入特斯拉，都一定要赋予他信任和责任。

（2）只要能够站在公司立场上以最快速的方式解决问题，特斯拉的任何员工都可以并且应该通过电子邮件或者面对面沟通的方式，与公司任何人进行交流沟通。你可以直接与上级经理沟通，你可以直接与上级经理的上级经理沟通，你也可以直接跟其他部门的副总裁沟通，你甚至可以直接跟首席执行官埃隆·马斯克面对面沟通。

（3）“没人告诉我”这个理由，在特斯拉绝对行不通。

从以上三个部分可以看到信任、责任、平等在企业文化的重要角色，在员工一入职时就置入信任、责任、平等的基因。

（4）我们认为，如果你在工作中不主动，无法胜任工作的话，那你就是个懒人。

（5）包括你在内的所有员工，首要工作都是要保证特斯拉可以获得成功。如果发现公司有需要改进之处，就要大胆讲出来，哪怕这本来不是你自己的职责。你与特斯拉的成功息息相关。因此，你应该多给公司提建议

和想法。如果不说出来，再好的点子都没有任何意义。

（6）如果你不值得信赖，那特斯拉就不适合你。你也最好离开特斯拉（可能你也没得选）。

（7）“你迟到了”是孩子们在学校里经常听到的一句话。但特斯拉不是学校。

（8）如果你生病了，就老实待在家里。不要把我们也传染生病了。

（9）如果你不来上班也不通知公司，那你就是个混蛋。如果你缺勤了，你最好有一个非常说服人的理由。但这种情况，最多只能发生一次。

（10）如果你做了蠢事，视具体情况而定，你可能会被教导，或者再给你一次机会，或者直接请你离开公司。当我们还有更重要的事情要做的时候，我们无法承受把宝贵时间用来处理你做的蠢事。

从以上几点看到特斯拉非常鼓励创新，一定要把我自己的想法说出来，接受大家的点评，鼓励全员创新。“担当”二字也是在企业文化里重点强调的规则，要主动学习，以主人翁的态度对待企业，这与中国某些做优秀企业文化的“用心做事，诚实做人”如出一辙。

随着特斯拉快速发展成为一个大型企业组织，那么能真正帮助企业有效运营的工具必然依靠企业文化，在特斯拉这份员工手册可谓是“与众不同”，而且也极具埃隆·马斯克的风格。为了提高运营效率，鼓励企业创新和使命的落地，设计和加强正确的企业文化，这正是埃隆·马斯克的首要工作。

【案例点评】

在高度同质化竞争市场结构中如何实现颠覆式创新，如何在一个垄断利益集团强大传统市场中脱颖而出？特斯拉将颠覆性技术和颠覆性商业模式完美结合起来，给了我们一个独特的答案。首先，开拓出崭新行业：硅谷思维在传统市场中的运用。特斯拉用硅谷全新思维和视角，赋予了传统汽车的电气化和智能特征，从而将汽车从机械产品变成电子产品，同时通过软件持续升级，不断优化汽车性能，又将汽车从电子产品变为软件产品。从而将传统车企带到了一个全新的赛道，在这个新的赛道中，传统汽车市场势力不再重要，特斯拉可以对其进行降维打击。其次，可竞争市场新生态：中央软件架构为核心。在新能源汽车市场中，特斯拉定位于硬件与软件架构整合平台，是以中央软件架构为核心来整合硬体零部件。这种能力击败了大多的传统车企，一般传统车企虽然也使用软件，但是通常数量较少，而且是在不同架构上运行，难以达到特斯拉所具有的优化整合能力。第三，商业模式创新：云服务支撑下的市场开拓。特斯拉通过建立“网上直销 + 云服务数据库 + 充电网点”商业模式，快速打破原有市场束缚。特斯拉将新兴技术快速商业化，通过高科技产品完全改变了市场竞争的关键点，而后又通过颠覆式的商业模式，打通了全新产品流向消费市场的关键环节，由此摆脱了内卷式低维度竞争，在一定程度上可以说是创造了一个崭新产业，颠覆了原有产业的市场结构。

中国矿业大学区域产业协同创新发展研究中心主任　高伟

特斯拉在高度同质化竞争的成熟产业中能实现颠覆性创新，对很多中小企业甚至是大中型企业都有一定的借鉴意义。第一，特斯拉以可持续能源的创新为使命愿景，向零排放迈进；第二，使命愿景之下，特斯拉牢记使命引领战略的发展原则，以“汽车”与“能源”为主线构造其商业版图，推动实现企业使命；第三，在具体管理模式上，特斯拉重视商业模式创新，动态管理企业，实现的不是低端颠覆，而是新市场颠覆；第四，特斯拉优秀的企业文化使得企业从上至下都在创新，整个企业弥漫着鼓励创新的空气。然而这都只是开始，我们有理由相信，无论是特斯拉的创新能力还是创新意愿，都将支持这个企业勇往直前，永攀高峰。

贵州大学、贵州人民武装学院　项凯标、江克花

第 11 章

中国中车

自主创新的标杆①

① 本章由广东环保学院创新创业学院张渭武老师编写。

中国中车、国家电网、华为、海尔、中国电科、美的等一批后发企业克服资源和市场的双重劣势，凭借持续的创新逐步提升了自身生态位，尽管与前列的世界一流创新企业相比还有一些或大或小的距离，但是局部领域已与一流创新企业实现并跑甚至领跑，它们很有希望成为世界一流创新企业。那么，后发企业又是如何克服资源和市场的双重劣势以实现创新能力的持续提升的呢?

中国中车是全球规模领先、品种齐全、技术一流的轨道交通装备供应商，是 2015 年经国务院同意、国务院国资委批准，由中国北车股份有限公司、中国南车股份有限公司按照对等原则合并组建的 A+H 股上市公司。

长期以来，中国中车紧紧抓住“一带一路”和全球轨道交通装备产业大发展等战略机遇，大力实施全球化战略，坚持自主创新、开放创新和协同创新，持续完善技术创新体系，不断提升技术创新能力，建设了世界领先的轨道交通装备产品技术平台和制造基地，以高速动车组、大功率机车、铁路货车、城市轨道车辆为代表的系列产品已经全面达到世界先进水平，能够适应各种复杂的地理环境，满足多样化的市场需求。中国中车制造的高速动车组系列产品，已经成为中国向世界展示发展成就的重要名片。中国中车的产品现已出口全球六大洲百余个国家和地区，并逐步从产品出口向技术输出、资本输出和全球化经营转变。作为“大国重器，产业引擎”，中国中车以创新作为发展的第一动力，在世界高铁行业中实现了由跟跑、并跑到领跑的重大跨越，成为中国制造的“创新排头兵”。在党的十九大提出“培育具有全球竞争力的世界一流企业”后，2019 年国务院国资委宣布选择中国中车等十家大型中央企业为创建世界一流示范企业。创新永远在路上，中国中车面临着新的历史性任务，为早日成为具有全球竞争力的世界一流企业继续努力着。本案例基于面向全球化的科技创新视角，总结了中国中车走向世界，参与全球高铁行业竞争的经验，分析其快速成长为全球规模领先、品种齐全、技术一流的轨道交通装备供应商之道，希望为中国的企业发展壮大提供借鉴，促使更多的中国企业成长为世界一流企业。

一、中国中车的概况

中国所有的高铁机车都来自中国中车。作为国家制造业名片，中国中车的历史可以追溯到1881年，经过100多年的分分合合，2015年，由中国南、北车股份公司合并组成了现在的中国中车。目前，中国中车作为全球规模领先、品种齐全、技术一流的轨道交通装备供应商，连续多年轨道交通装备业务销售规模位居全球首位，是一家拥有46家全资及控股子公司，在全球27个国家和地区设立78家境外机构，为全球六大洲109个国家和地区提供产品和服务，员工17万余人的超大型跨国企业。

中国中车自成立以来，积极实践国家"一带一路"的伟大倡议，始终坚持走国际化道路，按照核心业务、支柱业务、支撑业务、平台业务、培育业务和优化业务布局，丰富产品谱系，已形成以轨道交通装备为核心、以战略性新兴产业为主体的多元业务架构。目前主要的业务板块有四个。

（1）铁路装备业务，具体包括：①机车业务；②动车组（含城际动车组）和客车业务；③货车业务；④轨道工程机械业务。围绕铁路装备业务，中国中车面向全球市场，把握国内外铁路运输市场变化和技术发展趋势，以成为世界一流的轨道交通装备系统解决方案提供商为目标，加快技术创新、产品创新、服务创新和商业模式创新，打造系列化、模块化、标准化的产品平台和技术平台。

（2）城轨与城市基础设施业务，包括：①城市轨道车辆；②城轨工程总包；③他工程总包。抓住随着全球经济的发展，世界各国兴起了建设都市圈和城市群的热潮，中国中车积极开拓国际市场，开展战略合作，以城市轨道交通装备技术创新和产品创新为核心竞争力，发挥装备制造、业务组合、产融结合等综合优势，大力发展城轨与城市基础设施业务。

（3）新产业业务，主要包括①机电业务；②风电装备、新材料、环保、工业数字、重型机械、船舶电驱动和海洋工程装备等新兴产业。充分发挥轨道交通装备等核心业务大力推进技术升级，并面向工业、交通、能源等领域，规模化发展专业化机电业务，大力推进各类新兴产业。

（4）现代服务业务，主要包括金融类业务、智慧物流、电子商务平台和中车供应链管理电子采购平台等现代服务业态。充分发挥高铁优势，坚持“产融结合、以融促产”，推进制造业与服务业融合发展。

随着高铁业务的不断扩展，中国中车面向全球市场，以创新为驱动力，坚持走国际化道路，全力打造国际化公司。2019 年 6 月中旬，中国中车旗下中车唐山机车车辆有限公司举行意大利现代轨道交通技术联合研发中心揭牌仪式。2019 年 9 月 11 日，中车株洲电力机车有限公司与匈牙利签下订单，向其提供两种型号的“火车头”，并满足欧洲货运铁道的“七国认证”标准。2019 年 8 月 14 日，美国波士顿金融区的新地铁吸引了乘客眼球，该车由中国中车制造，接下来还有 400 多辆中国中车制造的地铁将陆续出现在波士顿的轨道交通上。2020 年，中国中车在新西兰、土耳其、俄罗斯、印度、韩国、智利、阿联酋等国家和地区成功取得多项新项目，拳头产品“复兴号”首次出国，飞驰于中老铁路；独立组建联合体中标墨西哥城地铁 1 号线整体现代化 PPP 项目。从 2015 年至今，中国中车公司在美国、澳大利亚、俄罗斯等国家和地区设立了 18 个海外研发中心，并购世界知名海工企业 SMD 公司、橡胶企业 BOGE 公司、德国福斯罗等多家业界著名企业，国际影响力和知名度大幅提升。据德国权威统计机构SCI统计，中国中车在 2018 年世界轨道交通装备企业排名第一，销售收入超过位列第二位的阿尔斯通和第三位的庞巴迪之和。2019 年，英国品牌金融咨询公司发布了《2019 年全球最具价值品牌年度报告》(Brand Finance Global 500 2019)，中国中车位居全球品牌价值 500 强第 147 位。2019 年中国中车位居《财富》世界 500 强第 361 位，《财富》杂志发布的“最受赞赏的中国公司”榜单上，中国中车排名中央企业和制造业首位。

二、中国中车遇到的挑战

2008年以来，世界经济一直处于国际金融危机后的深度调整阶段，中国中车自2015年由中国南车股份有限公司和中国北车股份有限公司合并以来，就面临着全球经济增长持续放缓，大国间战略博弈、贸易摩擦加剧等不利局势，加之最近新冠肺炎疫情影响，全球产业链、供应链循环严重受阻，国际分工合作格局加速重构，各类动荡源和风险点显著增多。这使得中国中车的国际化发展之路一直充满着曲折与艰辛。

而更直接的竞争，则来自行业内各竞争对手的挑战。目前全球轨道交通行业变革仍在持续深化，全球行业巨头正在深度整合，行业竞争格局不断变化，竞争态势不断加剧。国际上知名的高铁巨头，比如加拿大庞巴迪、德国西门子、法国阿尔斯通以及日本的川崎重工等，无论是从企业国际化历史、产品的认知、国际知名度还是高铁市场占有率，都要比中国中车的国际认可度高，尤其是在欧洲市场的认可度上，中国中车一直处于弱势地位。主要原因是中国中车生产的产品一直以来都是以中国标准来进行的，不适用于其他国家标准。而加拿大庞巴迪、德国西门子、法国阿尔斯通以及日本的川崎重工等行业顶尖巨头对于世界市场标准都有着巨大的话语权与影响力，尤其是欧洲市场，中国中车因为标准不一样而一直被排除在外。

随着各国高铁计划的推出，世界高铁行业成为一块巨大的“蛋糕”。不少国际高铁巨头为分得一杯羹，纷纷加快了全球化步伐，提升国际扩张速度。中国中车相比于其他竞争者，除了技术优势外更重要的是生产成本优势。对此，其他国际高铁巨头也纷纷采取跨国战略，将自己的生产制造基地建立在基础设施配套、综合成本较低的国家，给中国中车带来了很大的压力。2021 年阿尔斯通完成对庞巴迪轨道交通部分的收购，成为仅次于中国中车的世界第二轨道交通巨头，直接与中国中车（CRRC）在全球市场抗衡。

而国内轨道交通装备市场、干线铁路建设、铁路运营权全面放开，外资准入门槛进一步降低，各类轨道交通投资主体和运营主体日益多元化、经营意识不断增强，部分区域和一些企业加快布局轨道交通全产业链并逐步形成系统实施方案，以往作为中国中车基本盘的国内市场也面临着竞争加剧的态势。

面对如此困难的局面，中国中车仍逆水行舟，作为全球轨道交通装备龙头，中国中车这几年展现出稳定、健康的发展态势。2020 年，中国中车在新冠肺炎疫情突袭而至的不利局面下，逆势而上、稳中求进，疫情防控和经营发展两手抓，深化业务发展、优化产业布局、降本提质等多措并举，最终实现逆势翻盘，展示出经营发展的良好韧性以及可持续性。2020 年度上市公司报告显示，中国中车实现营业收入 2276.56 亿元，实现净利润 113.31 亿元，至此，中国中车已经连续六年营收超 2000 亿元、净利润超百亿元。中国中车的公开数据还显示，2016 年至 2020 年，研发投入分别为 96.84 亿元、104.92 亿元、111.79 亿元、122.65 亿元及 135.79 亿元，连续五年实现正增长。这表明，创新无疑是中国中车面对挑战仍能继续发展最重要的源动力，“回顾这些年的发展，感触最深的是得力于我们的创新驱动，中国中车的发展离不开技术创新。”中国中车总经理刘化龙表示，在创新过程中，中国中车的战略着力点主要在：第一，服从于国家战略；第二，抢占行业的技术制高点；第三，把中国中车打造成为一个科技型企业。

以 2020 年度为例，中国中车新技术与新产品的研发多点开花，硕果累累。其中，中国中车承担的 7 个国家先进轨道交通重点专项取得里程碑式突破，时速 600 公里的高速磁浮试验样车成功试跑；时速 400 公里的跨国互联互通高速动车组成功下线；系列化中国标准地铁列车研制及试验项目稳步推进；重大产品研发成果喜人，京雄智能高速动车组上线运营，时速 350 公里的货运动车组成功下线，30 吨轴重货运电力机车等完成样车研制，“复兴号”高原双动力集中动车组研制提速。

在硬核科技创新能力加持下，中国中车行业话语权和影响力持续增强。2020 年，中国中车发布国际标准 9 项、国家标准 24 项、行业标准 25 项，申请专利 6437 项，获得中国专利奖金奖 2 项、银奖 1 项、优秀奖 7 项，专利质量位居中央企业 A 级。中国中车品牌价值达到 1105 亿元，持续位居机械类中央企业首位，荣获 2020 年度中国品牌创新案例奖。

三、中国中车成为国际交通轨道建设领军企业的经验

（一）坚持与落实自主创新战略理念

从追赶到超越，中国中车始终坚持自主创新的战略理念，从“跟跑”到“并跑”再到“领跑”，中国中车不断强化研发投入，逐步掌握先进轨道装备关键核心技术。

中国高铁技术引进始于 20 世纪 90 年代。在很长一段时间内，中国高铁技术大幅度落后于国际行业巨头。在 21 世纪初，我国轨道装备牵引、制动等关键系统还要靠进口，一个制动响应时间的软件小改动都要受制于国外的行业巨头，不但要付出高昂的维护费用，完成时间还没保证。

中国中车当时的管理层清醒意识到，像高铁这样的复杂系统集成创新，不是靠所谓的“以市场换技术”就能够拼凑起来的，为了掌握关键技术，必须坚持在引进技术充分消化吸收基础上，通过创新体系升级和核心技术的深度融会贯通，研发更有技术优势和竞争力的产品，才能实现高铁核心技术的独立自主。在这种思路的指导下，中国中车在技术引进过程中一直非常重视全面自主创新和企业可持续创新能力的建设，强调每花 1 元钱引进技术，就要再花 3 元钱进行消化、吸收和再创新，跳出了“引进再引进”的怪圈。

2010 年，经过十几年的潜心发展与技术积累，以研制时速 380 公里高速动车组为标志，中国中车开始推动着中国轨道交通装备制造业进入了持续的、全面的自主化创新历史新阶段。

中国中车当时为了研制持续运行速度达到350公里/小时、最高运行速度380公里/小时，在系统创新、安全性、可靠性、综合舒适度和节能环保等一系列指标上要达到当时世界先进水平的CRH380新一代高速动车组，在原有引进的高速动车组设计和制造技术的基础上，选定技术攻关目标，确定合作方，先后与清华大学等62家科研单位、企业签订战略合作协议，组建高效研发团队，共同开展技术攻关。

经过数万名技术人员几年的艰辛努力，中国中车完全掌握了高速动车组9大关键技术和10大配套技术，形成了技术体系、标准体系和产品体系，构建了包含时速200公里、时速300公里、时速350公里三个速度等级的高速动车组产品技术平台。2014年，中国中车研制的更高速度试验列车在试验台上跑出了605公里/小时的试验速度。

随后，在CRH380系列动车组技术平台基础上，中国中车首次以中国标准为主导，按照正向设计思路，以自主化、简统化、互联互通、技术先进为目标，成功研制出了具有完全自主知识产权、时速350公里并具备时速400公里以上的运速储能的中国标准动车组。它成为全球运行速度最快、更安全、更可靠的动车组列车，这就是如今光环萦绕的复兴号CR400AF/BF型动车组。复兴号动车组从启动研发到最终定型，历经整整5年时间，完成了503项仿真计算、5278项地面试验、2362项线路试验。在复兴号的254项重要标准中，中国标准占84%，涵盖了列车网络、牵引、车体、转向架、制动等核心系统，实现了国外标准、国内试验数据双重设计控制，逐步由依靠标准设计向制定标准转变。

在复兴号的研制过程中，涌现出多个自主创新的集成系统创新项目。为实现降低噪音3分贝的目标，中国中车的研发团队在实验室进行了长达1年多的试验，做了3000多次针对不同材料和结构的隔音试验，最终实现降低噪音4～6分贝。当复兴号以时速350公里运行时，车厢内最小噪音为 65 分贝。复兴号 CR400AF 动车组“飞龙”车头设计时，为实现最佳的技术性能，中国中车最初设计了 46 个概念头型，通过技术优选挑出 23 个进入工业设计，再遴选出 7 个头型，经过海量的仿真计算、动模型试验、线路试验，才最终敲定“飞龙”设计方案。“飞龙”的气动性能超群：比既有动车组整车运行阻力降低 12%，侧风升力系数降 6%，气动噪声降低 2dB（A），以时速 350 公里运行时，平均百公里能耗下降 17%，相当于往返一趟京沪节省 5000 多度电。“复兴号”还有一个聪明的“大脑”，建立了高技术含量的传感系统，整车检测点达 2500 多个，密布着各种各样的传感器，这些大大小小的传感器，最大的高 62.8 厘米，最小的直径仅 5 毫米，能采集 1500 多项车辆状态信息，时时刻刻对列车振动、轴承温度、牵引制动系统状态、车厢环境等进行监测。这些智能化传感系统将所有数据采集到网络系统中，信息采集精度高，重要监控点的数据记录精度最高达到微秒级，1 秒钟可记录 100 万个数据。复兴号从北京到上海单程 1318 公里，记录的数据达 300 多兆。更先进的是，复兴号的网络控制系统首次引入了高速以太网数据传输和维护网络，传输带宽由 1 兆级提升到了 100 兆级。借助以太网，车辆大容量数据得以高速实时传输，列车的故障诊断和检修维护更加安全、可靠、智能。最令人骄傲的是，复兴号网络控制系统的硬件和软件都是自主研发，实现了完全自主化的突破。2017 年 9 月 21 日，复兴号在京沪高铁以时速 350 公里运营，使得我国一跃成为世界上高铁商业运营速度最快的国家。中国铁路技术装备达到了领跑世界的水平。

从我国第一辆地铁列车到全球首列应用全碳纤维复合材料的新一代地铁，从“和谐号”到拥有完全自主知识产权的“复兴号”，多年来，中国中车瞄准世界一流水平，不断增强研发能力，强化自主创新，实现了在世界先进轨道交通装备领域“领跑”的目标，成为全球规模最大、品种最全、技术领先的轨道装备企业。其秘诀正是中国中车始终把技术创新当作重中之重，通过自主创新，不断加强创新体系和能力建设，加大科技攻关力度，加快技术和产品升级，为自身高质量发展和品牌价值提升提供源源不断的动力。国家领导人习近平曾点赞说："我国自主创新的一个成功范例就是高铁，从无到有，从引进、消化、吸收再创新到自主创新，现在已经领跑世界。"

（二）掌握关键核心技术，打造中国标准

"三流企业做产品，二流企业做品牌，一流企业做标准"。确立标准是企业做强、做优、做大的不变信条。随着技术的进步，复兴号的研制成功，中国中车开始着眼全球战略，打造中国高铁标准，掌握行业话语权。

在国际市场上，中国高铁作为后来者，面临的是标准的挑战。标准的统一意味着所有标动平台列车都能够连挂运营，互联、互通、互换。只要是相同速度等级的车，不管是哪个平台出品，都能连挂运营，不同速度等级的车也能相互救援。更重要的是，无论是司机驾驶界面，还是旅客体验界面，都做到完全统一。如果把高铁行业的全球化竞争比作一场国际化比赛，那么高铁标准就是比赛的规则，在这场比赛中，谁能够成为比赛规则的重要制定者，谁就更具备主场优势，成为比赛的主导者，在比赛中脱颖而出。"这种赛场主导意识，其核心体现就是要打造中国标准，让中国标准和其他标准一样，成为行业的世界通用标准。"中国中车总经理孙永才说。

一直以来，中国中车以高速动车组的技术标准为主要研究目标，结合公司产品设计、制造过程和自主创新高速动车组项目，以及国家科技支撑计划项目等内容，采取了"聚焦优势、三步实施"，即第一步等效采用国际标准，快速提升产品和技术进入全球市场的能力；第二步攻克核心及关键零部件技术，形成优势，成熟一个、制定一个，打造自己的标准；第三步由点到面，形成领先的整机及配套产品标准体系的实施策略。在这种务实又具有战略眼光的策略指导下，中国中车大力推进高速动车组技术的原始

创新、集成创新和引进、消化、吸收、再创新，实现了车体、转向架、牵引、制动和减震降噪等各系统的技术突破，不断加强高速动车组技术标准的前瞻性研究和修订工作，开展了设计准则、设计参数评价、制造过程参数控制、产品的检验与测量等提升创新和综合试验结果的标准研究、验证和制定工作，并积极分析研究，将自有的专利技术纳入标准，形成了多项国家、行业及企业标准，保证所制定的技术标准能够反映最先进的科技创新成果，从而促使企业占领行业竞争的制高点。中国中车还建立了包括设计技术标准、产品技术标准、采购技术标准、工艺技术标准、设备与基础设施技术标准、工艺装备技术标准、检验验收与试验方法技术标准、测量检验与试验设备技术标准、安全技术标准、职业健康技术标准、环境技术标准及信息技术标准等 16 大类别的技术标准在内的技术标准体系，通过不断地对体系构成的各专业、系统进行深入分析研究，先后发布了技术标准体系表、高速动车组技术标准体系表及城轨车辆技术标准体系表，这些技术标准为中国中车创新发展提供了强有力的支撑。

复兴号 CR400AF/BF 型动车组就是中国中车完全按照中国标准研制的拳头产品，依据《时速 350 公里中国标准动车组暂行技术条件》可以看出，CR400AF/BF 型动车组采用标准或技术文件 134 项中，有 101 项是中国标准，占 75.4%。而且相较于国际和欧洲标准，复兴号动车组的功能标准和配套轨道的施工标准更高：运营速度由 300 公里 / 小时提升到 350 公里 / 小时，寿命由 20 年提高到了 30 年，运行阻力相比较下降了 7%，车辆外形尺寸有所增加。简单地描述其先进性，就是寿命更长、身材更好、容量更大、操作更简便、舒适度更高、安全性更高、适应环境更广、节能环保理念更先进。

更高的标准也意味着更强的兼容性。实践证明，中国幅员辽阔，地形复杂，气候多变，被极寒、雾霾、柳絮、风沙等情况“淬炼”出的中国高铁技术标准能够兼容不同国家铁路制式。中国高铁标准已经开始在国际化竞争中崭露头角，2020 年，中国中车出口市场加快由亚非拉传统市场向欧美澳市场转变。

先进的技术标准是先进的科学技术和实践经验的结晶，标准化是科学技术转变为先进生产力的纽带，是发展的重要技术基础。中国中车将具有自主知识产权的创新发展成果转化为可靠的制造标准，促进核心技术沉淀和积累，为企业的技术创新提供强劲的动力，增强企业的核心竞争能力，推动“中国制造”向“中国创造”“中国速度”向“中国质量”“中国产品”向“中国品牌”的转变。

（三）利用独特优势，打造“一体四翼”创新模式

科技创新是中国中车与生俱来的基因。在全球领先战略的引领下，中国中车坚持“国家需要至上、行业发展至上”的原则，坚持自主创新、开放创新和协同创新，坚持正向设计方向，建立与完善适应国际化发展需要的技术创新体系，建设具有国际竞争力的系列化产品体系、国际先进的轨道交通装备知识体系、完善的国际化轨道交通装备技术支撑体系，全面提升技术创新能力，瞄准科技创新制高点，主动承接国家科技体制改革先行先试任务，推动中国轨道交通装备产业向产业链、价值链高端攀升，实现“中车创造”与“中国创造”，为持续快速发展提供强劲动力。经过多年的实践，中国中车初步形成了以企业为主体，以体系、聚智、研发和协同创新平台为翼的“一体四翼”创新模式。

“一体”，即着力深化科技体制改革，以承担国家科技体制改革试点任务为主线，积极探索可借鉴、可复制、可推广的新途径。中国中车作为国家装备制造的一张亮丽的名片，掌握高铁核心技术的“国之重器”，既是全球规模最大、品种最全、技术领先的轨道交通装备供应商，又是国家交通强国战略的重要实施者，得到了国家层面的大力支持。2016 年，中国中车开始负

责组织实施国家“先进轨道交通重点专项”7 个研发方向共 13 个项目，成为我国第一家替代科技部组织实施国家重点研发计划项目的企业。

中国中车以此为契机，以国家科技体制改革试点任务为抓手，突出企业的实施主体责任，将企业技术跨越式发展；建立了重点专项组织领导架构；形成了法人负责制、项目负责制、双总师负责制、课题负责制“四个主体”相结合的矩阵式管理模式，逐步健全完善制度体系、激励体系和评价体系；初步形成了科学化、制度化、信息化、精准化、一体化的管理平台，为承担国家科技体制改革先行先试任务奠定了坚实基础；探索以企业承担国家战略性科技项目的创新路径。

“四翼”，即着力打造“四大平台”，打通技术链、管理链、企业链、产业链、供应链、价值链，实现优势互补，资源协同，确保国家重大研发任务有序推进。

着力打造体系创新平台。在推进先进轨道交通重点专项实施中，中国中车坚持政府推动、市场拉动、企业主动，形成了以企业为主体，市场为导向，“政、产、学、研、用”深度融合，协同化、开放化、一体化、全球化的技术创新体系。

目前，中国中车拥有 11 个国家级研发机构、20 个国家级企业技术中心和 13 个海外研发中心，涵盖产品研发、仿真计算、试验验证、成果转化的全过程。2012 年以来，中国中车主持起草的 8 项国际标准和参与起草的 38 项国际标准发布实施；国外专利以每年 70% 的速度增长；承担国家科研项目 30 项，获得国家科技奖 10 项。

着力打造聚智创新平台。顺应全球产业变革趋势，2016 年 9 月 5 日经科技部批复同意，中国中车联合青岛市共同建设国家高速列车技术创新中心，创新中心通过新型的创新载体，实现“聚智、协同、转移、辐射、合作”功能，成为“立足中国、面向世界”的创新高地，全面推动实施重大科技攻关专项，持续深化原始创新、集成创新、引进消化吸收再创新，持续加强自主创新，探索出一条依靠科技攀高峰的强企之路。

2017年初，创新中心建设全面启动，9月注册成立新型非营利事业法人，编制完成创新中心总体规划，第一批入驻创新中心重点项目落地实施，朝着探索高速列车技术无人区、建设行业关键技术供给源头的目标奋力迈进。

着力打造研发创新平台。成功研制出以“复兴号”动车组为代表的先进轨道交通装备全系列谱系化产品，能够满足高速、高寒、高温、高原、高风沙等各种复杂的环境条件。2017年9月21日，复兴号动车组率先在京沪高铁实现时速350公里运营，标志着我国轨道交通装备技术创新达到了全面自主化、标准化的新阶段，我国成为世界上高铁商业运营速度最快的国家。

着力打造协同创新平台。倡导共建、共享、共赢理念，突破科研院所、参研企业、专业学科等界限，在先进轨道交通重点专项已经启动的6个任务中，参与单位除中国中车外，包括大专院校与科研院所38家，产业链单位65家；参与项目的国家级平台达到60个，聚集70多位院士、近千名教授、2万多名工程技术人员，政府资源、社会资源、企业资源和全球资源效应充分释放，凝聚起推动国家重大研发任务和引领全球行业技术创新的强大引擎。

中国中车自成立以来就备受党和国家领导人高度关注和重视，习近平总书记指出：“高铁动车是中国一张亮丽的名片，体现了中国的装备制造业水平，也是‘走出去’‘一带一路’建设的‘抢手货’。希望持续领先领跑，带动整个装备制造业形成‘比学赶帮超’的局面。”正是国家对这个“大国重器、产业引擎”的重视，中国中车才有机会成为第一家承担国家科技体制改革先行先试任务的试点单位，建立首个国家技术创新中心——国家高速列车技术创新中心，承担并组织实施国家“十三五”重点研发计划先进轨道交通重点专项10个项目中的7个。并以此为契机，中国中车重构技术创新体系，成为中国高端装备走出去的“金名片”。中国中车的成功，具有得天独厚的优势。

（四）打造高效人力资源体系，激发人才创新活力

国际化的竞争，从某种意义上说就是人才的竞争。古语云：得人心者得人才，得人才者得天下。为了激发人才活力与创造性，中国中车以“人和组织的匹配”为核心理念，以“职位 + 能力”为主线，以全球视野和集团治理为全景视角，以“人才、资本和战略”为三大要素，建立了可以适应剧烈变化的国际化环境的基于“职位 + 能力 + 平台”的立体式、网络化、信息化的全球一体化人力资本管理体系。中国中车营造了人才管理的优秀文化和管理环境，极大拓展了人才发展的平台，人才队伍创新活力得以全面激发，创新能力得到极大的提升，在激烈的国际竞争中不断创出佳绩。

中国中车的全球一体化人力资本管理体系由战略牵引系统、实施管控系统、能力管理系统、职位管理系统和平台支撑系统五大系统构成，如图 11-1 所示。其中，中国中车发展战略、人才规划、人才观、组织设计、领

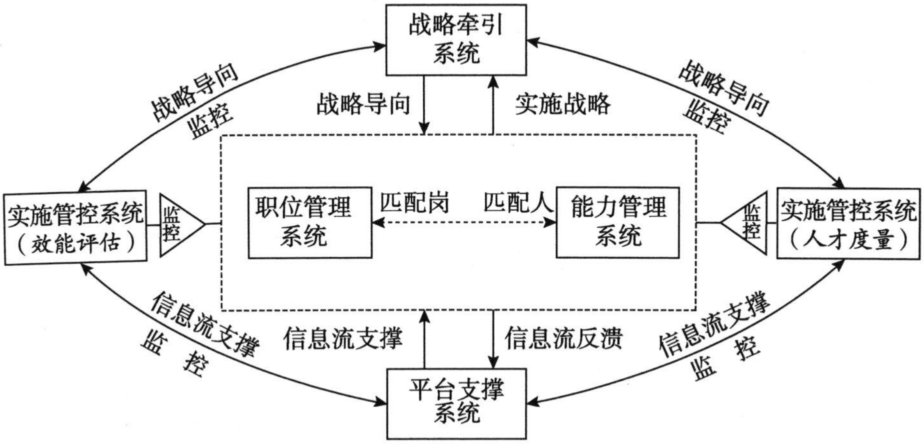

图 11-1 中国中车全球一体化人力资本管理体系

导力模型和胜任力模型等组成战略牵引系统；“五星 HR”效能评估、“5C”人才度量和人力资本等管理政策组成实施管控系统；学科体系、职位体系、人力资源计划与配置、薪酬与激励、招聘、绩效以及劳动关系等组成职位管理系统；人才标准、人才评价、人才盘点、培训体系、继任计划和人才发展等组成能力管理系统；具有人才管理全业务、全过程、全覆盖功能的人力资源信息系统是平台支撑系统。

为了有效加强中国中车核心人才的管理，中国中车的全球一体化人力资本管理体系从核心价值观、基本资质与必备知识、职业素养和专业技能、组织贡献与个人绩效 4 个维度定义中国中车的人才标准，并依据角色价值贡献水平，从高至低分别为科学家、领域专家、核心骨干、业务骨干、有经验者、初做者 6 个等级，每一级别划分为两等。在此基础上，中国中车针对技术、管理、技能三大序列的核心人才，分别设置人才荣誉等级体系；在技术序列设置科学家、首席技术专家、资深技术专家、技术专家和子公司技术专家 5 个层级；在管理序列设置首席管理专家、资深管理专家、管理专家和子公司管理专家 4 个层级；在技能序列设置首席技能专家、资深技能专家、技能专家和子公司技能专家 4 个层级。科学家可达到所在子公司正职的薪酬水平，首席技术专家和首席管理专家可达到所在子公司副职的薪酬水平，首席技能专家、资深技术专家和资深管理专家可达到所在子公司副总师级的薪酬水平，资深技能专家可达到所在子公司中层管理人员的薪酬水平，专家级（工程技术、营销、管理）可达到或超过副总师级的岗薪档级，技能操作类专家级可达到中层副职岗薪档级。

中国中车的人才标准为各类人才的发展建立了多通道的发展路径，全面激发了员工的工作积极性和创造性，有效扩充了核心人力资本存量。不同类型的人才都可以在企业中找到自己的位置，充分发挥自身的才能，实现个人价值。

中国中车子公司众多，为确保集团人才战略核心理念、价值主张和业务运行能够有效落地，在子公司层面有效落实，中国中车的全球一体化人力资本管理体系还建立了由“5C”人才度量体系和“五星 HR”评价共同组成的实施管控系统。

“5C”人才度量体系包含战略贡献度、人才满足度、组织支持度、管理专业度和文化满足度五个维度，通过对一系列量化指标的分解、落实、兑现和评估，以具体的业务数据把战略规划和人才发展目标细化分解为年度工作 HR 业务指标，形成对年度目标和指标达成情况的 HR 战略业绩评价机制。HR 战略业绩评价包括年初目标制定和年终对标评分两个环节，涵盖提升能力、构建体系、优化结构及核心打造等维度指标，推进人才战略规划目标的分解及达成。年度 HR 战略业绩评价实行百分制，做到目标分解“三量化”，即评价指标量化、评价标准量化、评价结果量化，从而实现公正、公开、可衡量。

为确保人才战略核心理念、价值主张和业务运行全面落地，中国中车对“专业引领、创新驱动、基础夯实、价值创造、系统推进”五大领域，从战略业绩指标达成率、职能工作成效、年度重点工作进展和述职评价四个维度，对子公司人才管理工作实施“五星 HR”评价。“五星 HR”评价犹如整个体系的控制中枢，发挥信息化大数据分析优势，通过业务工作对标，对子公司人力资源管理的过程与结果进行指导、跟踪、反馈与监督，促进人才管理体系成熟度不断升级，有效提升了对整个集团的人力资源管控能力，为企业战略目标的实施提供了有力的支撑。

中国中车通过全球一体化人力资本管理体系建设，建立了科学的人才评鉴技术与管理机制，打通人才发展通道，增强人才发展动力，激发人才活力，人才资源得以有效激活、开发、凝聚，初步形成了“人人渴望成才、人人努力成才、人人皆可成才、人人尽展其才”的人才发展良好环境。目前中国中车形成了以 2 名院士和 1 名国家改革开放杰出贡献者领衔，15 名科学家，近 3000 名核心技术人才，700 余名核心管理人才，1300 余名核心技能人才为梯队的核心骨干人才阵容。中国中车的国际化人才队伍快速成长，已培养国际化人才 8900 余人。以 58 名“高铁工匠”为代表的高技能人才队伍不断壮大，有中华技能大奖获得者 8 人、全国技术能手 30 余人。国家级高端创新人才已有 10 人入选国家级百千万人才工程，370 余人享受国务院政府特殊津贴，200 余人获“詹天佑科技奖”和“茅以升铁道奖”。“四方股份公司高铁科技创新研发团队”入选国家优秀科技创新团队。中国中车的全球一体化人力资本管理体系激发了人才活力与创造性，为中国中车的科技创新提供了雄厚的人才基础。

纵观中国中车的发展历程，利用国家的制度优势不断地坚持自主创新，通过制度建设激发人才的活力，是中国中车向世界一流创新企业迈进的重要经验。站在新的历史起点上，面对新冠肺炎疫情冲击、世界经济陷入衰退、大国博弈、轨道交通行业深度调整等挑战，中国中车始终坚持把科技创新作为发展的第一动力，创新强则企业强。经过多年的奋斗，中国中车已拥有全球领先的产业规模、较为完整的产业链体系以及遍布全球的国际业务体系，具备可持续的技术创新能力、灵活的资源配置能力和较强的风险防控能力。中国中车未来必将成为以轨道交通装备为核心，全球领先、跨国经营一流的世界级企业。

【案例点评】

在高科技产业竞争日益加剧、国际分工合作格局加速重构的当下，中国中车强调开拓自主创新新格局、打造国际核心竞争力的重要性，实现后发赶超，树立了“中国制造”向“中国创造”转变的优秀榜样。第一，中国中车的成功之处首先在于精准地把握了国家战略的需要与导向，在创新驱动战略的时代风口上，利用后发优势，重视核心技术的自主突破与引进再创新；第二，中国中车在技术创新的基础上聚焦自身优势，建立了全面的技术标准，从而提高了自身在标准制定方面的国际话语权与价值链地位；第三，依托于国家支持与自身优势，中国中车致力于打造体系创新、聚智创新、研发创新、协同创新的四大创新平台，实现优势互补、资源协同；第四，人才是竞争的根本要素，中国中车建立了独特的全球一体化人才标准与人才管理体系，提高了核心人才的凝聚力与持续发展能力，为创新发展注入了持久的内在动力。

贵州大学、贵州人民武装学院　项凯标、宋慧琳

中国高铁在以中国中车为核心的产业链上实现了从无到有、从有到优的跨越式发展。中国中车坚持“国家需要至上、行业发展至上”的原则，以承担国家科技体制改革试点任务为主线，积极探索可借鉴、可复制、可推广的新途径，得到了国家层面的大力支持，中国中车的成功，有着得天独厚的优势。中国中车“以政府为引导、企业为主体、学研为智援、用户为导向、供应商为辅助”的协同创新模式，是驱动我国高铁创新链构建及功能发挥的重要支撑。

北方民族大学　祁伟宏

第 12 章

国家电网

特高压输电的领跑者①

① 本章由赣南师范大学商学院陈红花副教授编写。

上一章介绍了中国中车利用国家的制度优势、不断坚持自主创新、通过制度建设激发人才的活力，始终坚持把科技创新作为发展的第一动力是中国中车向世界一流创新企业迈进的重要经验。作为能源行业的国之重器，国家电网创造了全球最长的特大型电网的安全纪录，建成了多项特高压输电工程，成为世界上输电能力最强、新能源并网规模最大的电网，其中又有哪些经验值得我们学习呢？

国家电网成立于 2002 年 12 月 29 日，是根据《公司法》设立的中央直接管理的国有独资公司，注册资本 8295 亿元，以投资建设运营电网为核心业务，是关系国家能源安全和国民经济命脉的特大型国有重点骨干企业。国家电网经营区域覆盖我国 26 个省（自治区、直辖市），供电范围占国土面积的 88%，供电人口超过 11 亿。国家电网创造了全球最长的特大型电网的安全纪录，建成了多项特高压输电工程，成为世界上输电能力最强、新能源并网规模最大的电网。公司投资运营菲律宾、巴西、澳大利亚等 9 个国家和地区的骨干能源网，连续 16 年获得国务院国资委业绩考核 A 级，连续 8 年获得标准普尔、穆迪、惠誉三大国际评级机构的国家主权级信用评级，是全球最大的公用事业企业，也是具有行业引领力和国际影响力的创新型企业。

近 20 年来，国家电网在核心技术、创新体系、人才队伍、技术标准等方面不断寻求突破。目前，它已初步建成了以直属科研产业单位、省级电力公司、基层创新力量为主体的三级创新体系，与清华大学、西安交通大学和华中科技大学等分别成立了联合研究院，发挥高校科研优势，加快能源互联网关键技术攻关，共创造了十二项世界第一，专利拥有量连续 10 年在央企排名中位列第一。依靠科技创新，国家电网成功研制了具有自主知识产权的特高压换流变用直流套管并实现量产，解决了长期制约我国电工装备和电网的发展难题，特高压输电技术与装备实现了在世界范围的中国引领；全面突破了柔性直流电网核心技术，为破解新能源大规模开发利用的世界难题提供了中国原创的解决方案。

一、实施具有中国特色的自主创新战略，大力提升科技创新能力

（一）坚持自主创新战略引领，实现创新驱动下高质量发展

自主创新是指通过自身的学习与研发活动，形成自主开发能力，探索技术前沿，在竞争者现有技术水平之上实现技术突破，超越竞争者的原发型创新行为。与先发国家企业技术创新不同，中国作为后发国家，企业技术创新面临先发国家企业的巨大竞争压力及核心技术的封锁。中国早期的电网技术与设备多依赖进口，所付代价高昂且处处受制于人。作为关系国计民生和国家安全的重要基础设施，电网的核心技术不掌握、关键设备长期依赖进口，将严重制约我国经济社会的可持续发展。另一方面，我国电网发展中的很多问题也无法从国外的现成经验中寻找答案，比如国际上尚无在我国西北平均海拔超过 2000 米的地质复杂、冻土广布地区条件下建设的先例。

因此，我国电网发展中的重大技术课题只有立足自主创新才能解决。国家电网认为只有拥有自主科技创新能力，才能使企业在竞争中掌握主动，提出“世界性的电网科技难题在中国，创新的动力也在中国”。国家电网陆续提出“一强三优”“一流四大”和“建设具有中国特色国际领先的能源互联网企业”等发展战略，把创新摆在突出位置，在特高压、大电网运行控制、柔性直流输电、新能源并网、智能电网、高压电缆绝缘材料等领域取得众多具有自主知识产权、引领世界电网技术发展

的重大成果，用不到 20 年时间，实现了由跟跑向并跑到领跑的跨越式发展。

（二）持续提升科技创新能力，实现技术的世界引领

开展基于科学的技术创新项目，提升制定国际标准的能力。国家电网承担了国家“科技创新 2030”等国家级重点项目，积极启动“分布式光伏系统智慧运维技术”国家重点研发计划项目，着力攻克关键技术、核心装备。国家电网组织编制了能源互联网技术研究框架，明确了 24 个技术领域、16 类示范工程的重点攻关方向，提出重点拓展的四类新兴产业、12 项新兴业务。同时，高度重视国际标准化工作，积极主导编制国际标准，不断提高国际标准化领域的影响力和话语权。截至 2020 年年底，国家电网累计主导编制国际标准 80 项，其中 IEC 标准 54 项、ISO 标准 1 项、IEEE 标准 25 项；制修订国标行标 2327 项，发布企标 2548 项，承担 45 个国行标标委会秘书处工作，参与 IEC 工作的专家超过 600 人次，有效提升了中国标准的国际地位，为中国技术、装备、标准、服务全价值链“走出去”做出了积极贡献。

挑战世界级技术难题，突破关键性技术构筑核心竞争力。国家电网基于自主创新战略，成功破解了世界级技术难题—— 800 ± 千伏直流输电技术，设备实现了全部国产化，创造了世界上首条电压等级最高、输电距离最远、输送容量最大、技术最先进的具有自主知识产权的特高压直流输电工程。同时，在特高压理论、技术、标准、装备及工程建设、运行等方面取得了全面突破，自主研发出了 1000 千伏特高压交流技术并正式投入商业运行，在世界上首次提出了 7 大类 77 项标准构成的特高压交流输电技术标准体系，确立了我国在特高压输电技术研究、装备制造、工程设计、建设和运行领域的国际领先地位。此外，建立了世界首个互联电网动态过程安

全防御技术体系，并全面突破柔性直流电网核心技术，以及在电网薄弱地区大规模新能源送出电磁暂态全域仿真分析、“特高压直流+柔性直流电网”混合级联输电、直流控制保护、可控自恢复消能装备、特高压可控并联电抗器等关键技术研发取得重要进展，为破解新能源大规模开发利用的世界难题提供中国原创的解决方案。

二、建立了高效协同的创新组织结构

（一）构建了“直属科研 + 省级电力 + 基层力量”三级创新体系

国家电网着力构建了层次清晰、职能明确的“直属科研产业单位 + 省级电力公司 + 基层创新力量”三级创新体系，从科技战略、发展规划、项目计划、科研管理、新技术推广、成果管理等全链条科技管理流程，全面提高创新体系效能。其中，直属科研单位以共性技术、基础技术、前瞻性技术及高端装备研制等为主要方向；直属产业单位围绕电工装备产业链，着力于产品研发、科技成果转化和市场推广工作；省属科研单位主要为省（市）公司提供技术支撑服务，承担重大项目配套研究、重点开展现场应用技术的研究和新技术的试验示范等任务；劳模创新工作室等作为基层的创新力量，主要立足于岗位创新，解决生产一线中的实际问题。国家电网科技创新管理体系如图 12-1 所示。

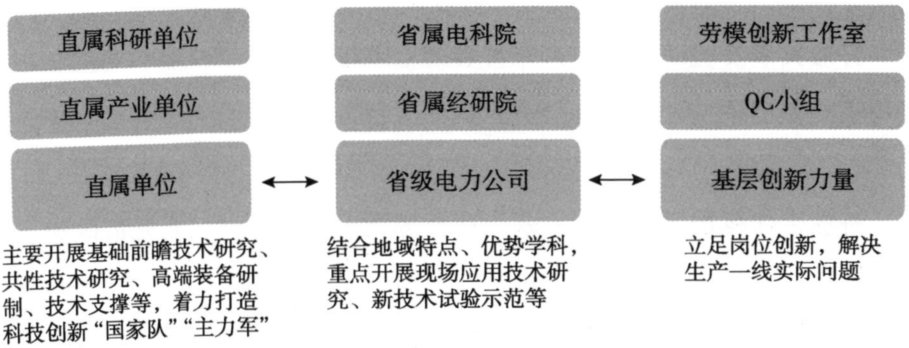

图 12-1　国家电网科技创新管理体系

（二）构建了海外研究院及与外部科技力量的创新协同机制

国家电网顺应互联网与传统产业跨界融合的大趋势，构建了“开放合作、共享资源”的高效协同创新机制。为了更贴近国际前瞻性技术及国际创新性人才，国家电网组建了海外研究院，即全球能源互联网研究院欧洲研究院（德国）和葡萄牙研发中心，重点开展能源电力相关领域的应用基础和前瞻技术研究、海外先进技术引进、产品短板技术联合研发和成果向国内的转移转化，从而更好地服务国内重大技术和产品创新，深化国际合作。同时，与外部科技力量成立了多种形式的创新共同体，不断加强与国内外知名高校、企业和科研机构、院士团队等外部优势研发资源的合作，联合成立研究机构，提高对外发布科技项目比例，提升创新活力和效率，提高公司社会影响力，营造良好的外部环境。如对外开放共享 100 个公司实验室，发布实验室共享平台；与清华大学、西安交通大学、华中科技大学、华北电力大学联合成立研究机构，开展跨领域、跨专业的大科学研究合作。

（三）构建了科技资源协同的开放共享机制

国家电网作为中国电网行业具有引领力和国际影响力的创新型企业，主动承担起行业责任，向外开放科技创新资源。国家电网实施了加强科技创新开放合作的八大举措，以推动行业技术进步，主要包括以下内容。

开放共享实验研究资源：完善实验室基础设施共享机制，将国家电网公司实验室资源纳入国家实验资源共享平台，提升实验资源使用效率。鼓励社会各界积极参与共建该公司各级实验室。

开放合作科技项目研究：联合社会各类创新主体，共同开展国家级重大科技项目、能源互联网技术研究框架项目、泛在电力物联网建设大纲项目和公司科技指南项目实施，对外合作科技项目在该公司年度项目中占比不低于 60%。面向全社会发布国家电网公司年度科技成果报告，共同促进科技成果的孵化转化和应用。

开放实施科技示范工程：面向全社会发布并共同实施 10 类科技示范工程，涵盖新能源友好并网、综合能源服务、友好并网型储能、源网荷储协同控制、电动汽车与电网友好互动等领域，在示范工程的规划设计、技术攻关、装备研制、投资运营等环节加大开放力度，带动全行业共同发展，推动国产装备走向国际高端行列。

开放应用全社会新技术：面向全社会广泛征集新技术，将优秀创新成果纳入该公司新技术目录，并在该公司系统推广应用。建立开放、透明、公正的新产品挂网试运行管理流程，健全完善运行成效评估机制，全面畅通新技术推广应用渠道。落实国家有关政策要求，联合行业高端装备企业，推动高端装备进入国家首台（套）重大装备示范应用目录。

合作共建能源电力创新共同体：联合央企及国际国内上下游企业、高校、科研院所，建立联盟、研究机构等多种形式的能源电力创新共同体，探索项目柔性组织模式，合作开展国家“科技创新 2030”智能电网重大项目、国家自然科学基金委—国家电网公司智能电网联合基金等项目研发，培育能源互联网领域重大原创性成果，促进行业技术发展和学科进步。

合作共建国家双创基地：联合社会力量在国家战略布局地区共建泛在电力物联网双创中心，吸引超过百支优秀创新团队入驻，推进“产、学、研、用”协同攻关，强化创新成果的落地转化。围绕能源互联网产业发展方向，积极与政府和社会投资机构共建双创产业园，全面支撑电网新兴业务发展，形成区域覆盖、各具特色、协同创新的格局。

合作共享科技服务平台：联合打造国网“双越之星”双创平台，服务该公司内外创新团队，汇聚创客数万人，聚集上下游企业过千家。打造国网特色的“科技 + 金融 + 产业”的创新模式，建立新能源云、智慧能源综合服务等新业态承载平台。发挥各类产业投资基金的“杠杆”作用，形成“公司积极投入、社会资本竞相融入”的多元化资金投入机制。

合作共营科技创新企业：鼓励社会投资者与国家电网科技型企业建立混合所有制企业，打造科学灵活的股权架构和激励模式，激发创新活力和发展动能。围绕泛在电力物联网产业发展方向，遴选具有较强竞争力和成长性的中小企业，共同推动上市工作。联合社会资本共同孵化培育，推动双创中心和双创产业园中的高科技企业在科创板上市。

三、坚持科技创新资源投入与整合

（一）持续加大科技创新的研发投入

为了增强企业的原始创新能力，勇闯技术“无人区”，实现关键核心技术的自主可控，把竞争和发展的主动权牢牢掌握在自己手中，实现可持续发展，国家电网加大了对技术创新的资金投入，在“十三五”规划期间，累计投入的研发经费 1398 亿元，其中，累计开展新能源领域科研项目 179 项，总投入约 9.9 亿元。2020 年，开展新能源领域相关课题研发 40 项，总投入 1.61 亿元。

（二）形成了“国家 + 公司 + 各单位级”三级体系实验资源

实验室和试验研究基地是企业创新实现的基础。丰富而多样化的实验室既是企业高新技术的孵化器，又是新技术的试验基地，还能有效培养创新型人才。国家电网大力投资实验研究资源建设，构建了“国家级、公司级和各单位级”三级实验体系，综合实验研究能力达到了国际领先水平。国家电网拥有的实验室资源包括：6 个新能源与储能运行控制国家重点实验室；1 个国家野外科学观测研究站：西藏高海拔电磁环境与电磁安全野外科学观测研究站；2 个国家工程技术研究中心，如国家高压直流输变电设备工程技术研究中心等；3 个国家工程研究中心，如输配电及节电技术国家工程研究中心等；2 个工程实验室：电力系统仿真、特高压工程技术等；6 个国家能源研发中心：特高压直流成套设计、大型风电并网系统、智能电网、光伏发电、输变电控制等；31 个国家电网公司重点实验室；55 个国家电网公司实验室；14 个国家电网公司联合实验室；400+ 个基层单位实验室。

（三）建立了创新型科技领军人才为主导的强大研发团队

作为研发活动的主体，研发人员很大程度上决定了企业的研发效率和水平，企业研发人员的比重体现了企业对创新的重视与依赖程度。世界一流企业拥有高水平的研发人员，特别是创新型领军人物、高端创新人才，能助益企业紧跟不断加快的科技发展进程。

国家电网以“科技兴企”为方针，大力实施“人才强企”战略，建立健全人才选拔培养体系，形成了以科技领军人才、专业领军人才、优秀专家、优秀专家后备人才为主要构成的科技创新团队。其中，科技领军人才指在公司重点工程建设、核心技术研发、关键设备研制中做出突出贡献，取得重大成就，在行业内有较大影响，具有发展潜力的科技带头人，作为院士后备人选重点培养；专业领军人才指在公司专业领域内精通业务、具有国际视野和战略思维的复合型、权威型专业带头人；优秀专家人才指具有深厚理论知识、丰富实践经验，在专业领域有较高专业水平和知名度的优秀专家；优秀专家人才后备指具有一定工作经验，业绩成果突出，有培养和发展潜质的优秀青年员工。

截至 2019 年底，国家电网拥有科技人员 3.41 万人，其中，研究与实验发展研发人员 2.66 万人，其中国家级专家人才 365 名，包括两院院士 7 名（在职 3 名），国家有突出贡献的中青年专家 13 名，享受国务院政府特殊津贴专家 142 名，百千万人才工程国家级人选 28 人，“创新人才推进计划”中青年科技创新领军人才 10 名、重点领域创新团队 2 支、创新人才培养示范基地 2 家，中华技能大奖获得者 5 名，全国技术能手 64 名，全国青年岗位能手 74 名，共组建 71 支科技攻关团队，围绕公司及电网发展亟待解决的重大问题，开展重大攻关。

四、实行了高效的科技创新激励及成果转化机制

（一）实施了科学的创新人才引进、培养及发展管理机制

创新人才的发展通道设置。国家电网着力贯通内部员工的三条职业通道，构建领导职务、职员职级、专家人才三条通道并行互通、员工多元发展的职业成长体系。优化职员职级管理，优先在生产和科研一线岗位开展职员聘任，对条件优秀的员工大胆破格使用。加强高端紧缺人才培养，实施高端人才引领工程、首席专家选拔工程、电力工匠塑造工程。依托科技攻关、课题研究、技艺革新和工程建设等平台，充分发挥人才引领示范作用。创建专家工作室，创新人才津贴兑现模式，畅通人才为公司发展建言献策渠道。

创新人才的序列管理设置。国家电网积极实施"科技兴企人才强企"战略，从选拔、培养、使用、考核四个环节入手，在人才队伍建设方面进行了积极的探索和实践。遵循"服务发展、人才优先、以用为本、创新机制、高端引领、整体开发"的指导方针，制定了优秀人才管理手册，建立四级、四类、四种称号人才选拔培养体系。其中四级人才分国家、公司、省公司、地市公司四个层级；四类人才分经营、管理、技术和技能四个类别；四种称号人才分科技领军人才、专业领军人才、优秀专家人才和优秀专家人才后备四种称号，明确人才逐级选拔培养原则，构建各级各类人才发展通道。

创新人才的引进与培养。国家电网实施高端人才引领工程，吸纳高层次创新人才为公司科技创新服务。同时，构建了"三位一体发现识别、四

级梯队系统培养、五项机制常态管控”的工作体系，量化选拔条件和评价标准，依托重大工程、重大科研攻关培养和锻炼人才，形成了以院士专家和科技领军人才为核心、各级各类科技人才为骨干，具有持续创新能力的人才梯队，有效支撑全球能源互联网建设。此外，实行项目经费综合标准和分项标准双控模式，采用高层人才发展计划研讨班、选拔推荐西部电力企业青年管理技术骨干赴东部实践锻炼，专题讲座和分享讨论等活动培养高层次、复合型人才。

（二）实施了激发创新热情的内部激励机制

创新型人才的创新激励机制。国家电网破除了制约科技创新的体制机制障碍，研究实施“八个加强”举措完善创新薪酬激励，以加大科技创新奖励力度，激发创新型人才的内生动力。国家电网启动实施“新跨越行动计划”，召开全系统近十万人参加的科技创新大会，同时采取评选年度科技人物奖、试点实施“揭榜挂帅制”和“项目总师制”，研究赋予知识产权成果完成人成果收益权工作方案。近年来，共对 17 家单位 2294 名核心科研和业务骨干实施了岗位分红、项目分红、股权分配等激励措施，企业创新创造活力得到激发。

基层员工的创新激励机制。国家电网广泛开展企业双创线下活动，连续多年举办“青年创新创意大赛”，吸引企业 8 万余名青年职工参与。迄今已成立“劳模创新工作室”“质量管理（QC）小组”“职工技术创新团队”“青年创新工作室”等线下众创空间超过 19 万个，累计获得专利数量超过 1 万项。同时，举办青年创新创业训练营，深化“青创孵化中心”“创 e 空间”等平台应用，为青年创新创效提供“一站式”服务。此外，主办全国“大众创业万众创新”主题日以及承办央企熠星创新创意大赛，有效激发青年员工的创新热情。

（三）实施了打通产业化创新链条的创新成果转化机制

国家电网出台了促进科技成果转化 14 项工作举措，制定了公司成果孵化转化平台建设方案，以打通产业化创新链条，顺利将创新成果转化。

推进集团内外双创示范基地建设。国家电网依托国家级双创示范基地，以建设“一批双创示范中心”、构建“线上线下两大平台”、实施“十二项工程”为重点，围绕不同的功能定位，分别在北京、浙江、青海组建双创示范中心，不断完善双创示范中心资源汇聚、协同创新、成果转化等方面管理机制，探索建立面向市场的成果转化和收益分享模式。其中，北京双创示范中心侧重于科研管理机制创新，组建了跨专业、跨领域的矩阵式项目执行团队，举办“创新思维火花”大赛，推动重大关键技术的协同攻关，并探索采用多家普通许可、成果作价投资等方式实现科技成果转化。浙江双创示范中心侧重于打造国家电网特色的创新平台和众创空间，建立产、研、用一体化创新机制和成果孵化转化机制。青海双创示范中心侧重于培育面向未来的绿色低碳新兴产业，促进技术与商业模式创新相结合，建设了国内首个新能源大数据创新平台，为新能源产业链有关企业提供创新创业类数据资源服务，逐步形成产业生态圈。

搭建科技成果孵化转化平台。为促进新产品研发及新成果转化，国家电网修订了科技成果转化管理办法，完善了融合共享机制，以发挥电网技术和市场资源优势。国家电网积极搭建科技成果孵化转化平台，建立健全了近 30 个能源领域公共技术服务平台，吸引行业上下游企业参与到国家电网的技术创新和科技成果转化中，每年为 2000 余家企业提供上百种技术服务，既促进国家电网的科技创新成果转化，又带动急需技术的中小企业的发展，引领能源行业技术进步。同时，国家电网设立了双创孵化培育基金和双创成果转化基金，以推动科技成果、职工技术创新成果孵化和产业化，打通科技创新到成果转化到产业化的创新链条。

五、形成了开放互动的合作创新网络

（一）持续拓宽合作创新网络

国家电网大力推动能源互联网建设，积极拓宽开放创新网络，与高校、科研机构及各地方政府展开多层次的战略合作，加快能源互联网新业态商业模式落地。在冀北、上海、河北、山东、浙江、河南开展虚拟电厂应用推广，扩大电动汽车、储能、虚拟电厂等新兴市场主体参与交易规模，引导源网荷储。近年来，国家电网与山东省、河北省、河南省、新疆维吾尔自治区等16家地方政府分别签订战略合作框架协议，深化新型基础设施建设、新兴产业发展、能源科技创新、能源大数据价值挖掘、产业转型升级、能源优势转化等领域合作，加快能源互联网建设，促进经济社会高质量发展。

国家电网持续打造供应链“生态圈”，与来自9个国家的16家供应商签署18份合作意向，在高端设备制造、关键技术研发、能源服务拓展等领域深化合作，促进资源共享和价值共赢。国家电网构建了电工装备制造、电力物流服务两大“生态圈”。依托电工装备智慧物联网络平台，实时接入400家制造企业生产系统，与201家生产、物流企业“上平台”共享；通过电力物流服务平台，实现了全网220千伏及以上重点物资运输线上管控，与社会主流物流服务商建立技术战略合作。

（二）推进产、学、研、用、维，深度融合

推动“产、学、研、用、维”一体化。国家电网与国内多家高校、科研院所、制造厂商合作，全力攻坚高压电缆绝缘材料关键技术，形成巨大创新合力，提高技术创新效率和创新绩效。国家电网牵头承建国家技术标准创新基地（即智能电网），构建基于科研产业协同的国家级技术标准创新平台，形成较为完备的面向政府、社会、企业的标准化服务能力。国家电网联合了 20 余家中央企业发起成立区块链合作创新平台，推动区块链技术协同攻关和成果推广应用，共建区块链技术与产业发展生态，设立区块链技术实验室，开展区块链跨链交互、可信共享等共性关键技术研究。拓展区块链的应用场景，重点在能源、金融、政务等领域开展 12 项试点应用。参与制定我国首个区块链国家标准，初步形成了“平台 + 应用 + 生态”区块链发展格局。

推动智慧物联网及人工智能创新。国家电网大力打造能源工业云网，构建物联网平台。在数字基础设施上加大投资力度，实施数字化平台、能源大数据中心、电力大数据应用、5G 应用、工业物联网、电力北斗应用等十大“数字新基建”重点建设任务，与华为、腾讯、百度等 41 家合作伙伴签署战略合作协议，带动以电为中心的能源生态发展壮大。依托变电站资源，部署多站融合边缘计算节点，面向全国客户提供云边协同的规模化边缘计算服务。同时，国家电网积极落实中央“新基建”部署，推进“数字新基建”不断向纵深发展。

六、经验启示

国家电网经过多年的努力，实现了从高速度发展到高质量发展、从“中国制造”到“中国创造”、从“中国产品”到“中国品牌”的转变，成为全球最大的公用事业企业和具有行业引领力和国际影响力的创新型企业，成功跻身于世界一流企业，主要得益于以下的举措。

第一，在技术及设备受制于外的情况下，国家电网实施了高瞻远瞩的自主创新战略，走出了一条具有中国特色的科技创新之路。通过开展基于科学的技术创新项目，在拥有独立自主的知识产权的基础上创造出前所未有的技术知识，并将技术知识转化为新产品、新工艺和新服务，提升了制定国际标准的能力，强化了在国际市场上的核心竞争力，实现了技术的世界引领和创新驱动下高质量发展。

第二，国家电网建立了高效协同的创新组织结构，构建了层次清晰、职能明确的“直属科研 + 省级电力 + 基层力量”三级创新体系，既能对行业中关键的共性技术和基础技术进行研发，又能解决生产一线中的技术问题。同时，国家电网设立了海外研究院，构建了与外部科技力量的创新协同机制，以获取国际前瞻性技术研发的相应资源。作为中国电网行业具有引领力的创新型企业，国家电网主动承担起行业责任，构建了科技资源协同的共享机制，向外开放科技创新资源，实施了加强科技创新开放合作的八大举措，以推动行业技术进步。

第三，为了持续提升科技创新能力，国家电网坚持创新资源的持续投入并实施高效整合。在持续加大科技创新的研发投入的基础上，建立了创新型科技领军人才为主导的强大研发团队，形成了“国家级 + 公司级 + 各单位级”三级体系实验资源，为持续地实施自主创新提供了坚实的资源基础。

第四，实行了高效的科技创新激励及成果转化机制，实施了科学的创新人才引进、培养及发展管理机制，包括创新人才的发展通道设置、创新人才的序列管理设置和创新人才的引进与培养等。同时，对创新型人才与基层创新人才实施了差异化的创新激励机制，有效地促进了不同岗位人才的创新。此外，国家电网出台了促进科技成果转化的管理办法，探索建立面向市场的成果转化和收益分享模式，采取建设双创示范基地和成果孵化转化平台等方式，以打通产业化创新链条顺利将创新成果转化。

第五，国家电网积极拓宽创新网络，大力推动能源互联网建设，推动“产、学、研、用、维”一体化，与国内多家高校、科研院所、制造厂商及各地方政府展开多层次的战略合作，加快能源互联网新业态商业模式落地，形成了开放互动的合作创新网络。国家电网积极落实中央“新基建”部署，推进“数字新基建”不断向纵深发展。在深化新型基础设施建设、新兴产业发展的基础上，国家电网持续打造供应链“生态圈”，在高端设备制造、关键技术研发、能源服务拓展等领域深化合作，提高技术创新效率和创新绩效。

【案例点评】

国家电网不仅是关系国家能源安全和国民经济命脉的特大型国有重点骨干企业，而且在国际上成为具有行业引领力和国际影响力的创新型企业。国家电网打造自身核心竞争力的五个方面是：以坚定自主创新战略，不断提升科技创新能力；构建高效协同组织结构；坚持科技创新资源投入与整合；实行高效激励与转化机制打造开放互动的创新网络。国家电网在创新能力上的努力与突破，为国有企业提供了良好的发展经验。

贵州大学、贵州人民武装学院　项凯标、姚良

13

第 13 章

中国电科

国家战略科技力量

上一章介绍了在技术及设备受制于人的情况下，国家电网经过多年的努力，实现了从高速度发展到高质量发展、从“中国制造”到“中国创造”、从“中国产品”到“中国品牌”的转变。中国电科也是在核心技术受制于人的情况下，通过自主创新解决国产信息化装备需要，并成长为一支主要业务领域比肩国际先进水平的国家战略科技力量。

中华人民共和国自 1949 年成立以来，经历了第一机械工业部、第三机械工业部、第四机械工业部、国防科委第十研究院、机械电子工业部、电子工业部、信息产业部等历史变迁，2002 年 3 月，经国务院批准，在原信息产业部直属 46 家电子类科研院所及 26 户企业基础上组建中国电子科技集团公司，2017 年 12 月，完成公司制改制，更名为中国电子科技集团有限公司。因此，中国电科所属科研院所的建设和发展具有悠久的历史，并且由于传承红色基因，中国电科也赓续着家国情怀。在电子信息行业核心技术能力呈现“断代式”发展的情况下，中国电科以企业为载体，将行业完整的研发能力和全产业链延续下来，能够在国家需要的时候、在国外封锁和禁运的时候，第一时间解决国家迫切需要、完成国家使命，成为重要的“国家战略力量”。

中国电科是隶属于国务院国资委的中央企业，在国资委对中央企业进行年度经营业绩的十六次考核中全部夺得 A 级，是中央直接管理的国有重要骨干企业，也是中国军工电子主力军、网信事业“国家队”和国家战略科技力量。并且，在 2020 年，中国电科位列《财富》世界 500 强第 381 位。截至 2021 年，中国电科拥有包括 47 家国家级研究院所和 16 家上市公司在内的 700 余家企、事业单位；拥有员工 20 余万名，其中科研人员 11 万余名；拥有 35 个国家级重点实验室、研究中心和创新中心。

中国电科的研发费用支出从 2018 年到 2020 年不断增加，强度也从 5% 左右增加到 6.63%。凭借着研发费用支出的不断增加，相信中国电科能够不断取得创新成果，从而提高创新绩效。在技术创新的驱动下，中国电科在 2018 年之后主营业务收入也在不断增加，且利润总额和净利润也有不同程度的增长。其中，2020 年，中国电科的主营业务收入达到了 2346.59 亿元，利润总额达到了 221.72 亿元，净利润达到了 201.24 亿元。

一、中国电科科技创新主要成就

（一）坚持自主创新，传承发扬国家战略力量

在党的正确领导下，中国电科努力担当一支电子信息领域的国家战略力量。在电子信息行业核心技术呈现“断代式”发展的情况下，中国电科依然将行业完整的研发能力和全产业链延续下来，支撑服务于国家重大战略需求。

中国电科始终坚持国家利益高于一切，不忘作为“军工电子国家队和信息产业主力军”的初心，在曾经艰难动荡的岁月中自力更生，为“两弹一星”等国防尖端任务配套做出突出贡献；在电子信息行业遭遇国外激烈冲击的情况下，坚持保军转民、顽强保持国家战略力量持续发展；在国外实施封锁禁运的危急时刻，通过自主创新解决国产信息化装备迫切需要；在商业化浪潮席卷而来的洪流中，坚守“国防”“科技”“电子信息”本质特征，夯实主业，忠诚履行中央赋予的使命和责任，积极承担并圆满完成国防和军队电子信息装备科研生产及保障任务，在国家党政信息化和行业信息系统建设中发挥了重要作用。

（二）创新成果丰硕，支撑国家战略能力实现

中国电科切实履行国家安全的使命责任，贯彻总体国家安全观和新形势下军事战略方针，形成军工市场大格局和构建军工电子大平台，圆满完成了一系列支撑国家和军队战略能力实现的重大成果。特别是党的十八大

以来，中国电科全面完成了以预警机等为代表的各项重点科研生产任务，形成了体系牵引下系统、整机、基础产品协同发展的军工主营业务格局，产品覆盖陆、海、空、天、网络全作战域，正在由配套从属向主导引领转变、由提供系统装备与集成服务向提供体系能力转变、由单打独斗向大兵团作战转变，在支撑我军形成和提高基于网络信息体系的联合作战能力和全域作战能力中发挥了引领和核心作用，有力支撑了国家重大战略能力的实现。

（三）推动科技创新，充实国家创新力量

中国电科成功探索出“以应用促基础”的科技创新发展模式，在电子信息行业成为国家创新主体力量，推动成体系科技攻关，并不断向基础前沿领域延伸。

中国电科在国家重大科技专项和重大科技工程中取得标志性突破，积极承担“核高基”“北斗二代”“探月工程”等国家重大科技专项，彰显了中国电科作为科技创新“国家队”的重要作用，主动开展“新型智慧城市”等大系统概念创新和顶层设计，引领国家和军队信息化建设，重点领域关键技术攻关取得重要突破，在雷达探测等主要领域比肩国际先进水平。

中国电科的科技创新体系逐步完善，构建了开放、协同的创新体系，打造技术创新业务形态，整合人才、机制、平台等创新要素资源，实现有效协同，推动自主创新能力提升。中国电科始终坚持把创新型人才放在科技创新最优先的位置，始终坚持政策机制是释放活力、激发合力的重点，始终坚持创新平台是实现技术突破的关键，持续围绕科技攻关，布局人才、机制和平台建设，切实提升关键核心技术创新能力。中国电科出台科技“创新 20 条”举措，从人才、平台、机制等制约创新的关键问题入手，释放科研人员创新活力，形成具有中国电科特色的创新机制。

（四）强化业务创新，形成国民经济转型发展新动能

中国电科作为国民经济建设主力军，充分发挥军民融合优势，将信息化与国家经济命脉行业渗透融合，带动和牵引传统行业转型发展，融入地方经济建设，服务国家治理体系和治理能力现代化，形成国民经济转型发展新动能。

中国电科构筑了梯次型产业体系，形成了“主导产业、培育产业、种子产业”的梯次型管理格局，形成了“新型智慧城市、智慧政法、智慧制造、智慧交通、智慧服务”五大智慧领域，“综治安全、网络安全、能源安全、海洋安全”四大安全领域，以及“以微系统为代表的核心元器件和自主可控计算”两大基础领域的产业体系。中国电科打造了海康子集团、装备子集团等多个百亿级企业，推出了安防监控、网络安全、光伏装备、动力电池等一系列极具市场竞争力的标志性产品。其中，安防监控产品据全球榜首；消费类电池市场占有率国际排名第五位；研发基于国产 CPU 和操作系统的整机产品、核心元器件和相关软件，在党政电子公文系统安全可靠工程中签约量位列第一。

中国电科助力政府和关键行业信息化能力提升，创新性地提出新型智慧城市“六个一”建设理念，并在嘉兴、福州等近 20 个城市开展试点工作。中国电科先后在南京、哈尔滨、福州等地中标地铁建设项目，开辟轨道交通市场领域新业态。中国电科与国家海洋局共同谋划“智慧海洋”，是国家“智慧海洋”建设工程核心单位，完成研制“蓝海信息网络”示范系统，在海南、山东、福建、浙江等区域进入全面试验验证和推广应用阶段。

中国电科围绕大市场、大产业开展战略合作，与北京、上海、广东等 22 个地方政府建立战略合作关系，在全国建立了 28 个产业园，有力带动了地方经济的发展。中国电科充分发挥信息技术融合的特点，深化多种战略合作模式，打造市场联合体，抱团开拓海内外市场，与国内外知名高校、企业、研究机构开展深度合作，加强业务拓展和交流。

二、中国电科的科技创新历程

中国电科虽然成立时间不长，但是其所属科研院所的建设和发展具有悠久的历史，一些单位是伴随着中华人民共和国的成立逐步发展壮大起来的。在电子信息行业核心技术能力呈现“断代式”发展的情况下，中国电科以企业为载体，将行业完整的研发能力和全产业链延续下来，能够在国家需要的时候、在国外封锁和禁运的时候，第一时间解决国家迫切需要、完成国家使命，成为重要的“国家战略力量”。

（一）修配模仿期

中华人民共和国成立初期，我国的基础电子工业相当薄弱，绝大部分器材不能自主制造，技术资料和仪表也十分缺乏。在薄弱的电子工业基础上，军工电子人通过修配与模仿保证部队使用电子装备。为了保证部队能用上电子装备，技术人员和工人共同作战，采取“拆机器，修机器”的办法，在修配的同时开始研仿。我国最重要也是最早成立的雷达研究基地——第 14 研究所在 1953 年利用日造的接收机和美造的调节器，加上自己的发射机和天线，制造了 20 部 101 型雷达，这是第一部由我国自己命名的雷达，并由此成立了我军第一个雷达营。在前期苏制雷达仿制的基础上，第 14 研究所一批技术人员潜心钻研、迅速成长，积累了扎实的雷达设计研制技术，1954 年在张直中工程师（中国工程院首届院士，我国雷达技术主要先驱者）的主持下，成功仿制中程警戒雷达，该雷达成为第一部由我国自己制造的雷达。之后，我国第一部自行设计的远程警戒雷达和我国第一部微波雷达先后在这里诞生。

（二）自力更生期

20 世纪 60 年代中期至 70 年代中期，军工电子系统在艰难动荡的国内外环境下自力更生，为“两弹一星”等国防尖端任务配套做出突出贡献。国防电子战线广大干部、职工克服重重困难，自力更生、迎难而上，始终坚持抓科研生产，完成了党交给的各项研制生产任务，为满足国家重大战略迫切需要做出了突出贡献。在这期间，国防电子系统建成了具有相当规模和一定技术水平的后方基地，基本完成了战术通信设备从第一代到第二代的转换，电子计算机实现从第一代、第二代到第三代的跨越，重点国防科技电子装备和系统工程的研制取得了重大进展；电子元器件的品种和系列进一步发展，基本上解决了新型整机研制的配套需要。战略布局较为合理、产品门类比较齐全的国防科技电子工业体系初步形成。

（三）保军转民期

在电子信息行业遭遇国外激烈冲击的情况下，国防电子系统坚持保军转民，顽强保持国家战略力量持续发展。中国的电子工业是从军事电子工业起步的，电子科研单位的主要产品也绝大部分是面向国防的。中国自 1978 年党的十一届三中全会开始实施改革开放政策之后，国家的工作重心转移到国民经济建设上，在这样的形式下，面对如何为国家保留住这支战略力量的问题，军工电子人没有怨天尤人、消极等待，广大电子科研单位利用过硬的技术本领和敏锐的行业洞察能力，在保证完成军工任务的前提下，建立民品开发机构，提出民品发展规划，开始大力开发投资类和消费类电子产品，并结合自身的技术特点把民品开发的重点放在国民经济建设急需的国家重大系统工程建设上，开发交通电子、能源电子、安全电子、工业自动化控制等领域大型系统工程，逐步由单一的军品研制向军民结合转变，使产品结构渐趋合理，基本扭转了因军品任务削减带来的不利局面，使国防科技电子这支国家战略力量得以延续发展。

（四）自主创新期

在国外实施封锁禁运的危急时刻，国防电子系统通过自主创新了解决国产信息化装备迫切需要。20 世纪 90 年代初，西方国家对我国实施全方位的装备禁运和技术封锁。在前期“万国牌”元器件基础上建立起来的武器装备瞬间遭遇“断粮”威胁，而我国的电子基础产品又由于长期以来错失发展良机，工艺水平远远落后于世界先进水平。中国电科牢牢把握住难得的发展机遇期，面向材料、管壳、封装、器件等整个供应体系开展攻关，大到功率管、小到保险丝，完全自主保障，在关键元器件国产化替代进口、应对停产断档、打破西方国家封锁禁运方面取得了重大突破，长期以来关键元器件“受制于人”的被动局面出现了转机。

（五）成体系创新期

中国电科积极建设创新体系，推动开放式创新生态构建，不断强化科技创新投入，积极推动技术转化，发挥中央企业创新主体作用。中国电科着手从创新链各要素进行优化和完善。为适应新时代科技创新的新特征，中国电科着力构建包含“人才、技术、平台、机制、科学精神”五个要素的集团公司新时代科技创新体系。其中，人才是科技创新第一资源，创新机制和科学精神是重要保障，网络化科技创新平台是基础支撑，四方面要素共同形成集团公司科技创新能力，服务关键核心技术突破。中国电科明确将技术创新作为一种单独业务形态进行重点建设，将科研过程作为

“生产”，将知识产权作为“产品”，将知识产权转让、许可、作价入股等作为“销售”，极大地促进了科技成果的转化。中国电科致力于发挥中央企业创新主体作用，主持或参与国家重大科技项目，持续增加对基础研究和应用基础研究的投入，加强跨领域创新合作，打造产业技术协同创新平台，主动布局全球创新网络，实现优势产业、产品的“走出去”，提高全球创新资源配置能力。

三、中国电科科技创新的主要举措

（一）坚持自主创新的创新战略

在高新技术迅猛发展的今天，社会公众越来越深刻地认识到核心科技对于企业发展的决定性作用。因为人们目睹了太多传统老牌企业一夜之间消失殆尽，而掌握核心技术并拥有新理念的新兴高科技企业迅速刷新各大知名排行榜。然而，不同类型的企业对于如何获得关键技术，或者说在什么程度上拥有关键技术，从而实现企业核心竞争力这个问题存在诸多不同认识，是完全依靠自主研发，或是通过并购企业间接获得技术所有权，还是通过购买技术许可换来市场先机？不同企业也做出了不同选择。

中国电科越来越清晰地认识到市场换不来技术，必须把核心技术掌握在自己手中，才能始终立于不败之地。实践证明，中国电科能够在充分竞争的电子信息行业持续健康发展，最重要的就是得益于始终瞄准并不断向全球行业技术制高点发起冲击，得益于始终将国家电子科技战略力量予以传承并发扬。

科技强则企业强，核心技术和创新能力是企业提高发展质量的重要支撑。中国电科在事关国家安全和产业命运的核心技术上，始终保持着高度的危机意识和紧迫感；始终以舍我其谁的勇气和担当，对攻克核心技术的艰巨性和复杂性保持清醒认识；始终遵循科学和技术发展的客观规律，脚踏实地、循序渐进。

中国电科进行技术创新时总是紧跟时代，力求掌握前瞻引领性技术。

时任总经理熊群力曾在第四届中国自主创新年会上表示：当今时代正处在第三次工业革命的“前夜”，世界范围内以电子信息技术转型升级为核心的新一轮科技革命和产业革命正在兴起。在进入大科学时代的中国电科，加强技术积累和前瞻部署是把握时代新机遇的前提，当务之急是要梳理并树立这次革命的基础性、关键性、支撑性的核心技术，只有率先在关键领域取得突破并产生效益，中国电科才能掌握第三次工业革命的主导权。并且，市场换不来技术，必须把核心技术掌握在自己手中，才能始终立于不败之地。实践证明，中国电科能够在充分竞争的电子信息行业持续健康发展，最重要的就是得益于始终瞄准并不断向全球行业技术制高点发起冲击，得益于始终将国家电子科技战略力量予以传承并发扬。

由于创新战略的引领，中国电科突出技术性、前沿性的研究，推动技术创新由跟踪式向自主式转变，提升原始创新能力，加大投入力度，按主题、成体系梳理关键技术，重点布局基础性、前沿性以及边缘性、渗透性比较强的技术，保持较高的科研投入力度，不断优化科技投入的方向。中国电科近十年来累计科研活动经费投入超过千亿元，占总收入 17%，其中科技创新投入 400 亿元，占总收入的 7%，同时在技术创新领域倡导更加纯粹的创新，避免完全以市场思维来衡量技术的价值。并且，集成电路、基础软件的基础性领域，以及云计算、物联网、大数据等新技术的发展，为国家工业安全、信息安全乃至国家经济安全、军事安全方面带来新的挑战。增强这些领域的核心竞争力和控制力是当前和今后我国电子信息产业自主创新发展的重点。科技企业锻造核心竞争力，必须把关键核心技术攻关摆在突出位置。2020 年，中国电科聚焦补短修长、换道超车、超前布局，牵头建设无人智能、第三代半导体等国家级创新平台，在高端装备、基础器件、新型材料等领域解决一批“卡脖子”难题，当年获国家科学技术奖 12 项、国防科学技术奖 55 项。

（二）家国情怀的创新激情

家国情怀是中华优秀传统文化之一，指的是主体对于共同体的一种认同，并且促使其发展的思想和理念，内涵包括家国同构、共同体意识和仁爱之情。以电子信息技术转型升级为核心的新一轮科技革命和产业革命正在兴起的当下，中国电科虽是企业主体，但为了更好地承担“国家队”的使命和责任，延续国家利益高于一切的理念，也提出了“国内卓越，世界一流”的战略目标。围绕战略目标，中国电科部署、探索、实施了“重构技术创新体系，打造技术创新业态”的科技体制改革工程。

中国电科是传承红色基因得以诞生的，它的发展赓续家国情怀。中国电科始终坚持国家利益高于一切，不忘作为“军工电子‘国家队’，信息产业主力军”的初心，在曾经艰难动荡的岁月中自力更生，为“两弹一星”等国防尖端任务配套做出突出贡献；在电子信息行业遭遇国外激烈冲击的情况下，坚持保军转民、顽强保持国家战略力量持续发展；在国外实施封锁禁运的危急时刻，通过自主创新解决国产信息化装备迫切需要；在商业化浪潮席卷而来的洪流中，坚守“国防”“科技”“电子信息”本质特征，夯实主业，忠诚履行中央赋予的使命和责任，积极承担并圆满完成国防和军队电子信息装备科研生产及保障任务，在国家党政信息化和行业信息系统建设中发挥了重要作用。

在党的正确领导下，在家国情怀的激发下，中国电科担当了一支电子信息领域的国家战略力量。在电子信息行业核心技术呈现断代式发展的情况下，中国电科依然将行业完整的研发能力和全产业链延续下来，支撑服务于国家重大战略需求。

（三）构筑“五位一体”新时代科技创新体系

为适应新时代科技创新的新特征，中国电科着力构建包含“人才、技术、平台、机制、科学精神”五个要素的集团公司新时代科技创新体系。其中，人才是科技创新第一资源，创新机制和科学精神是重要保障，网络化科技创新平台是基础支撑，四方面要素共同形成集团公司科技创新能力，服务关键核心技术突破。

在人才方面，中国电科构建人尽其才、才尽其用的科学体制，营造使人才价值和尊严得到充分体现的制度环境，为人才搭建充分发挥才智的创新平台，营造良好的创新氛围，培养和激发人才胸怀祖国、崇尚创新、严谨求实的科学家精神，是集团公司深入实施创新驱动发展战略、实现高质量发展的必然选择。

在技术方面，中国电科聚焦重大战略需求，面向世界科技前沿，服务国民经济发展，按照问题导向、需求导向、目标导向的整体布局，以网络信息体系为统领，推进科技创新的系统布局，坚定自主创新信心，加快突破关键核心技术。

在平台方面，中国电科遵循创新发展规律、科技管理规律、人才成长规律，按照网络信息体系建设要求调整科研力量结构和资源配置，突出问题导向和目标导向，系统布局各类创新平台，打造系统化、网络化的产、学、研，用创新生态形成功能层次明确、布局结构合理、创新链条全面、管理运行科学、协同创新高效、创新能力强的创新平台新格局。

中国电科围绕科技创新机制，在科技投入方面加强对科技创新研究的稳定支持，形成集中力量办大事的机制；在人才激励方面，贯彻增加知识价值为导向的分配政策，采用工资总额单列等形式提高核心人才待遇，重视青年人才培养；在成果转化方面，构建股权激励的科技成果转化相关方利益捆绑机制，提升科技成果转化效率；在考核评价方面，健全科技创新能力评价和考核机制，建立以创新质量和贡献为导向的绩效评价体系。

在科学精神方面，中国电科大力弘扬勇攀高峰、敢为人先的创新精神。它坚定敢为天下先的自信和勇气，抢占科技竞争和未来发展制高点，敢于提出新理论、开辟新领域、探寻新路径，在独创独有上下功夫，在解决受制于人的重大瓶颈上强化担当作为。它大力弘扬追求真理、严谨求证的求实精神。它坚持解放思想、独立思辨、理性质疑、大胆假设、认真求证，不迷信学术权威，引领良好风尚。它大力弘扬淡泊名利、潜心研究的奉献精神。它静心笃志、心无旁骛、力戒浮躁，肯下“数十年磨一剑”的苦功夫，不盲目追求热点，不随意变换研究方向，突出解决实际问题，力争实现核心技术自主可控。它大力弘扬集智攻关、团结协作的协同精神。它强化跨界融合思维，倡导团队精神，建立协同攻关、跨界协作机制，坚持全球视野，加强国际合作，融入全球创新网络。它大力弘扬甘为人梯、奖掖后学的育人精神。它坚决破除论资排辈的陈旧观念，打破利益纽带和裙带关系，善于发现和培养青年科技人才，敢于放手并支持其在重大科研任务中“挑大梁”，甘做致力提携后学的“铺路石”和领路人。中国电科“五位一体”新时代科技创新体系如图 13-1 所示。

（四）优化科技人才培育及奖励机制

对于科技型企业来讲，科技的竞争就是人才的竞争，而企业能否吸引人才、留住人才并充分激发人才的创新力，归根到底就是看企业是否真正形成了尊重知识、让创新人才拥有获得感的氛围和机制保障。因此，中国电科基于将企业与人的“雇佣关系”转变为“合伙人关系”的先进理念，在机制创新方面进行了一系列大胆尝试。

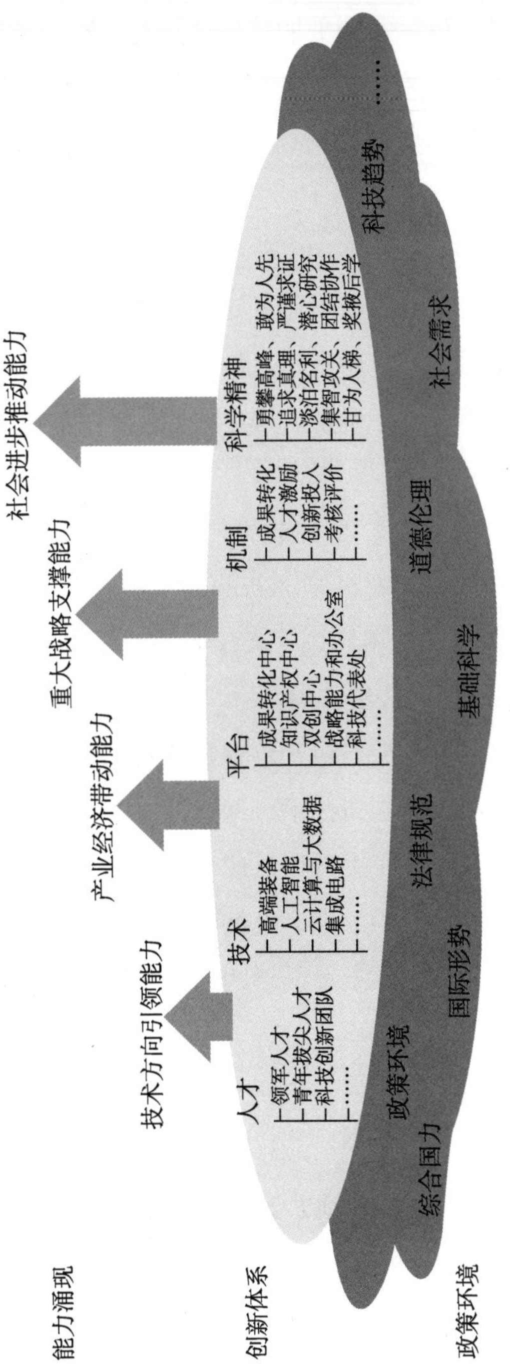

图 13-1 “五位一体”新时代科技创新体系

2016年，中国电科发布了《关于加强科技创新的若干意见》，又叫《创新20条》。其中，在吸引人才方面，中国电科规定每年面向主攻领域和主攻方向引进一批高层次创新团队，持续三年给予团队每人每年不少于100万元的科研经费支持；每年评选出10名科技领军人才、10名青年拔尖人才和10个高科技创新团队，给予100万元~1000万元科研经费支持，由人才和团队自主支配。同时中国电科还规定，各成员单位设立科技创新流动岗，促进院士、首席科学家、首席专家、青年骨干在集团内部的有序流动，并在创新院先行先试，形成任务确定、岗位设置、人才流动相协调的创新格局。

此外，面向科技创新激励、科技成果转化激励等，中国电科还相继推出了《加强熠星创新创意大赛机制创新的若干规定》《促进科技成果转化办法》《科技创新人才特殊支持计划（试行）》等一系列创新制度和措施，为创新驱动发展创造了宽松的政策环境。

通过实践摸索，中国电科深感对于培育孵化的新业务而言，经市场初步检验并获得社会资本青睐的高新技术，通过建立混合所有制公司推动从技术到产品的实现，是中央企业进行科技成果转化的有效途径。初创企业本着“利益共享，风险共担”的原则，吸纳各类社会资本参与，并采用核心员工持股的激励方式，将极大激发创新团队的热情，从而共同培育发展新兴产业。

（五）打造开放式创新生态

在中国电科组建初期，一位老领导曾这样评价道：“你们把钱转化成技术的能力很强，但把技术转化成钱的能力就比较弱。”作为一个由科研院所组成的企业集团，崇尚科研的氛围让绝大多数员工对搞营销、提升客户体验、谈市场并不重视。然而，传统的线性创新过程逐渐无法适应新的创新模式需要，科学发现、技术研究、产品开发和产业化并行交织、齐头并进，呈现出显著的非线性、网络化特征，而新的创新模式所需要的人才、创意、技术、资本等创新要素全部都活跃在市场中。中国电科感受到了前所未有的危机，如果依然固守以往传统的科研体系，那么必将被时代抛弃。既然资源都在市场中，打破藩篱、创新机制就成为必然选择。

中国电科始终认为，大企业做创新一定要坚持政府引导和市场资源配置相结合，聚焦国家发展战略布局创新资源，坚持基础研究、应用研究和技术创新融通发展。因此，中国电科在持续完善内部的创新创业生态、厚植创新创业文化的同时，积极致力于发挥中央企业创新主体作用，主持或参与国家重大科技项目，持续增加对基础研究和应用基础研究的投入，加强跨领域创新合作，打造产业技术协同创新平台，主动布局全球创新网络，实现优势产业和产品的"走出去"，提高全球创新资源配置能力。

中国电科积极对接各类社会资源，围绕战略新兴产业组建相关的企业创新联盟，为培育、壮大、发展新动能和促进新旧动能接续转换提供了重要支撑。以新型智慧城市为例，中国电科携手华为、腾讯、微软等 70 多家国内外优势企业和研究机构，共同发起并成立了国内首个"新型智慧城市建设企业联盟"，共同推进新型智慧城市建设和智慧经济发展。

中国电科积极融入全球创新体系，参与国际大科学工程，通过国际交流合作，在提升科技水平的同时有效提升了中国企业在国际大科学项目中的地位和竞争力。SKA 是国际天文界计划建造的世界最大综合孔径射电望远镜，也是人类有史以来建造的最庞大的天文设备，由全球多个国家出资建造。作为参与 SKA 项目的创始成员国之一，中国自 2013 年以来，承担了天线、低频阵列孔径和中频阵列孔径共 3 个工作包的研制任务，与国际伙伴一起，通过国际大协作共同完成了 SKA 天线的研发工作，标志着中国开始在国际大科学工程中发挥引领作用。

四、经验启示

（一）面向国家重大需求，以创新逻辑实施自主创新

集成电路、基础软件的基础性领域，以及云计算、物联网、大数据等新技术的发展，为国家工业安全、信息安全乃至国家经济安全、军事安全方面带来新的挑战，增强这些领域的核心竞争力和控制力意义重大。在这些挑战面前，中国电科直面国家重大需求，倡导更加自主的创新，避免完全以市场思维来度量技术的价值，避免了以市场效率选择技术创新战略的逻辑，取而代之的是创新逻辑。国家重大需求指明了创新的战略方向，同时强调安全可控的自主创新，基础性、关键性、支撑性的核心技术必须牢牢掌握在自己手中，才能始终立于不败之地。因此，中国电科突出技术性、前沿性的研究，推动技术创新由跟踪式向自主式转变，提升原始创新能力。

（二）建设传承红色基因的创新文化

红色文化是蕴含中华优秀传统文化、吸收先进革命文化的中国文化，是激励中国人民追求理想的动力和源泉。国内关于红色文化的研究主要集中在其概念界定和时间范围。学术界广泛认可的红色文化的定义是王以弟提出的：“红色文化是在新民主主义革命时期，在中国共产党的领导下，由中国共产党人、一切先进分子和人民群众共同创造的、具有中国特色的先进文化。它是物质文化、制度文化和精神文化的有机统一体。”

作为一种强大的文化精神，当红色基因融入企业文化后，在产业关键

共性技术突破中所要涌现的恰恰是创新担当、创新使命和创新奉献精神。正如习近平总书记在 2020 年 7 月份企业家座谈会上所讲：“优秀企业家必须对国家、对民族怀有崇高使命感和强烈责任感，把企业发展同国家繁荣、民族兴盛、人民幸福紧密结合在一起，主动为国担当、为国分忧。”红色基因不再仅仅是政治文化，而是可以成为后发超越追赶背景下企业家文化的内核，成为激发产业关键共性技术突破的创新态度，是突破性创新发生的必要条件。中国电科是传承红色基因得以诞生的，它的发展赓续家国情怀，其始终坚持国家利益高于一切，不忘作为“军工电子‘国家队’，信息产业主力军”的初心，很好地承担了“国家队”的使命和责任。

（三）积极赋能产业发展

中国电科积极致力于发挥中央企业创新主体作用，持续增加对基础研究和应用基础研究的投入，加强跨领域创新合作，打造产业技术协同创新平台，主动布局全球创新网络，实现优势产业和产品的“走出去”，提高全球创新资源配置能力。

中国电科围绕战略新兴产业，组建相关的企业创新联盟，为培育、壮大、发展新动能和促进新旧动能接续转换提供了重要支撑。

【案例点评】

整合式创新理论源于对中国传统文化中创新因素的探索，在适应国际前沿技术窗口和中国时代发展趋势基础上提出，是具有中国特色的创新理论。整合式创新理论框架以创新战略导向为引领，以自主创新为主的技术创新和开放式创新为主的模式创新为两大支柱，三者互为联系，有机统一于整体创新理论中。中国电科作为隶属于国务院国资委的中央企业，是中国军工电子主力军、网信事业“国家队”、国家战略科技力量，也是整合式创新理论的最好践行者。

北京物资学院　魏巍

第 14 章

美的

数智生活的驱动者①

① 本章由浙江工业大学管理学院程聪教授编写。

1978 年党的十一届三中全会的胜利召开，实现了新中国成立以来党的历史上具有深远意义的伟大转折，开启了我国改革开放和社会主义现代化建设的新时期，全会作出实行改革开放的历史性决策，直接激发了 20 世纪 80 年代开始国有经济或集体经济转制的热情，也激发了民营企业的蓬勃发展，先后涌现出了美的、海尔、华为等一批创新型领军企业。那么，这些企业经历了怎样的转型发展，逐渐成长为创新型领军企业？

当前，全球创新环境与格局正发生重大变化，推进数字化创新、改善创新环境和提升创新体系效率不仅是我国转型发展的需要，还是应对世界格局变化和国际竞争的战略抉择。对企业而言，科技创新是突破“卡脖子”技术和实现更好发展的重要支撑。习近平总书记强调，要推动企业成为技术创新决策、研发投入、科研组织和成果转化的主体，培育一批核心技术能力突出、集成创新能力强的创新型领军企业。打造世界一流创新企业，中国企业需要深入实施数智驱动战略，在强化创新管理体系、探索创新机制、增强创新效率等方面实现新突破。因此，在数智驱动情境下，构思中国企业成为世界一流创新企业的路径和机制成为中国企业管理研究的重要议题。

根据市场研究公司 IDC 对全球 GDP 的分析，2018 年数字化服务和产品带来的 GDP 总值根据估算大概是 13.5 万亿美元，占全球 GDP 总值的 17%。而到 2023 年，IDC 预测，超过 50% 的全球经济将由数字经济驱动，因此企业快速发展自己的数字创新能力将是一项建立核心竞争力的需求。然而，中国企业面临巨大的创新管理挑战，一方面，美国等发达国家已经建立了全球化的数字创新生态系统，使我国利用数字技术打造领先于全球的创新生态系统存在困难；另一方面，具有原创性、颠覆性技术的企业相对较少，品牌的国际影响力仍有较大提升空间。这表明，我国亟须培育一批掌握核心技术、拥有自主知识产权、具有国际竞争力的创新型领军企业。在此状况下，中国企业如何通过数智驱动实现从创新型企业到世界一流创新企业的突破式发展，是中国创新型企业全球突围的关键，也是企业创新实践需要探讨的理论问题。

以5G、人工智能、云计算等为代表的基础性数智技术在不断地创造和重塑我们的世界，制造业数字化升级正成为我国数字经济发展的主战场。这预示着以数字经济为代表的第四次工业革命给正在数字化转型的中国企业带来了在易变性、不确定性、复杂性和模糊性（VUCA）时代谋创新发展的巨大机遇。

数智技术作为数字经济时代企业具有战略优势的关键战略性资源，是传统数字技术的升级，因此也具备数字技术的多种属性，包括数据同质化、可重新编程性、可参照性等基本属性以及由此衍生的分层模块化特性。此外，数智技术也表现出可量化、实时化、可视化、可优化、智能化的核心特征。一方面，数智技术能够以二进制数字表征企业生产制造、销售运营等数据和信息，并进行同质化处理，以使企业的数据与信息做到实时监控与处理。另一方面，数智技术将松散的传统技术组件智能耦合成不同的层次，扩大创新的接触面和生成面。企业通过运营数字化平台与数字社区，运用数智技术构建智能化创新决策流程。

赛提希·南毕山（Satish Nambisan）等指出，数智技术为企业重塑创新的过程和结果创造了新的条件，赋予了数智时代创新三大核心特征：开放性、可供性和自生长性。这样会让创新的过程更加开放，在企业创新各个阶段吸纳各个主体参与，创新结果愈发具有动态性。此外，数智技术带来的可供性，特别是业务流程自动化、与用户的直接互动和网络效应，深刻影响企业数字创新，为企业技术创新升级提供潜在动力。

一、美的创新概况

美的位于我国广东省佛山市顺德区，创业于 1968 年，并于 1980 年进入家电业，1981 年注册美的品牌。经过五十多年的发展，美的已经成为一家涵盖智能家居事业群、机电事业群、暖通与楼宇事业部、机器人与自动化事业部、数字化创新五大板块为一体的全球化科技创新集团。面对新冠肺炎疫情冲击，美的在 2020 年收获了难得的逆势增长，实现销售收入 2857 亿元，在世界五百强中排名第 307 位。迄今，美的在全球拥有约 200 家子公司、28 个研发中心和 34 个主要的生产基地，员工约 15 万人，产品及服务惠及全球 200 多个国家和地区约 4 亿用户，形成美的、小天鹅、东芝、华凌、布谷、COLMO、Clivet、Eureka、库卡、GMCC、威灵在内的多品牌组合。

面对数字互联网时代对产品和服务的更高要求，以及后疫情时代的巨变，美的将战略主轴全新升级为“科技领先、用户直达、数智驱动、全球突破”，重新塑造新时代美的的战略管理能力。美的一方面坚守“科技尽善，生活尽美”的企业愿景，将“联动人与万物，启迪美的世界”作为使命，恪守“敢知未来——志存高远、务实奋进、包容共协、变革创新”的价值观；另一方面，整合全球资源，推动技术创新，每年为全球超过 4 亿用户及各领域的重要客户与战略合作伙伴提供满意的产品和服务，致力创造美好生活。

美的具备良好的软、硬件条件用于支持研发活动，同时打下了坚实的创新基础。首先，美的依托佛山全球创新中心、上海全球创新园区及美国路易斯维尔、意大利米兰、德国斯图加特和日本大阪等地的研发中心，遍布世界的28个研发中心为研发提供坚实的硬件基础。同时，美的大力拥抱开放创新，拥有一定比例的海外资产，海外员工占比达33%。在企业文化氛围方面，美的践行“以人为本”的理念，尊重员工权益及员工价值观，形成了多样化、包容的组织文化氛围。此外，美的的人才培养系统机制完备，为员工提供良好的薪酬福利及工作环境，建立了员工职业发展通道和梯形人才培养体系，为员工提供良好的培训机会，形成了成熟的航系（启航—远航—领航）培养模式，分别培养经理、总监、总经理的后备人才。

美的着力于构建具有全球竞争优势的全球研发布局和多层级研发体系，过去5年研发投入超过400亿元，近两年研发投入均超百亿元，研发投入占营业收入比例稳定在3.5%左右。美的已在包括中国在内的11个国家设立了28个研发中心，建立了“2+4+N”的全球化研发网络，建立研发规模优势。美的以科技领先战略牵引人才密度和厚度，成建制地构建全球研发布局，目前研发人员超过15000人，其中外籍资深专家超过500人，近两年研发人员数量在员工总人数中占比稳定在10.5%左右。

美的在从事核心技术研究的同时更加注重研发成果的产出与转化。2020年是美的专利三年“提质控量”计划的收官之年，在专利质量提升工程的政策背景下，美的扎实推进“提质控量”并取得显著效果，全年获得中国发明专利授权2890件，海外授权专利570件，连续五年位居行业第一，全年国内、外专利申请共计13859件。截至2020年年底，美的（包含东芝家电）累计专利申请量突破16万件，授权维持量6.26万件，发明专利授权量约占申请量的39%。为了持续提升专利质量，美的在2020年开发并应用了可视化专利申请文本质量审核工具。同时，美的着眼于科技领先战略，在无风感、对旋、无刷电机、智能家居等前沿技术完成了数千项专利布局。

此外，美的始终坚持“产品创新 + 标准创新”并联双驱动，实施“创新专利化、专利标准化、标准国际化、美的标准走出去”的标准化战略，积极为行业技术标准化工作做出贡献。2020 年，美的共计参与制修订 633 项标准，其中国际标准 27 项，国家标准 234 项，行业标准 145 项，团体标准 227 项。美的空调连续三年入选“企业标准领跑者”，其中 2020 年 5 项企业标准和 169 款产品入选，行业能效排行最高、入选产品最多，企业标准水平及产品创新行业领先。

美的发布的 2020 年财务报告显示，2019 年实现营业总收入 2857.10 亿元，同比增长 2.27%，实现归母净利润 272.23 亿元，同比增长 12.44%。美的 2020 年年末总资产为 3603.83 亿元，实现净利润 275.07 亿元，资产回报率为 10.57%。美的 2020 年年报还显示，2019 年海外收入 1210.8 亿元，同比增长 3.68%，毛利率与 2018 年持平。从海外收入占公司总营收比重来看，2020 年美的海外营收占比已提升至 42.6%。美的 2020 年度品牌价值为 132.12 亿美元，位列 BrandZ 2020 最具价值中国品牌 100 强第 33 位，品牌价值上涨 26%；据英国品牌金融咨询公司发布的 2020 年“全球 100 个最有价值的科技品牌榜”显示，美的位列第 29 名，领先国内同行业其他品牌。

二、美的数智驱动企业创新发展历程

在传统家电行业未进行数字化变革的时代，美的依靠库存拼销售，与经销商、供应商博弈价格差，通过大规模制造，利用成本领先战略成为产销领先的大企业。然而，随着5G、物联网、云计算等数字技术的蓬勃发展和讲究满足用户需求时代的到来，外部市场与环境等不确定因素交错，企业亟须通过数智驱动创新与变革，构建核心竞争力，成为世界一流创新企业。

美的一直致力于产品创新，但创新之路曾遇到一系列困境，主要表现在三个方面：一是在创新发展战略上如何更好地做到以用户为中心，解决用户的痛点，给用户创造价值；二是创新模式落后，没有构建起创新研发网络体系，集聚创新人才；三是商业模式欠缺创新，需要孵化新业务，探索前沿科技。因此如何解决上述问题，成为美的是否能成为世界一流创新企业的关键。

在经济面临下行压力日益增加、人口红利逐渐消失、经营成本持续上涨的大环境下，前沿创新战略如何推进？研究发现，美的通过数智驱动创新模式的升级实现从创新型企业到世界一流创新企业，主要经历了以下几个阶段：一是“数字化1.0”和“互联网+”时代，美的建立数字创新基础，实现所有流程、IT系统的重构和数据标准的统一，将“加互联网能力”用数字化转型赋予到美的内部。二是“数字化2.0”和工业互联网时代，美的开始应用数字化配合公司进行业务转型，对制造和供应链进行数字化的升级改造。三是数智创新时代，美的通过全面数字化和全面智能化实现创新模式新升级，从而成长为世界一流创新企业。美的数智驱动企业创新发展历程如图 14-1 所示。以下围绕美的数智驱动创新各个阶段，对美的的创新经验和机制展开分析。

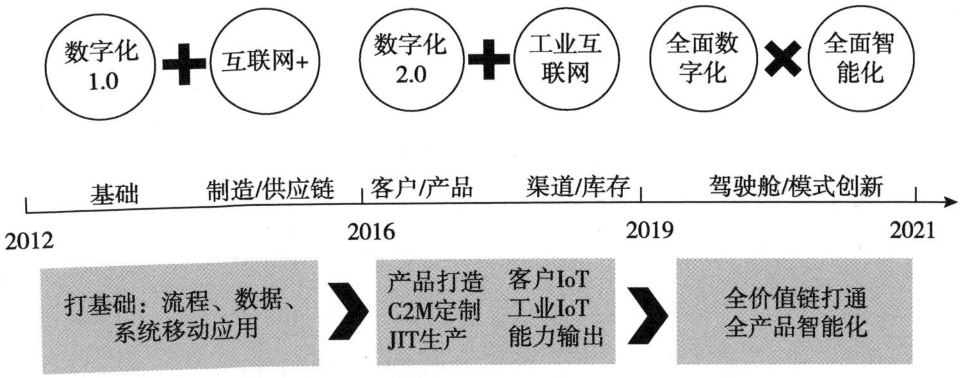

图 14-1 美的数智驱动企业创新发展历程图

三、美的数智驱动创新的历史背景

从诞生之日起，美的积极拥抱各种变化，并在变局中脱颖而出：率先进行股份制改革，成为首家上市的乡镇企业；在家电市场看似繁荣的2011年提出“转变发展方式、推动战略转型”；2020年面对新冠肺炎疫情和百年未有之大变局的双重压力，美的没有惊慌失措，正是因为早有准备。

美的作为一家传统的硬件制造企业，其过去的市场增长主要依靠于家电的规模效应和廉价的劳动力，然而美的董事长及CEO方洪波很早就意识到这样的红利已经越来越弱。一方面，在消费升级的大背景下，消费者需要更加智能化的家电；另一方面，中国劳动力已经不再低廉，传统的供应链和资源链接很难再为品牌提供有效的保障。从2012年到2017年的五年时间里，美的开始数字化转型，关停了10多个生产基地，砍掉多个利润率低的产品，员工数量从近20万缩减到10万以内。转型给美的经营业绩带来了巨大的冲击，2012年美的总体营收相比2011年大幅下滑了300亿元人民币。然而在短暂阵痛之后，美的开始逐渐收获转型升级的成果。

从2013年起，美的营收和利润恢复了稳定增长，并经受住了2015年家电行业整体萧条的冲击。2017年7月20日，美的以240.6亿美元的年收入登上《财富》世界500强排行榜，成为当年唯一一家上榜的中国家电企业。2020年年初，一场波及全人类的新冠肺炎疫情突袭而至，许多企业还在观望、迷茫之际，美的没有被动地等待，第一时间展现了企业的快速应变能力和社会责任担当，成为响应最早、驰援行动最频繁的企业之一，为抗疫贡献自己的力量。回顾过去 8 年美的转型所取得的成就，很大程度上归功于数字化带来的企业在运营效率方面的提升和基础管理的不断强化；另外美的对数字化时代的新商业模式、新技术及产品开发模式，也做了充分的准备和积极的探索。

因此，在数智时代下，传统的靠规模、靠人工、靠线下销售渠道的方式已经力不从心，面对来自消费侧和供应链侧的双重压力，传统企业更需要基于传统行业的根基和对传统行业的理解，去不断寻求适合自己的数字化创新方法。美的聚焦数智驱动，围绕用户体验进行全面数字化、全面智能化变革，力争成为数智时代的领先企业。美的已构建并将着重发展统一数据中台、技术中台支撑下的美云销商业平台、IoT 生态平台和工业互联网平台“美擎”三大数智平台，建立数智驱动的全球领先科技集团。美的一方面运用数字技术与业务深度融合，改造全价值链，力争成为数字标杆企业；另一方面，前瞻布局规划以智能化技术、产品和场景为核心的全新产品、服务和业务模式，在竞争中赶超互联网企业。

综上所述，企业过去成功的打法，在新时代不一定能够继续满足消费者的需求。产品必须更具差异化，技术含量更高，更具创新竞争力。企业也要从“硬”变成“软”，用软件定义硬件，靠服务和内容做差异化。廉价劳动力的时代已经过去了，中国企业要以创新和效率驱动，因此需要更加智能的制造过程。

四、美的数智驱动创新机制分析

自从传统制造业逐渐摆脱“低成本、大规模”的优势，创新改善结构、科技驱动发展就成为制造业企业的必由之路。美的的创新机制主要有以下四个方面：一是以差异化技术创新支撑长效驱动模式；二是以数字化敏捷体系创新保障组织持久活力；三是以全价值链数据运营创新拓展产业版图；四是以用户为中心的产品创新占领市场高地。

（一）以差异化技术创新支撑长效驱动模式

技术创新是根基，为发展提供源源不断的动力，大力发展技术创新、实现技术赶超和形成独创技术是美的达成的战略共识。在过去五年，美的研发投入累计超过 400 亿元，仅 2018 年研发投入就超过 100 亿元，成为中国首家研发投入超过百亿元的家电企业，这为美的的持续创新注入了强大的动力。截至 2020 年年底，美的（包含东芝家电）累计专利申请量突破 16 万件，授权维持量 6.26 万件，发明专利授权量约占申请量的 39%。仅 2020 年就获得中国发明专利授权 2890 件，海外授权专利 570 件，全年国内、外专利申请共计 13859 件，连续五年位居行业第一。

美的是覆盖全产业链、全产品线的家电及暖通空调系统的企业，在关键核心技术上实现了高度的自主可控，助力国家破解“卡脖子”技术问题。美的始终坚持对核心技术的持续投入研究，2020 年美的主导开展的多项智能技术通过权威鉴定，均被认为“国际领先”。公司以行业领先的压缩机、电机、磁控管、控制器等核心部件研发制造技术为支撑，结合强大的物流服务能力，形成了包括关键部件与整机研发、制造和销售为一体的完整产业链。

近年来，美的通过大量借鉴不同行业的创新技术，比如航空发动机研发中的涡轮对旋动力和空气动力技术、潜艇发射导弹的降噪技术、太阳能光热发电的相变蓄热技术等，美的通过将各类跨界技术引入到产品设计和工艺制造来提升产品的性能。正如时任美的中央研究院院长徐成茂博士强调："任何一个时代，核心技术决定企业的竞争力。那些百年企业之所以能在残酷的市场竞争中屹立不倒，正是源于核心技术的积累。如果你不想做一个追随者，而是想在发展中勇立潮头，那就必须做跨界技术。"

作为美的的创新引擎，中央研究院硕博人才占比 70% 以上。美的中央研究院的人才结构为技术创新提供了保障。研发投入的不断加大，进一步夯实了技术创新的根基。科技创新是企业的第一生产力，是实现全球产品领先的必由之路，美的全球创新中心有超过 4000 名研发技术人员同时进行研究开发项目。美的式创新将引领美的取得更多技术突破，推动全球经营战略的实施。

（二）以数字化敏捷体系创新保障组织持久活力

体系创新是魂，打造开放式创新平台，形成集团到事业部的整体性区位布局，塑造企业发展的高价值典范。美的实施从先行研究到产品开发的四级研发体系，涵括各个事业部研发平台和中央研究院，事业部层面有产品开发和先行研发，集团中央研究院层面负责共性技术和未来技术研究，这两层技术研究是美的的中长期技术储备及探索。四级研发体系是以中央研究院为龙头、博士为主导、院士为顾问、创新为核心的多种创新平台模式，涵盖了消费电器、暖通电器、机器人、工业自动化和现代化物流的多个领域。

美的在全球拥有28个研发中心，得以建立全球顶尖研发系统。美的建立了“2+4+N”的全球化研发网络，形成研发规模优势。

美的整合全球研发资源，坚持科技领先战略，布局前沿技术，建立从先行研究到产品开发的四级研发体系，具备以用户体验及产品功能为本的全球一流研发技术投入及实力。在强化全球研发布局的同时，美的着力构建开放式创新生态平台，既与国内外顶级科研机构开展合作，建立联合实验室和深化技术合作，又与巴斯夫集团、霍尼韦尔等科技公司开展战略合作，多渠道构建全球创新生态系统。美的关注与聚焦技术创新、用户创新、设计创新、产品创新及开放式创新体系建设，加强先行研究体系构建，布局中长期技术储备，为保持持续领先的技术优势奠定了稳固的基础。

（三）以全价值链数据运营创新拓展产业版图

运营创新是抓手，得以兼容并蓄、共享优势资源、构建产业链优势、进一步做大做强。首先，美的深化渠道创新变革，持续提升渠道效率。随着用户消费圈层化、传播碎片化的特征日益凸显，2020年受新冠肺炎疫情影响，美的线上销售占比超过45%，线上和线下市场进一步加速融合。美的通过结合不同渠道的层次与特性，并围绕用户需求和消费习惯的变化趋势，以用户需求和用户体验牵引零售转型，持续优化和匹配市场零售运营体系，以推进用户购买直达。其次，作为整体成本的一员，供应链物流变革是推动家电企业运营创新的重要一环。随着美的“以销定产”的“T+3”模式变革完成，主打物流信息化以及自动化的安得智联，融合KUKA和Swisslog顶级技术支持，打造更为高效的智慧物流体系，为国内市场提供行业领先的物流信息化、自动化产品，以及具备国际一流水平的智慧物流集成解决方案。

此外，美的加速全球突破，强化海外本地化运营创新。美的进一步推动全球业务布局，稳固全球化创新的基础与能力，搭建全球供应协同机制，强化海外本地化运营，优化本地化供应链比例，推进产品全球化与区域化，海外业务遍布北美洲、南美洲、欧洲、亚洲、非洲、大洋洲的 200 多个国家和地区。最后，美的通过全面数字化与工业互联网建设，推动全价值链运营创新与平台化协作。

（四）以用户为中心的产品创新占领市场高地

美的式创新最终落脚在以用户为中心的产品创新，而这种模式的产品创新为美的带来更稳固的市场地位。“人类最伟大的技术发明，飞机、汽车、计算机……倒不能证明人的智慧有多高，而恰恰说明了人有多懒。”时至今日，作家马克·肯尼迪的这句话仍然可以被当作检验科技创新是否推进产业进步和改善人类生活的标准。这也正是时任美的中央研究院院长徐成茂博士一直强调的“让科技创新回归本质”的通俗演绎：科技创新不在于科技的“新”，而在于本质的“人”。在美的看来，科技创新就是要“接地气”，强调的是恰到好处地能够匹配用户的痛点、需求。以当前家电业最热门的 AI、人机交互来说，在徐成茂眼中，就是要达到“懂你”的最高境界，不是多高程度的交互性，而是完全“零交互”。当家电比人“还专业、还聪明、更主动”时，AI 科技的商业价值就实现了回归。

自 2018 年起，美的陆续推出包括高端品牌 COLMO、互联网品牌布谷、年轻品牌华凌等多个品牌。COLMO 始终秉承“科技服务生活本源、设计释放理性空间”的品牌理念，致力于为精英消费者打造兼具至臻品质和自主学习能力的 AI 科技家电。2020 年，布谷品牌营收突破 2 亿元，同比增长超过 260%，实现新生品牌积极进取下的逆势增长。在品牌营销端，作为互联网电商品牌，布谷专注落地营销模式及商业模式的突破和创新，全力跑通“单品爆发、品类深耕”的爆品营销模式，同时在满足互联网新生代用户个性需求的基础上，发挥多品类协同优势，实现稳定结构增长。华凌品牌持续通过“好看的设计、好用的功能、好玩的互动”与二次元、潮流文化等代表年轻化特征的圈层建立联系，同时基于品类特性积极拓展销售渠道，2020 年整体营收规模近 29 亿元，同比增长超 200%。

美的不断推动数智驱动创新战略，加速全面智能化落地，为用户打造更美的智慧生活。2020 年，美的 IoT 围绕“用户综合体验第一”的目标，从用户研究、智能场景企划、IoT 产品与技术、生态合作、IoT 运营等方面进行一系列创新，重点升级连接技术与智能安全体系，加快推动 5G 产品落地、IoT 生态场景和服务机器人平台化。同时，围绕安全、健康、美食、便捷、个性五大主题，向生态合作伙伴全面开放智能场景和 IoT 技术，从用户体验生命周期出发，构建以用户为中心的美的智能家居商业价值链，为用户提供全场景体验服务和更多优质生态增值服务，打造“更美的智慧生活”泛美居生态。美的 IoT 开发者平台累计接入智能产品超 4000 款，智能设备联网量累计较上年同比增长 103%，联网活跃设备已达 3800 万台，美的美居已经服务 3200 万个家庭。正如美的副总裁胡自强所说的，以消费者为中心、以用户思维为推动，不仅仅只是一个端对端的体系，而是整个研发过程、管理体系都不同，这样才能真正实现“以消费者为中心”。

五、经验启示

本章围绕数智驱动情境下企业如何运用数字技术改造研发全价值链，实现协同整合式创新，以及企业如何利用创新模式的转变成为世界一流创新企业这两个核心问题，针对美的数智创新实践的研究，得到了两方面的结论：一是从战略管理、创新基础、创新投入和创新产出四个维度分析描述美的在世界一流创新企业上的表现，为世界一流创新体系的评价指标体系使用提供范例。二是对该评价体系中各要素在数智创新不同阶段的演化进行简要的解释，进而对美的成为世界一流创新企业的核心要素和关键机制展开分析。基于美的案例和其所在的行业属性，形成了以下几方面的实践启示。

第一，世界一流创新企业以强大的战略能力作为引领。在瞬息万变的大环境下，企业的成长离不开明确的战略定位。美的坚持“科技领先、用户直达、数智驱动、全新突破”的新四大战略主轴，聚焦全面智能化和全面数字化，在心智、产品、购买和服务维度全面直达用户。因此，中国企业要想做大、做优、做强，必须根植于企业自身的基础，提高社会责任意识，以天下为己任，扩大眼界与格局，增强服务社会的意识，实现经济与社会价值的长效驱动。

第二，世界一流创新企业以全方位的创新投入作为保障。一家成功的企业，不仅在于其能够运用正确的方式制定正确的战略，更重要的是能够在所制定的战略和实施之间找到一个关键切入点，即核心技术创新能力，并通过持之以恒地投入资源，不断建设和强化这些能力，使得战略能够真正落地。美的深化“三个一代”研发模式，推动“要么第一，要么唯一”的领先战略全面实施，同时积极引入人才，推动国内及海外分布式的办公布局与团队多样性，强化研发体系全球布局，改善研发组织机构，构建以研发为主导的创新驱动模式，全面建设科技领先能力。因此，成为世界一流创新企业需要坚定不移地加大研发投入，构建研发规模优势，尤其是在核心技术、前沿技术、基础技术、数字化和智能化等方面，以技术驱动为根本，在各品类形成创新突破与核心技术壁垒。

第三，世界一流创新企业以坚实的创新机制作为根基。企业的发展往往会陷入追求利润的泥淖，而失去长远目标的指引。从长期来看，发展需要加速，但是必须有长期愿景，成功的创新可能需要同时进行不同方式的试验，这意味着，有些试验并不能立刻获得结果，需要企业拥有完备的创新管理体系与容错文化机制。美的以数智驱动提升在数字化时代的竞争力，加大力度构建数字化企业，继续完善企业数字化人才培养机制，以数字化推动效率提升和价值创造。同时，美的推进数字化变革，推广和优化数字化工业互联网工厂，加强对“全球突破”战略的数字化支撑。在数智时代，企业可以通过数字化增强组织文化容错机制，丰富人才培养模式，推动企业开放式创新。

第四，世界一流创新企业以高质量的创新运营作为支撑。创新是战略也是运营，高效运营体系是保证高质量发展的关键，也是创新产出的价值实现途径。美的坚持内生式增长和持续长效增长，推动“T+3”业务模式变革和全价值链卓越运营，覆盖从产品企划到售后服务等各个环节，利用数字化工具赋能，提升全渠道价值链效率和数据驱动效率。身处快速创新时代，企业更是要积极拥抱数字营销与内容营销，大力投入新媒体与社交媒体运营，以持续的反馈式创新为突破口，建立以用户和品牌为导向的业务模式。

展望未来，中国企业要发展成世界一流创新企业，形成世界一流的创新管理模式，要抓住新时代数字创新浪潮带来的前所未有的发展机遇，积极拥抱数智技术，以领先的战略能力、创新投入、创新基础和创新运营形成独特的创新模式。相信在数字经济时代，中国一定会涌现出一批世界一流创新企业，为人类命运共同体建设做出更大的贡献。

【案例点评】

美的作为我国家用电器领域的领导者，近些年来，在数字化转型方面也取得了十分瞩目的成就，尤其是在数智驱动创新发展方面，形成了自己独特的创新模式，这是值得我国家电领域很多企业学习的。概括来看，美的数智驱动创新发展的主要经验包括：借助于数字技术聚焦于差异化技术创新，开拓个性化服务；依托数字技术的敏捷性维持企业组织机制的持久活力；强化产品之间的数据链价值关系挖掘，拓展产品生态化布局；数据时代背景下坚持以人为本的数字化转型模式。美的数字智能驱动企业创新经验，为以世界一流创新企业为目标的企业提供了充分的理论指导和实践启示，进一步推动了数字智能驱动战略的发展，助力加速实现国家转型。

重庆工商大学　熊艾伦

第 15 章

海尔

物联生态的典范①

---

① 本章由天津师范大学管理学院张党珠老师编写。

上一章介绍了美的将强大的战略能力作为引领，以全方位的创新投入作为保障，以坚实的创新基础作为根基，以高质量的创新运营作为支撑，驱动美的正在向世界一流创新企业迈进。海尔也是传统家电行业的典型代表，近年来通过“人单合一”管理模式和物联网转型塑造物联网时期的生态品牌。两者又有什么异同呢?

一、海尔的发展战略历程

海尔始于1984年引进德国技术的青岛电冰箱总厂，最终发展成国家特大型企业，并成功从一家入不敷出的集体小厂发展成全球最大的家用电器制造商之一。

根据最新的年度业绩财务报告，海尔2020年新冠肺炎疫情期间实现营收2097亿元，同比增长4.46%，在中国家电行业上市公司营收排行榜上位列第二，连续12年获得全球大家电品牌零售第一。在2021年第一季度财报中，海尔智家股份有限公司（以下简称海尔智家）实现营业收入548亿元，同比增长26.96%，延续了2020年下半年业绩增长趋势，整体业绩超越市场预期。2020年，海尔再次上榜世界500强榜单，排名再升13名，同时荣获BrandZ中国全球化品牌50强行业第一。2021年，海尔同样再次位列全球最受赞赏公司榜单。

海尔能获得如此成就，与其独特的发展战略与创新思路密不可分。具体来说，海尔的发展战略大致有以下几个阶段。

名牌战略发展阶段（1984—1991年）以改革开放为开端，时任厂长的张瑞敏一反粗制滥造的现象，当众砸毁76台有缺陷的冰箱，实施全面质量管理，以差异化的质量取得竞争优势，并为管理经验奠定了基础。

多元化战略阶段（1991—1998年），国家鼓励兼并重组，海尔创新提出激活“休克鱼”，注重新的管理思想与办法，并凭借这一思维实现了对国内十八家企业的兼并，实现了规模扩张与多元化经营。此时的海尔还提出

OEC 管理法，即每人每天对每件事进行全方位的控制和清理，目的是“日事日毕，日清日高”。

国际化战略阶段（1998—2005 年），中国加入 WTO，海尔与时俱进，提出“三步走”战略，以“先难后易”的思路，先进入发达国家，然后进入发展中国家创名牌，逐渐在海外建立起“三位一体”模式。海尔品牌开始在国际市场拥有一定的知名度和信誉度。

全球化品牌战略阶段（2005—2012 年），海尔国际市场规模日渐扩大，库存和应收两个问题日益突出，CEO 张瑞敏提出了“人单合一”模式，以用户为中心卖服务。

网络化战略发展阶段（2012—2019 年），海尔把自己打造成互联网时代的平台型企业。海尔认为，网络化企业发展战略的实施路径主要是三个方面：供应链无尺度、管理无领导、企业无边界。

生态品牌战略阶段（2019 年至今），海尔从传统意义上的家电品牌转型为生态品牌。如今海尔已经通过打通行业界限，建立起多个“生态方”共创共赢的链群，万物互联。高管领导周云杰表示：生态品牌以价值交互为基础，其重要特征是共创共赢，关键是“人单合一”模式。

二、作为世界一流创新企业的海尔

彼得·德鲁克曾经提出一句有关创新的名言："创新就是创造一种资源。"在我们看来，这种创新出来的新资源，为企业创造了一种竞争优势。海尔自成立以来，一方面要解决企业的生存问题，另一方面要解决企业的发展问题，这两个问题都借助创新得到了有力解决。我们先来分析一下最近几年海尔作为一个世界一流创新企业的具体表现。

2019年年底，海尔开始了最新的生态品牌战略——智慧家庭，并成为提出构建物联网时代生态品牌战略的全球首家企业。海尔已经打通行业界限，建立起多个"生态方"共创共赢的链接。比如海尔的衣联网生态已覆盖洗衣液、皮革、服装、家纺等13个行业，包括洗护用品、RFID物联技术、服装品牌、家纺品牌等在内的5300余家生态资源方先后进入，形成了从洗衣机到洗衣服务、再到衣物的全流程智能体验模式。除此之外，海尔还构建了"食联网生态""智慧衣柜""智慧阳台"等场景。

截至2020年，根据海尔官网的统计结果，海尔共获得的创新成果如下。

（1）海尔智家累计获得15项国家科技进步奖，是获得该奖项最多的家电企业，获奖总量占行业2/3。

（2）海尔在四大国际标准组织（ISO、IEC、IEEE、OCF）全面主导智慧家庭国际标准的制定。截至2020年12月，海尔智家已参与74项国际标准的制定与修改，以及累计560项国家与行业标准制修订工作。

（3）海尔在全球累计获得国家专利金奖9项，占行业总数60%以上；

全球累计专利申请 6 万余项，其中发明专利 3.8 万余项，发明专利占比超过 63%，发明专利占比列中国家电行业第一。

（4）累计获得国家工信部“中国优秀工业设计金奖”3 项，是唯一获得“国家工业设计金奖”三连冠企业；累计获得国际设计金奖 3 项、设计大奖 300 项（含前述 3 项金奖）。

此外，在 2020 年，海尔获得了 BrandZ 所授予的全球第一个“物联网生态品牌”奖。2021 年第二十七届全国企业管理创新大会中，海尔“基于‘价值共创’的生态型财务共享管理”荣获创新成果一等奖。2021 年 6 月 24 日，海尔智家“空调器柜机”斩获“中国外观设计金奖”，这已经是海尔智家连续第 4 年夺得金奖，且累计获国家专利金奖 10 项，为行业最多。

根据陈劲教授领衔团队研究的《2021 中国大企业创新 100 强分析报告》，海尔在研发投入强度维度上得分 65.44，研发费用维度上得分 67.04，发明专利维度上得分 98.00，非发明专利维度上得分 77.80，收入利润率维度上得分 68.61，总体平均得分 77.93，排名第八。关于创新，张瑞敏曾经坦言：“企业里只有一个核心，就是到底你的战略是什么？你的战略创新是什么？”。对于这个问题，他自己曾经给出过明确的回复：“创新，首先是观念的创新；其次是运作模式的创新，包括制度、组织结构等；新技术的创新排在第三位。”这种独特的创新战略，我们概括为技术创新、管理创新（制度与组织等方面的创新）与理念创新（观念创新）。本文接下来就是从技术、管理、理念三个创新视角对海尔创新展开系统分析，以解开这种创新战略形成物联生态的独特价值。

三、海尔的技术创新战略

企业竞争优势的重要来源和可持续发展的重要保障是技术创新。1984年海尔引进第一条四星级电冰箱生产线，现如今海尔已成为构建物联网时代生态品牌的全球首家企业。技术创新战略一般分为合作创新战略、模仿创新战略和自主创新战略三类。海尔技术创新主要分为“引进消化、吸收模仿、引智创新”三个层次，在战略上，海尔选择了先模仿再合作，最后与自主创新相结合的道路。

（一）模仿创新战略

在这三种技术创新的博弈分析中，有研究者指出：中国企业选择模仿创新是博弈的均衡解。海尔也早已意识到模仿创新的重要性，为了在前期提高技术创新的起点和水平，奠定质量管理基础，1984年海尔从德国Liebherr公司引进了居于世界领先地位的4星级电冰箱的生产技术及设备。海尔不断学习，实现了内部技术瓶颈的突破，并发布了亚洲第一台4星级电冰箱，使中国电冰箱生产技术一步跨入了世界先进行列，并在冰箱投放生产后于1988年荣获“全国冰箱质量奖”。

海尔的品牌形象通过实施名牌战略创立后，张瑞敏已不满足于产品单一性和小型生产规模。他清楚地知道，品牌和规模缺一不可，它们是企业在市场竞争中获胜的利器。于是自1992年起，海尔开始重视产品多样性的扩张，全面实施多元化战略，通过合资、合作、兼并、收购等手段，迅速由原来单一的冰箱产品发展到包含洗衣机、空调、冷柜等白色家电领域；1997 年，海尔开始生产数字彩电，从白色家电领域进入黑色家电领域；1998 年，海尔又开始接触米色家电领域，即电脑行业。

举个实例，1993 年海尔与世界著名的意大利意黛喜公司合资成立海尔盈德喜（青岛）洗衣机有限公司，其主要产品是欧式滚筒洗衣机。该公司在短短十多年的时间内，通过对世界滚筒洗衣机百年发展的成熟经验的吸收借鉴，并勇于进行观念和流程的创新，成为亚洲最大的滚筒洗衣机生产基地之一。在多元化战略阶段，海尔依旧主要以模仿创新为主，但其模仿学习的对象不再单一。

（二）合作创新战略

海尔随后在国际化战略阶段实施模仿创新战略手段，吸收、继承与发展率先创新者的成果，这些努力使海尔得以改进生产工艺和积攒经验。开放环境下的资源共享和优势互补趋势，以及技术的合作创新是海尔的必然选择。比如，2001 年 9 月，海尔与清华大学就数字电视机顶盒领域的共同研制开发和产业化应用研究项目举行了签约仪式；2003 年，三洋海尔株式会社开发的一款“坦克冰箱”成功进入日本市场，该冰箱提前达到了日本 2004 年准备实施的能耗标准。

（三）自主创新战略

在之前模仿与合作创新的铺垫下，海尔在技术、资本和研发能力等综合实力上有了很大的提升，已经完全具备了自主创新的能力。在全球化战略阶段，海尔把目光投向新的市场需求，以改进产品创新为主，于 2006 年率先在国际上攻克冰箱冷冻、节能、无氟三合一的难题，运用变频技术，开发出变频冰箱；运用现代信息技术，开发出网络冰箱。2008 年，海尔研发出了具有世界领先水平的磁悬浮中央空调，其中的磁悬浮技术突破了国际尖端水平，成为首个实现磁悬浮技术在中央空调产品上进行实际应用的国内品牌。

海尔紧跟世界前沿技术，通过在发达国家建立信息分中心和设计网络，保证国际资讯的及时性。在技术策略上，海尔则更加注重运用全球科技资源，形成了包括产、学、研工作系统和战略联盟工作系统等在内的技术创新外部体系。海尔采取合作创新与自主创新双管齐下的战略，如2012年，海尔为满足消费者需求，联合斐雪派克、AKO、EXL等全球100多家研发机构，共同研发出了洗衣机的“摇篮柔洗”功能。

在互联网时代，海尔通过实行网络化战略，已经成为行业的佼佼者，其自主创新能力更是遥遥领先。海尔的技术基础是COSMO Plat智能制造云平台，云平台的第三层架构平台层是最核心的技术层面。海尔把产品变成了网器，使其具备自动通信的功能，通过网器和用户进行互联互通。就像冰箱的功能是为了安全地对食物进行存储一样，当网器与用户实时连接时，用户使用冰箱的数据以及习惯都会通过云平台传到后台大数据系统，这就可以实时地给用户做提醒、诊断和服务。想要支持COSMO Plat平台这么复杂的系统化工程，就需要颠覆IT的模式。

此外，在模仿、合作与自主创新的基础上，张瑞敏又提出了第四创新类型：引领创新战略。这种引领创新战略不只是在技术创新领域，在管理、理念创新等方面则更为重要。比如海尔在制造模式方面创造了“互联工厂”；在财务制度方面提出了基于“价值共创”的生态型财务共享管理，并获得管理创新奖项。综上所述，海尔顺应发展时期特点，根据自身情况选择合适的技术创新战略，同时兼顾消费者需求，逐渐掌握高端技术和研发能力，从而成为行业标杆。它的成功历程是一个由模仿创新战略上升到引领创新战略的过程。

四、海尔的管理创新战略

管理创新一直是海尔创新战略中的重要一环，张瑞敏多次谈到他主导的管理创新模式。我们从中做了筛选，选出具有代表性的四个管理模式，解读如下。

（一）“日清日高”管理法

“日清日高”管理法，也叫 OEC 管理模式，“O”代表“Overall”（全方位），“E”代表“Everyone, Everything, Everyday”（每个人，每件事，每一天），“C”代表“Control and Clear”（控制和清理），即“日事日毕，日清日高”。张瑞敏将 OEC 管理模式概括为 5 句话，即“总账不漏项，事事有人管，人人都管事，管事凭效果，管人凭考核”。

海尔的 OEC 管理模式不只是一个新概念，还涵盖了目标管理系统、日清控制系统和激励系统三大系统在内的全面解决方案，比如，“日事日毕”就要求员工对当天的目标达成情况进行全面总结，识别出结果与目标的差距，并找出解决之道。自 1991 年起，海尔借助推行 OEC 管理，通过引入类似计件工资的薪酬机制应用于对技术人员的评价和激励中，以此“让开发人员正确地做事（完成工作目标）”。

1995 年 2 月，海尔的“日清日高”管理法获得由全国企业管理现代化创新成果审定委员会颁发的“国家级企业管理现代化创新成果一等奖”。

（二）“市场链”机制

在1998年9月8日的高级经理人培训会上，张瑞敏提出“模拟市场”这一新的概念，即把外部市场压力转化为内部压力，内部之间不仅仅是上下级、管理与被管理的关系，更是市场关系。他认为现有组织建起了一道封闭的墙，使得内部的人感受不到企业承受的巨大市场压力，从而无法为市场创造利益。因此，“市场链”机制的核心目的在于推倒这堵“墙”，让员工的利益与市场挂钩，充分感受市场压力，并与收益挂钩。

1993年，迈克尔·哈默和詹姆斯·钱皮系统地提出了业务流程再造的概念及其应用方法。借鉴流程再造的理念，海尔经历了两个阶段的组织调整。第一个阶段是从1998年到2003 年，海尔调整了42次组织架构，运用“市场链”管理机制实现“三个零”目标：资金流的零营运资本、物流的零库存、信息流的零距离。海尔是第一个在企业组织内部建立市场链的公司，将市场机制引入传统的研发、生产、制造、销售环节，构成一个完整的价值链，各相邻环节都存在市场关系。第一阶段以“三化”为主，利用信息化进行组织结构的整体再造，扁平化令每个人直面市场，最终使海尔网络化。第二阶段始于2003年，其目的在于实现对海尔人的再造，以“三主”为主，即主体、主线、主旨，具体而言，就是把每个人从管理客体变为管理主体，即将其转变为经营者；所有员工围绕一条主线，从用户得到订单到使其满足，形成闭环；每个人都成为“SBU”（Strategic Business Unit，战略业务单元），成为经营者，从自我经营中得到收入。“市场链”机制克服了在信息不对称情形下企业基层组织和个人的动力不足与机会主义行为，并降低了企业内部的交易费用，助力大型企业超越“规模陷阱”并实现持续发展。

（三）“人单合一”模式

2005 年 9 月，在海尔全球经理人年会上，张瑞敏第一次正式提出将“人单合一”作为全球化竞争的新模式。“人单合一”指的是：人就是员工，“单”表面上是订单，究其本质是顾客资源，表面是把员工和订单连在一起，本质上就是把员工和他应该为顾客创造的价值和面对的顾客资源“合”在一起。有研究者指出，“人单合一”的本质在于借鉴组织僵化难题与形成全员“自驱动、自组织、自演进”。

从 2005 年到 2012 年，海尔在内部推倒了传统组织形式中的“筒仓结构”，打破各部门的壁垒，经历两次组织结构重大变革，在全集团组建了 2000 多个自主经营体，建立了覆盖每个经营体的核算机制。自主经营体是“人单合一”的基础和组织载体，也是实施的基本创新单元。经营体及其成员自主决定通过“人单酬表”来实现收益，“人单酬表”体现了“合一”的理念，根据业绩完成情况与集团整体目标的达成效果确定经营体的总体薪酬，把员工的报酬和为用户创造的价值紧密结合，员工自我经营的最终结果体现了员工超利分享、自负盈亏、自主运营的原则，实现了员工与组织目标的统一。从权力的角度看，海尔实现了“让渡三权”，即把 CEO 手里的三个最重要的权力（决策权、分配权、用人权）都让渡给小微（自主经营体），使其成为一个创业的企业。

此外，在对外合作与兼并层面，张瑞敏指出“人单合一”最重要的就是支持“创造资源，美誉全球”的企业精神。他进一步解读道：“海尔成功地兼并了很多企业，如意大利卡迪、日本三洋、美国 GEA、新西兰斐雪派克等，其原因在于海尔秉持‘沙拉式文化’，沙拉中有各种蔬菜，每一种蔬菜代表一个国家、一个企业、一种文化，但‘沙拉酱’是一样的，就是‘人单合一’。因为‘人单合一’模式体现了每个人的尊严，因此全世界各个国家、各个民族都能接受。”

（四）基于“价值共创”的生态型财务共享管理模式

价值共创是指21世纪初管理大师普哈拉等提出的，指企业未来的竞争将依赖于一种以个体为中心，由消费者与企业共同创造价值的价值创造方法。海尔适应物联网时代变化，推进“人单合一”创新，实现从制造企业到物联网生态的转型，实现利益攸关方共赢。在财务共享管理领域，海尔将共享中心从“交易处理者”升级为“价值创造者”，应用大数据、区块链等技术搭建共享服务平台、数据中台，打通税务、财务、业务一体化的流程，打造与攸关方互联互信的体系应用，实现多方共同参与体系建设、系统直连、解决传统痛点、事前算赢、提升办理效率、降低管理成本及规避潜在风险等。同时顺应社群经济、共享经济、体验经济等发展，海尔财务在传统三表的基础上开发出第四张表——共赢增值表，从收入、成本、边际收益、用户增值分享、用户资源、共创资源方六个方面衡量小微企业共创共赢的成果。美国管理会计师协会认为海尔共赢增值表是物联网时代的财务工具，是所有初创企业和上市公司都需要有的第四张表。

2021年第二十七届全国企业管理创新大会中，海尔“基于‘价值共创’的生态型财务共享管理”荣获创新成果一等奖。在中国企业发展与经营过程中，走过享受“人口红利”“政策红利”的两个阶段，现在正式走入“管理红利”与“人文红利”（此为清华大学杨斌教授提出的一个新概念）的新阶段。管理红利，就是管理成为企业生产力，海尔的发展历史表明，管理创新是一股重要的力量。

五、海尔的理念创新战略

在张瑞敏看来，理念创新是本。纵观海尔的理念创新历程，我们发现海尔的理念创新战略在产品、员工、用户、公司与领导者几个层面分别提出了相应的理念创新：在企业文化上，提出了“观念创新第一”理念，在产品层面提出了“产品质量零缺陷”理念；为激活组织与员工，提出了“激活休克鱼”理念；对互联网时代的员工与用户提出了“利润共赢体”理念；对企业与领导人提出了“自以为非”的忧患理念。

（一）“观念创新第一”理念

作为一名经历过改革开放的民营企业家，张瑞敏曾著文称，改革开放为海尔带来的最本质、最核心、最打动人的东西就是“观念革命”。海尔这么多年最主要的成就就在于彻底的、全新的观念和思维方式变革。张瑞敏认为各个行业都普遍存在这样一个现象，即使用别国全套最先进的技术设备，也未必能生产出一样高质量、高水平的产品。究其原因在于人员素质和机制有差距，其中最大的差距是观念差距。

当下的互联网时代，传统结构逐渐消亡，传统的连续性被打破。不能随着时代变化更新观念，无异于自暴自弃。为此，海尔做了三方面的观念创新：一是颠覆用户观念，不是先生产再销售，而是先在互联网上找用户，与客户充分沟通后再根据用户的需求去生产；二是颠覆营销观念，不是卖产品而是卖服务，不是广告促销而是网络营销、口碑营销，回款不是销售的终结，而是开始跟进客户、不断开发销售资源的开始；三是颠覆制造观念，不是根据订单就可以实现低成本的较大规模制造，而是根据用户个性化需求的大规模定制。

张瑞敏曾提出，对于观念创新最好的诠释是“让我们战胜满足感”。在已有观念创新的基础上，张瑞敏提出了“红海战略”与“蓝海战略”之上的“黑海生态”战略，以应对物联网时代的新挑战。“黑海”特别强调“难以模仿的、不可复制的”。张瑞敏带领海尔的三十多年间，不断提出新观念，是对“观念创新第一”理念的有力诠释。

（二）“产品质量零缺陷”理念

“产品质量零缺陷”理念起源于早期海尔的“砸冰箱”事件。

海尔通过砸冰箱改变观念，不生产低质量产品，当时不是简简单单的只是砸了而已，而是先是把冰箱摆在那儿，所有冰箱存在的问题写在条子上，然后把造成问题的人员名单写上去，写不出第一责任人，就写上出现问题工序的工头名字，然后召开会议讨论进一步处理。当时冰箱销售是卖家市场，有冰箱就有人买，所以大部分人的想法是把质次的冰箱降价处理。张瑞敏认为，如果这样处理，今天能给这 76 台次品冰箱一条出路，明天有可能就会出来 760 台，所以这条出路坚决不能给，最终做出砸冰箱的决定，并且要求造成问题人亲自来砸。这种自己生产，自己砸掉的做法，给员工、公司、消费者的震撼非常大。

此外，张瑞敏利用砸冰箱事件在海尔推动了第一场大规模的、运动式的真理大讨论。这场大讨论的核心是如何提升产品质量等方面，比如每个员工都需要反思“我这个岗位有质量隐患吗？”“我的工作会对质量造成什么影响？”“我的工作会影响谁？谁的工作会影响我？从我做起，从现在做起，应该如何提高质量？”这场讨论，对海尔具有划时代的意义，确定了“产品质量零缺陷”这一核心经营理念。

海尔一直强调“有缺陷的产品就是废品”的观念。砸冰箱事件就是为了让员工明确这个观念，树立起一种精神——要么不干，要干就要争第一。这种观念和精神支撑海尔从小到大，从弱到强，从国内到全球。

（三）“激活休克鱼”理念

“休克鱼”是海尔创新的又一著名理念，其含义是“鱼的肌体没有腐烂，比喻企业的硬件很好，而鱼处于休克状态，比喻企业的思想、观念有问题，导致企业停滞不前”。解决该问题的办法是给企业注入新的管理思想或行之有效的管理办法。所谓吃“休克鱼”，就是兼并硬件尚好但管理不到位的处于休克状态的企业，用海尔的管理和文化区催醒盘活。

除了激活作为组织的“休克鱼”，更需要激活作为员工的“休克鱼”。古典管理学奠基人泰勒有一句名言：“任何一种好机制的首要目标就是必须造就和发展第一流人才。”企业强大与保持长盛不衰需要全体人员处于一种被“激活”的状态：即每一个员工的每一个细胞都充满了活力。为此，海尔需要实现大量的人才自主管理，要认真研究并建立一种新的激活员工机制，将员工的贡献和自身利益联系在一起。

这样做的目的就是要激活个体，给予员工“永远的活力”。正是基于此，海尔采取了更多向下授权和分权的做法，其目的就是要每一个管理层在握有权力之后，都能给下属搭一个大舞台，促使每一个单位、每一个实体乃至每一个人都成为一个责、权、利的中心，“人人是经理，人人是老板”，在这种氛围中把每个人的潜能释放出来。海尔的经营理念就是“先造人，后造产品”，如果每个人每天都能革除旧的弊端，再造新的自我，变成了“活鱼”，整个组织变成灵活的“鱼群”，这样海尔的事业会走得更远。

（四）“利润共赢体”理念

张瑞敏将企业获得的利润分为两种：机遇利润和双赢利润。机遇利润是企业靠外部的发展机遇而获得的利润。双赢利润就是靠企业的竞争力而获得的利润，这种利润的本质来源就是“资源换资源”。我们认为，海尔在理念层面就与员工、客户形成了“利润共赢体”。

为了实现这一理念，2005 年海尔开始探索“人单合一”双赢模式，使员工从被雇佣者的角色转变为动态合伙人、创业者，成为创客，与用户融合。为此，海尔以网络组织代替科层制组织，以用户付薪替代企业付薪，以互联工厂替代传统工厂。这些变革都是源自企业、员工与客户是“利润共赢体”这一理念。

传统企业信奉股东至上，但真正为用户创造价值的不是股东而是员工。传统企业还追求产品产量，在用户未知的情况下容易陷入压货、库存、降价的恶性循环；但互联网时代需要员工与用户匹配，从匿名的顾客变为交互的用户，根据客户需要提供连续服务。法国诺贝尔经济学奖得主让·梯若尔曾说过：“传统时代是单边市场，互联网时代则是双边市场。单边市场只是交易，而双边市场一定有第三方参与。”海尔探索共创共赢的生态圈，创造出共赢增值表、顾客价值表等管理工具，目的就是驱动员工创造用户终生价值，使有意义的价值常态化。

（五）“自以为非”理念

海尔的生存理念是“永远战战兢兢，永远如履薄冰”。张瑞敏在接受访谈时坦言，企业成功主要是“踏着时代的肩膀”“长江后浪推前浪，前浪死在沙滩上”，就是要时刻告诫自己怎样才能避免“死在沙滩上”。一个企业最怕的是停在过去，因此张瑞敏带领海尔要做一个时代的企业，而非做一个成功的企业。不断认清自己，保持谦虚的心态，这种忧患意识对他而言就是“自以为非”。

张瑞敏作为企业领导人在海尔 30 余年，始终认为不断地战胜自己是最难的事。企业领导人主观的判断不可能总是会与客观规律相适应，所以不能够自以为是，要永远“自以为非”，这样才能持续地战胜自己。正如《基业长青》所提到的：对于领导人的挑战，你不能做报时人，应该做造钟师，能够把每个人都打造成体现自身价值和不断创造新价值的主体。这样企业就不是靠你一个人来运转，而是像部精密的时钟一样准确地运转，才能克服问题。

海尔希望自己成为“破坏者”，而不是“被破坏者”，就像小米做手机，一下就把手机行业颠覆了。以后也有可能某个企业和冰箱毫无关系，突然开始颠覆冰箱行业。所以海尔现在要做的不是对未来的竞争对手严防死守，而是自己主动打破旧体制——“革自己的命”，这就要求领导者“自以为非”，视变化为常态，而不是惧怕变化。

六、海尔物联生态创新战略的启示

作为世界一流创新企业的海尔，其丰富的技术创新、管理创新与理念创新案例给中国企业带来了丰富的启示，具体总结以下四点。

首先，海尔的创新战略是技术、管理与理念的三元创新整体战略。所谓整体战略，不是单方面的突出技术创新、管理创新或理念创新，而是在技术、管理与理念三个层面整体创新。而实践中的管理者在构建企业的创新战略时，多以技术创新、流程创新等为主。海尔的三元创新给这些管理者以启示。

其次，海尔的创新战略是基于理念第一、管理第二、技术第三的次第来开展的。换言之，在三元创新整体战略中，张瑞敏认为理念创新最重要，技术创新排在最后。而现实中的企业管理者很少把理念创新排在最重要的位置，普遍存在技术创新“一招鲜，吃遍天”的想法。持这种想法的管理者经营的企业，也许可以生存下去，甚至生存得不错，但难以借助众人之力做强、做久、做大。“道本领导理论”认为：领导者应该始于道本思维，遵循自然原则，符合上德行为，最终实现综合价值收益最大化。熟悉《道德经》的张瑞敏深谙此道，已经在对己、待人、接物层面做了相应的创新实践，并取得了良好的创新效果。

再次，海尔通过链群合约打通了技术、管理与理念创新三者之间的关系路径。理念创新使管理者的观念发生变化，看待利润与成本、企业与社会、员工与客户等的关系也就发生了变化，这种变化会引起相应的管理变化与技术变化，并且三者之间的创新是互相有能量传递的路径，形成着力点的"抓手"，并且互相赋能，形成良性关系。这种物联生态的创新，造就了海尔的衣联网、食联网、气联网等各个链群。在每个链群里，员工、客户和相关资源拥有者都成为链条上的一个节点，组成小微，主动提供相关资源，海尔也就整合到了公司、员工、客户乃至社会上的各种资源，发挥了自身资源的优势，弥补了自身资源的不足。这种以较低成本获取资源、较高效率激发员工与客户活力的方式，可以帮助海尔不断地以场景为中心，打造更多的链群，实现创新。这也就是丹娜·左哈尔提出的量子管理中的量子整体论及系统思维，实现了量子组织中"我们荣辱与共"这一核心理念。

最后，要选择适合中国文化情境下的创新模式。中国文化不同于欧美文化。根据谢德荪教授的观点：欧美的企业文化认为员工个人要有创新能力，需要有远见、不墨守成规、敢于挑战权威等；而中国企业有员工服从领导的文化，有很强的执行能力及模仿能力，并不习惯向传统智慧挑战。因此他提出中国企业要走一条结合自身文化背景的创新之路。而最适合中国企业的是"领袖—执行"创新型文化：这种公司由领袖团和执行团这两个组团构成，领袖团的领导通过宏观的研究及分析，制订源创新的大方向及创新的范围；执行团的管理原则是配合领袖层的源创新，并执行流创新。从现有的研究材料来看，过去的 30 多年，海尔的创新离不开张瑞敏，没有他的人生智慧与管理经验，则难以开启周边同事、员工、客户等利益相关者的"主观能动性"。2021 年 11 月，张瑞敏在打造好了海尔的物联生态架构后，选择功成身退。我们一方面期待海尔的未来可以走得更好，另一方面也提醒中国的企业管理者要提升自己的创新能力，借鉴符合中国文化情境的"领袖—执行"创新模式，成为创新经济时代的造福者。

【案例点评】

在消费者需求不断变化、价格竞争趋于白热化的家电等传统消费品产业中，企业针对如何进行颠覆式创新以持续获取竞争优势，需要解决三个重要问题：如何满足顾客需求？如何持续产生新产品创意？如何组织生产？海尔通过构建“交互式感知系统＋技术迭代式研发系统＋共创共赢生态圈”，从理念—战略—组织—运行机制进行衔接，正在尝试解决这三个基本问题。首先，客户需求：交互式感知系统。客户的需求是不断变化的，仅仅依赖连锁超市或电商平台反馈，则会产生时滞、信号衰减和失真等问题。海尔把内部自组织与用户链接起来进行交互式开放创新，将企业管理、技术、产品、财务、模式等都围绕用户展开，形成全链路创新，打造具有无缝体验、无界生态、无感支付三大特征的物联网创新感知系统，从而使得产品创新和用户需求共生共融，解决了产品与客户需求脱节问题。其次，持续新产品创意：全球数据库支撑的技术迭代式研发系统。有限边界的组织能力总是有限的，当现有的自组织体系不能生产出客户满意的产品时，就需要拓展组织边界。海尔将自主研发单核心驱动，变革为围绕敏锐感知、跨组织整合和技术迭代等多核心创新驱动体系，依托合作公司的专利数据库系统搜寻全球领先技术，进行快速迭代式研发，保证了技术领先地位。最后颠覆式组织变革：共创共赢生态圈，交互式感知和技术迭代式研发为流程的创新模式，不能再依托于传统的部门式和层级式组织结构模式，需要变革为自组织、自驱动和自适应的组织结构。海尔的组织结构变革，有利于共同附生在海尔平台上进行创新和创业的攸关各方（创客、小微企业及消费者和各个资源方）实现网络价值共创共赢。

中国矿业大学区域产业协同创新发展研究中心主任　高伟

第 16 章

华为

奋斗者为本的创新斗士[①]

① 本章由河北师范大学商学院张学文教授编写。

相比美的和海尔，华为的创新能力更为突出。当然，有分析认为华为的发展赶上了通信行业迅速发展的潮流，但通信行业有数以万计的、大大小小的企业或已关门破产，或正奄奄一息。这说明，以行业的迅速发展看待华为的成长并不完整，其内在必然有一套驱动自身不断变革实现超越的创新逻辑。

1987 年的深圳，任正非及合伙人出资 2.1 万元注册成立了华为技术有限公司，成为一家生产用户交换机（PBX）的香港公司的销售代理，在中国农村市场赚到了第一桶金。2009 年，华为的合同销售额已超过了 300 亿美元，无线接入市场份额达到全球第二。2020 年，华为将业务拓展至连接、智能、个性化体验、数字平台等各个领域，以“开放、合作、共赢”的创新理念聚焦 ICT 基础设施和智能终端产业发展。

创立之初，华为采取代理跟随的方式切入通信市场，从小型交换机开始了自主研发的道路，1993 年后华为研发的万门程控交换机证明了企业的实力，打破了技术壁垒，是华为在通信设备核心技术的第一次关键突破。华为一步一步从销售代理商到全球领先的 ICT 基础设施和智能终端提供商，逐步扩大市场占有率，研发出鸿蒙操作系统、SingleRAN、刀片式基站等自主创新核心技术，成为世界一流创新企业。

华为作为世界一流创新企业，持续地强力投资技术创新，每年都坚持将 10% 以上的销售收入投入研究与开发，研发投入在全球范围内排名前列，根据《2018 年欧盟工业研发投资排名》显示，华为 2018 年研发投资居全球第五。华为每年的研发投入都在不断增长，截至 2020 年，华为研发费用投入约为 1.42 亿元，研发费用占销售收入的 15.9%。

持续不断的研发投入使华为厚积薄发，据 incoPat 发布的《2020 年公告发明授权专利年报》显示，2020 年华为专利授权量 6393 件，华为成为全球最大的专利持有企业之一。截至 2020 年底，华为全球共持有有效授权专利 4 万余族（超过 10 万件），90% 以上专利为发明专利[①]。

在技术创新的驱动下，华为 2020 年的销售收入达 8.9 亿元，营业利润为 7250 万元，净利润为 6465 万元。从销售收入构成来看，主要构成从运营商业务转移为消费者业务，截至 2020 年，消费者业务收入约占总收入的 50%。

① 引自：https://www-file.huawei.com/minisite/media/annual_report/annual_report_2020_cn.pdf

一、开放包容的创新理念

华为注重对外开放合作，与包括竞争对手、客户等建立战略伙伴关系。在普遍倡导自主创新的环境之下，华为主张开放与合作。任正非认为，世界的科技创新要在开放中不断前行，而不是自我封闭和孤立发展。

华为在多项业务中采用加强开放与合作的方式，通过开放与合作，使得华为在非优势业务得到发展，从而提升了华为的整体实力。华为从创业初期便走出国门，与国外先进的公司进行合作，弥补自身的不足。华为先后在印度、瑞典、美国、芬兰等地建立研发中心与联合创新中心，与 3COM、西门子、赛门铁克、环球海底光缆等分别合作成立了合资公司。通过不断开放合作，华为弥补了自身的非优势业务，提升了自身的业务能力和整体实力，同时通过合作企业扩大了华为的海外市场，降低了进入海外市场的难度。在 5G 战略中，华为与全球二十多家企业和世界顶级高校建立了 5G 联合创新实验室。为了推动各行各业的数字化转型的进程，华为还发起并成立了跨行业、跨产业的全球产业组织。通过开放与合作，华为引进、消化、吸收国外先进的技术和管理经验进行创新，实现模仿—跟跑—领跑的飞跃。

基于开放式、学习型的创新理念。在供应链变革、人力资源变革、财务体系变革、市场体系变革等方面，华为都花巨资聘请了美国、英国、日本、德国等国家的顶尖咨询公司，先后有十几家咨询公司在华为做过不同的管理咨询，使得华为的管理创新、组织创新以及整个组织的管理能力都有了巨大进步，奠定了华为成为一家全球化公司的根基。

二、大胆投入的创新战略

华为的战略制定一直遵循着国家战略需要和企业发展设计。为了增加商业价值，华为的创新战略是基于客户需求的技术和方案创新的"1.0时代"。为了突破理论和技术瓶颈及挑战，华为在基础研究和理论领域寻求突破，进入从"0"到"1"的"创新2.0"时代，"创新2.0时代"含有"从0到1、理论突破、基于愿景、技术发明"四大特点（见图16-1）。

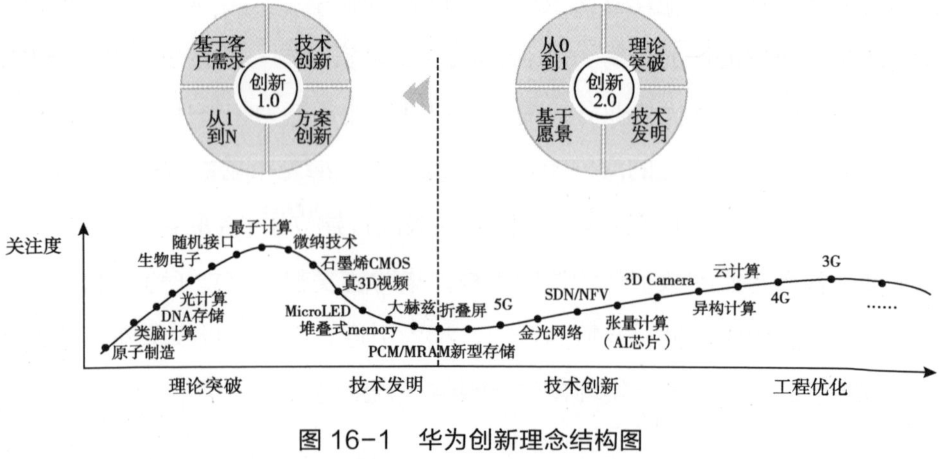

图16-1　华为创新理念结构图

华为很早就明确了"加大投入、投资未来、注重基础"的战略规划。《华为基本法》二十六条曾明确提出保证按销售额的10%拨付研发经费，有必要且可能时还将加大拨付的比例。近十年来，华为累计投入的研发费用超过 7200 亿元人民币，研发投入在全球范围内排名前列。2020 年，华为研发费用投入为 1418.93 亿元，研发费用占销售收入 15.9%，与 2019 年相比上升 0.6 个百分点。高强度投资转化为了华为持续输出创新、高效服务的能力，也不断推动着整个产业的进步与发展。在 ICT 行业取得的成绩和 5G 时代的卓越成就都是华为多年技术创新下厚积薄发的结果。华为在技术上追赶全球领先水平，逐步处于行业领先地位，开始进入技术“无人区”。

华为在其研发投入中，除了保证业务连续性外，还大量包括不以短期回报为目标的基础科学研究和基础技术研究。《华为基本法》中提道：没有基础技术研究的深度，就没有系统集成的高水准；没有市场和系统集成的牵引，基础技术研究就会偏离正确的方向。华为注重基础研究，任正非曾表示，计划将 20% ~ 30% 的研发经费用于基础研究。基础技术处于技术金字塔的最底端，例如数学和复杂的算法等，它们往往会被忽略，但是在企业的长期、可持续发展中最为重要。据任正非讲，华为至少有 700 多位数学家、800 多位物理学家、120 多位化学家，有 15000 人左右从事基础研究，在这部分研究中，华为不计失败，鼓励探索，将金钱转化为知识①。只有长期重视基础研究，才有工业的强大，每一项产业革命的背后，都是基础研究和技术的重大突破。在创新战略的引导下，华为基于愿景出发，畅想未来智能科技社会，利用问题寻找理论技术突破，让假设成为现实。

① 引自《华为创新与知识产权白皮书（2019）》

三、点面结合的突破原则

业务云布局和关键技术重点突破是华为厚积薄发的关键要素。

“面”是华为对业务板块的布局。华为聚焦全球ICT基础设施建设需求，布局消费者、运营商、企业业务三大业务板块，以操作系统、芯片等为底层支撑，整合网络、终端、应用、云服务等能力，通过双引擎驱动，以开放生态建设“一云两翼”布局。华为“一云两翼双引擎 + 开放的生态”的布局，围绕着算力、数据以及“5G+AI+ 云”这些新的生产要素展开。

以5G技术为例，华为5G技术全球领先，全球5G网络建设热潮驱动运营商业务持续增长。华为投入5G技术研究超过10年，累计投入超过40亿美元，5G技术实力处于世界领先水平，已从3G和4G时代的追赶者、参与者转变为5G时代的引领者。5G通信网络凭借大容量、低时延、广连接等特性，将人与人连接，开启万物互联网时代，带来全新增长空间。全球5G网络建设浪潮汹涌，加速全球5G商用，为运营商业务增长提供广阔市场空间。华为把握企业业务数字化转型机遇，依托AI与云服务能力，拓展万亿元级企业服务市场，增长潜力巨大。华为云注重凸显自身在ICT领域优势，着重聚焦国内大、中型政企客户，同时注重满足客户海外市场云服务需求，并面向客户提供全栈式AI能力等。华为企业业务依托“平台 + 生态”战略，构建涵盖AI、云计算、大数据、IoT、融合通信等技术在内的数字平台，为政府与各行业企业客户等提供数字化转型解决方案，该服务成为华为新的业绩增长点。华为持续投入芯片、操作系统等IT底层基础设施研发，不断强化自主可控能力，增强竞争壁垒。华为以芯片、操作系统为核心，构成面向客户提供智能和全连接能力的底层支撑。华为旗下海思半导体有限公司（以下简称海思）推出麒麟、巴龙、天罡、鲲鹏等系列芯片，在全球芯片设计企业中排名第五，仅次于博通、高通、英伟达、联发科。华为在 2019 年正式发布鸿蒙 OS 操作系统，这是一款基于微内核的面向全场景的分布式操作系统，适配手机、平板电脑、电视、智能汽车、可穿戴设备等多种终端。

“点”是华为针对具体技术的创新原则。华为利用“压强原理”形成局部突破，将人力、物力、资金集中在一个点上，快速超越其他公司。华为在研发领域投资不惜成本，不仅投资于现在，同时还投资于未来。早在 1996 年，华为预研部就明确要求预研费用必须占研发费用的 10% 以上，现在提高达到 20% ~ 30%，这意味着每年有 20 亿美元 ~ 30 亿美元投入到前沿和基础技术研究。华为 2018 年研发费用达到 150 亿美元（1000 多亿元人民币），在全球所有公司中排名前 5 位。华为在全球现有超过 8 万名研发人员，占总人数 45% 左右。华为有自身管理的独特优势，任正非的观点是：当一种颠覆性创新有迹象成为潮流的时候，华为文化的群体执行力就会发生作用，集结优势力量，千军万马朝新的领域、新的方向去聚焦，形成后发制人的超越态势。在整体的规模劣势上，通过压强原则形成局部的资源配置强大的优势，形成聚焦，这样才有突破点。华为这支 15 万人的大部队不但有强大的实力，而且依然具备小企业的快速应变力和强悍的执行力，在研发领域，攻克新技术时队形“尖”一点，增大压强，快速获得竞争力。通过“压强原则”，华为持续强化底层技术能力，在操作系统、芯片、网络、终端、应用、AI、云服务等领域多点开花，一体化发展，业务边界持续扩张，极大增强了华为产业链布局的均衡性和抗风险能力，逐步建立自主可控的产业生态。

四、聚于细微的产品创新

小改变创造伟大产品。华为聚焦在产品的问题点上，在细微处创造产品价值。微创新并不强调技术上的重大突破，只要能够产生新的特性并满足客户的需求[①]，就能在价值创造方面达到四两拨千斤的效果，微创新体现在华为产品的方方面面，对于产品的更新都紧紧围绕着客户需求，通过点滴的技术变革，得到大范围的改善。华为在帮助海外运营商实施FTTH网络部署的过程中发现了现有光纤表示混乱、无法辨识造成资源浪费这一问题。2007年，华为立项研发，2009年，华为发布了iODN的解决方案，iODN是华为产品微创新的典型案例实现了对无源光网络的可视化管理。微创新更多体现的是一种创新思维，华为强调以客户为中心、以需求为导向的对产品或服务的微小之处进行的创新。微创新并不是突破性技术创新，而是在微小之处创新，取得进展，有时候细微之处才是决胜的关键。

华为在成长过程中，有着许许多多的产品微创新，正是由于这些不间断的、时刻以客户需求为中心的微创新，让华为成为行业的引领者。除了那些石破天惊的产业革命，在相对成熟的市场上，对于每一步具体的创新而言，如何让用户得到细小需求上的满足，得到一点一滴的优势，是创新成果的另一关键要素。

---

① 赵付春:《企业微创新特性和能力提升策略研究》，载《科学学研究》，2012,30(10):1579 ~ 1583。

五、敏捷且稳定的组织结构

有效的组织创新能够最大限度地保证创新力和组织活力。组织结构并不是一成不变，而是处在不断变化的过程中。华为现在的组织结构是在结合主营业务以及市场环境特征的过程中自发形成的。

华为设立基于职能、ICT 基础业务和消费者三个纬度的组织架构，以业务形式进行划分，共同为客户创造价值，对公司的财务绩效有效增长、市场竞争力提升和客户满意度负责。华为组织结构如图 16-2 所示。

在治理层面，华为采用集体领导的形式，不将公司的成功系于一人，用轮值 CEO 制度平衡公司矛盾。2001 到 2002 年，销售额从高速增长到“过

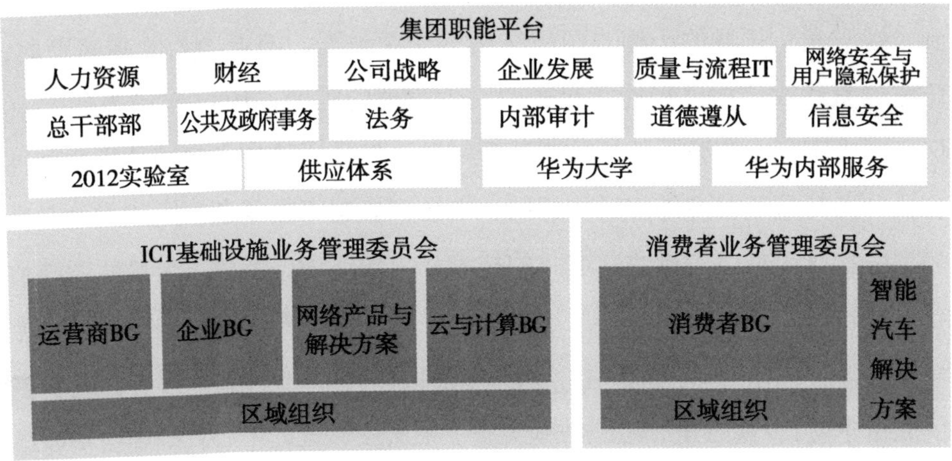

图 16-2 华为的组织结构图

资料来源：华为官网

山车”式下滑给华为带来了巨大的冲击，通过不断探索与思考，华为制定了轮值 COO 制度，这是华为决策创新的前身。任正非曾经解释过华为的决策机制，这种形式的决策流程避免了公司某一个人有绝对权威，随意任命干部。

许多企业有着高度集权的决策机制，岗位活力不足，在判断上容易形成“一人说了算”，而华为轮值董事由 3 名副董事长担任，半年调换一次，最大限度地保证集体决策而不是个人决策。通过轮值 CEO 制度，能够更大限度地保持华为决策的动态活力，也能够保持决策风格稳定，不过于激进，有效地避免了“山头”问题。分散高度集权才能为企业吸引更多的人才，让企业更有包容性。虽然任何企业的治理模式都有其短板所在，权力在集体很可能导致决策实施不到位等多方面问题，但轮值 CEO 制度从体制上积极探索了如何让企业决策民主，也是华为创新的关键机制。目前，从华为十余年的发展历程来看，轮值 CEO 制度给华为带来了许多好处，更好地锻炼每一位决策者，使企业及时地调整航向，使华为继续向前。

从具体业务方面来看，华为的组织结构经历了从直线式到矩阵式，再到“铁三角”领导的小组式组织结构的变革过程，随着华为的高速发展，传统的直线式结构已经能满足企业高效管理的需要，1999 年华为耗资 40 亿元引进国际一流公司的矩阵式管理经验，但是通信技术领域技术革新速度快，尤其是随着海外市场的开拓，市场环境越来越复杂，矩阵式的多元领导结构已经难以应付快速变化的技术和市场环境，造成了大量的资源浪费。在市场实践中，华为采用了以客户经理、解决方案专家和交付专家领导的以客户需求为导向的“铁三角”组织结构，每一种角色都有自己明确的职责定位，“铁三角”组织结构实质上把层层递进的中心式领导结构变革为小组式领导结构，把指挥权交给了一线，处于市场环境中的小组可以根据客户的需求和市场环境设计销售相应的产品，使得华为在 2009 年全球通信市场低迷时，逆流直上取得了 19% 的销售增长。当然这样的成绩不仅仅依靠“铁三角”，还有无数的华为人从财务、后勤、人事方面提供保障与监督，“铁三角”模式使得一线的小组拥有巨大的权力。为了防止权力的滥用，华为成立子公司董事会履行监督的职能，于是便形成了前方负责产品、研发、营销，后方负责提供服务和监督的创新型组织模式。

华为组织结构的创新，体现了正式结构和非正式结构的深度融合，保证了华为的创造性和灵活性，使得华为能够对客户需求快速响应。

六、"奋斗者"为本的激励机制

在人才激励方面，华为将物质激励与非物质激励相结合，形成了以薪酬、福利、职业发展前景、文化认同为核心的系统的激励机制。华为之所以能保留住大量人才，与人才激励机制息息相关。

物质激励体系由基本工资、奖金和长期激励构成。薪酬激励采用与业绩挂钩的"包"管理制。在年初，公司根据经营预算设定关联系数，制订相应的薪酬包（含工资包和奖金包预算），通过方案使激励真正向为客户做出贡献的团队和个人倾斜[①]。

除了工资、奖金激励外，华为采用股权激励制度，让"奋斗者"参与配股[②]。准确来说，这只是华为单方认可的员工股权，不是法律上员工具有所有权的股权，而是华为和员工通过契约方式约定的一种虚拟股权（虚拟受限股）[③]，是华为投资控股有限公司工会授予员工的一种特殊股票[④]。"工者有其股"被评价为华为最大的颠覆性创新。华为是一家100%由员工

---

① 陈雨点:《华为人才管理之道》，北京，人民邮电出版社，2020。
② 冯程:《华为企业管理创新研究》，载《经营与管理》，2021(01)：97 ~ 100。
③ 陈雨点:《华为人才管理之道》，北京，人民邮电出版社，2020。
④ 李韵、贾亚杰:《华为员工持股制度的中国特色及其对企业创新的作用机理》，载《教学与研究》，2020(04)：25 ~ 38。

持有股份的民营企业[①]。通过稀释大股东股份，增加员工持股数量，与员工共享企业经济增长红利，任正非的股份由最初的 45% 降低到 2020 年的约 0.90%。股权激励的广度已由华为成立之初的中高层领导者扩大到全员持股。作为一家民营企业，创始人任正非完全可以手握股份，确保自己利益最大化，也可以通过上市的方式进行融资，将企业做大做强，但华为保留了自己的股权架构，将股份分给了员工，也正是因为这一制度的创新，形成了华为独特的治理机制，也保证着华为一直沿着自己的发展轨迹前进，不被投资者左右。

《华为基本法》中有这样一条："我们决不让雷锋吃亏，奉献者定当得到合理的回报。华为的股权激励制度增加了员工的黏性和忠诚度，让员工带有主人翁的态度去工作和奋斗。从人力资源的角度来说，人是一切资源中最主要的因素，股权激励制度正是对人力资源理论的有效应用。一方面，华为最大限度地留住了人才，保证了核心人力资源不流失。另一方面，董事、高级管理人员、核心技术人员和其他人员等和公司利益形成一致，促使员工团结一致，共同发展。制度创新是华为成为世界一流企业的关键机制，奠定了创新的基础，员工形成的命运共同体是华为赖以成功的根本要素。

① 王艺明：《华为如何建立民主化的治理机制》，载《人民论坛》，2019(34)：16 ~ 18。

七、宽容失败与保持危机意识

创新文化对于华为的发展至关重要，从追随者到创新者，开放的创新环境、鼓励失败的探索和创新文化推动着华为成为世界一流创新企业。华为的创新文化不仅仅体现在价值观、企业家精神方面，也体现在制度层面，华为在 1998 年审议通过了《华为基本法》，从那时华为已经开始注重研究和开发，提出了广泛开放，以及在选择项目时敢于打破原则，走别人没走过的路。在价值观方面和制度层面的共同引导下，华为员工对创新的意识逐步提高，从而慢慢形成了自己独特的创新文化，形成了华为动态创新能力，许多创新的灵感建议就是在这种氛围下产生的。

一方面，华为的创新文化在环境上宽容失败，在个人上支持自我批判。任正非曾经说过："我们要进行创新，最大的可能是错误，而不是成功。如果不宽容错误，不宽容从泥坑中爬起来的人，那就不是真创新。自我批判不是自卑，而是自信，只有强者才会自我批判。"

容错与自我批判并不冲突，容错并不意味着失去判断能力和一味宽容，而是鼓励多路径、多方法地进行尝试，科学研究没有浪费就没有成功，容错是华为创新取得成功的重要因素之一。

另一方面，华为认为时刻保持危机意识是企业持续发展的必要因素，危机意识是华为创新文化的 DNA。华为从成立至今并不是一帆风顺的，经历了诸多磨难。任正非曾经写过《华为的冬天》，在华为的发展过程中常常大谈"冬天"，大谈危机，总是给华为泼冷水。但是华为在经历了那么多挫折后，依然能够通过变革创新等来保持企业的长期健康发展，这不得不归功于任正非的危机意识。居安思危，时刻保持危机意识，没有一个公司的发展是一帆风顺的，衰亡是不可避免的，也是不可抗拒的，因此通过保持忧患意识，使得企业能够不骄不躁、稳定发展。下一个倒下的会不会是华为？这是每一位华为人都应该慎重思考的问题。任正非在华为内部大力倡导危机意识，因为人无完人，任何人都会有自身的认知局限性，都会存在各方面的问题。时刻保持危机意识，可以杜绝企业内部骄傲之风的形成，能够使得企业成员脚踏实地的工作，保持昂扬的斗志。正是任正非带领华为时刻保持危机意识、居安思危，才能使华为走向世界，实现了在通信行业与国际巨头三分天下的格局[①]。

华为能够成为世界一流创新企业，研发出鸿蒙操作系统、SingleRAN、刀片式基站等自主创新核心技术，离不开企业内部浓厚的企业文化，华为自主品牌的成功也正是创新文化维度的体现。

---

① 李焕宝、李烨：《华为独具特色的企业创新文化》，载《生产力研究》，2021(01)：137 ~ 140。

八、按“知”分配与全面的知识产权保护

华为在创办初期就形成了独具特色的“知本主义”[①]。1995年，任正非在华为首次提出了“知本论”，也就是知本主义，即以知识为本、以人才为本。“知本主义”的提出，是任正非基于知识价值对高技术企业的重要作用而提出的。华为作为一家高技术企业，在参与国际化市场竞争中，看到了知识对于企业的重要影响，看到了与知名企业的巨大差距。华为在机制和管理上都要求实事求是，不断地推进理论和机制创新，探索一条适合华为长期发展的人才机制和动力机制。“知本主义”兼具按劳分派，按资分配，同时带有华为特色的按“知”分配。“知本主义”的核心是把知识作为核心要素参与到企业的生产经营与分配单中。华为的“知本论”是为了更好地适应新时代下企业对人才的需求，也是知识资本化的进一步发展。华为提出的“知本主义”能够极大地吸引知识型人才，通过优秀人才推动企业生产、管理等各方面创新。以知识为本，以人才为本，将知识转化为资本，尊重知识，尊重人才，使得华为能够在优秀人才的支撑下实现进一步的发展。对人的智力所创造的成果进行市场定价，体现着对知识权益的尊重与认可。

为了完善创新管理体系，华为建立了强大的知识产权队伍。华为知识

---

① 徐拥军、王露露：《华为公司知识管理的特点及启示》，载《广西财经学院学报》，2020,33(02)：25 ~ 33。

产权战略形成四大抓手：一是主攻有优势的核心领域，强化核心竞争力、知识产权和品牌实力，拓展全球专利布局，提升全球竞争力；二是积极参与国际标准的制定，推动所有技术方案纳入标准，积累基本专利；三是始终以开放的态度学习、遵守和运用国际知识产权规则，通过协商谈判、产品合作等多元途径处理涉外知识产权纠纷；四是用专利换技术，通过交叉许可实现对全球范围内创新成果的整合应用，华为每年花费数千万美元在全球申请专利上，但经过交叉许可后，每年节省的专利许可费达数亿美元甚至十亿美元以上[①]。因此，单纯的专利申请也许对企业并无效益，但当企业将这些知识产权及技术与领先的跨国公司进行交叉许可时，不仅大大降低单向的专利许可费用，还能促进专利技术的广泛使用，带来巨大效益。华为每年要向西方公司支付 2 亿美元左右的专利费，每年拿出 1 亿多美元参与一些研发基金，并且参与和主导了多个全球行业的标准组织。华为坚信保护知识产权是创新的必由之路，以制度和流程确保员工尊重他人知识产权。华为按照国际通用规则，通过交叉许可或付费许可来实现专利许可的合法共享使用，在自身成长的同时分享利益，促进全产业的繁荣发展和合作共赢，并积极通过自身实践促进世界各国的知识产权法规、产业政策不断完善。

---

① 王子先:《华为：开放式创新打造世界一流 高科技型跨国公司》，载《全球化》，2013(3)：102 ~ 128。

九、经验启示

华为已经成为中国制造业崛起的典范，在上述华为创新管理的举措中，能够看出当代企业创新发展的趋势，也能体现出华为在创新道路上摸索出的独特经验。总而言之，对于创建世界一流创新企业，华为有以下经验启示值得借鉴。

（一）坚持开放创新，构建全球研发格局

华为通过设立基金、建立联合实验室、专利交叉共享等方式，与国际著名高校、企业紧密合作，凝聚了一大批世界一流的科学家，如成为国际标准的华为 5G 编码，其理论基础就源自一位亚洲顶尖科学家的研究成果。同时，华为按照“全球化配置资源、本地化经营运作”原则，在美国、英国、俄罗斯等地设立了数十个研究所和创新中心，建立了一套完整的全球研发体系，充分利用相关国家独特的人才资源和产业链优势，博取各国之长技，迅速缩小与世界领先企业的差距。华为还与全球前列运营商中的多家展开技术合作，建立了近 20 个联合创新中心。在市场上，华为通过入股电信运营商的方式结成战略性关系，与跨国公司的合作使华为在技术水平、市场能力、管理能力等多个优势不足的领域得到提升。华为认为，开放式创新在运行的过程中需要调动大量参与者，追求的是分散式创新、协作式创新和累积式创新。若要调动如此广泛的参与者，必须要以开放心态看待和整合业界的各种资源。技术重要，管理整合资源带来的市场成功更重要。

（二）坚持长期的高强度研发投入

研发资金是研发工作的基石，没有资金的投入，研发只是空谈。而很多企业并不愿意将过多的资金投入研发，因为研发是一项高风险投资，尤其是对于华为这种处于行业头部梯队的公司来说，高额研发投入可能并没有足额的回报，但这却是突破技术封锁所必需的。华为坚持将每年销售收入的 10%以上投入研发，充足的资本投入保证了企业技术创新的活力。华为有充足的资金招募优秀的人才和建立顶尖的实验室，也因此成为全球拥有专利最多的企业之一。研发投入是企业创新的基础，一个具有技术竞争力的企业必须保持较高的研发投入，才能维持其在市场中的竞争地位，为企业的持续发展提供有效的源动力。因此，应鼓励和引导企业适应新时代发展要求，不断提高研发力度，提升自主创新和关键技术研发能力。

（三）坚持以客户需求为导向，实施基础科研前瞻布局

华为早期的技术驱动模式在通信市场日益成熟、市场竞争日益加剧之后，常常显现出技术与市场脱节的短板，往往埋头几年研发出的新技术和新产品并不能被市场接受，不仅造成人才、财力、资源的巨大浪费，还考验企业在市场的竞争力和发展能力。正如哈佛商学院教授克莱顿·克里斯滕森所揭示的那样，这些突破性的技术往往不是当时最先进的技术，而是最贴近市场的技术。因此，原始创新并不是科研人员的闭门造车，没有市场的牵引，基础研究就会偏离正确的方向。基础研发的出发点应该是关注和挖掘客户现有的、未来的、潜在的需求，确保客户最终得到更优质的功能与服务。华为先于业内同行一步，将研发的核心从追求技术的先进性转向聚焦于如何满足运营商与客户的需求。华为坚持以客户为中心，围绕客

户需求，通过创新的产品和解决方案帮助客户提升盈利能力，持续为客户创造价值。

（四）坚持聚焦创新，提升核心竞争力

华为集中在关键领域，不断加大研发投入。华为始终遵从专业化分工规律，专注优势领域的基本原则。华为在明确的专业化目标定位下，在对国际通信技术进行系统跟踪的基础上，在一些关键领域实现弯道超车，带来核心技术的突破，华为在微波和5G等关键技术领域已经成为世界的领头羊。面对封锁，华为能够迅速推出“备胎”技术，靠的就是重点突破、久久为功的创新。

（五）坚持员工持股制度

华为的创新是多方面的，包括技术的创新、产品的创新、服务的创新、商业模式的创新等，但是其最根本的创新是企业制度的创新。华为在管理领域最大的制度创新就是“全员持股”，这是华为最大的颠覆性创新，也是华为创造奇迹的根本所在。华为管理进程中一直坚持员工持股制度。此前，国内几乎没有员工持股这一制度，在发达国家也很少有这样的制度。员工一旦持股，就很有可能不再愿意将资源进行利用（如投资、开发等行为），而是倾向于将公司资产都用于自身工资发放上。但是，华为却把员工持股这一制度执行得很好，不但在很大程度上激励了员工，而且为华为吸引了大量人才，为华为的科技发展添上了浓墨重彩的一笔。全员持股，每个成员在身为员工的同时又有着股东的身份，所以华为可以上下一心。

（六）树立风险危机意识

海思半导体有限公司是华为在2004年就建立的公司，在2009年推出了第一款手机芯片，在全球化的开端，华为便做出了极限生存的假设。这些一直放在华为保险箱内的备份芯片是华为的保险，宁可不用，不可不备。此外，华为有意识地实施多元化的供应策略，保持业务相对稳定，这也是它渡过难关的一个重要前提。优秀的危机意识确保了华为的安全。企业的发展更需要保持危机感，技术封锁给华为敲响了警钟，也对其他企业提出了警示。

（七）突破核心技术，强化知识产权制度

华为被限制提供网络运营设备和相关技术，但通过5G领先技术在全球通讯产业中占据的优势势不可挡，在5G时代，华为积累的核心技术已经领先于其他国家的企业。华为通过标准化战略进一步提升了专利权的保护强度和范围，正是占优势的技术及其有效专利布局，才使华为获得了相对于竞争对手的优势。企业创新需要知识产权制度的激励。知识产权保护是维护技术竞争优势的手段，技术本身的优势并不能理所当然地等同于竞争优势和市场优势，必须及时进行知识产权布局和实现知识产权化。华为不仅是技术领先型企业，同时还是富有经验的知识产权保护和战略实施企业，知识产权保护及其战略运用成为确保开发的先进技术转化为市场优势和竞争优势的关键。企业还应具有全球知识产权布局的意识，尤其是国际化的企业应当高度重视“兵马未到、粮草先行”的策略。

【案例点评】

身处技术密集型行业，华为创新成功的关键在于开放与聚焦。任何企业的创新，首先是理念层面的创新。2019 年，华为宣布其创新理念已从基于客户需求的技术和工程创新的“1.0 时代”，迈向了基于愿景驱动的理论突破和基础技术发明的“创新 2.0 时代”。虽然华为创新理念中战略布局有所变化，但理念核心依旧是开放与聚焦。华为的开放既体现在面向国外企业与海外市场，吸收国外先进的技术和管理经验为己用，又体现在联合学术界与工业界共同推动理论技术创新，同时，这种开放理念孕育出宽容失败的企业文化，反哺为华为持续创新的内在动力。华为的聚焦则表现为始终重视创新研发，不仅以持续强力、不惜成本的投资支撑技术研究，还通过稳定的“铁三角”领导的小组式组织结构有效地将各类资源配置在关键技术聚焦点上，加之长期坚持艰苦奋斗和坚持自我批判的价值观引领，切实从体制与机制上为技术创新提供了坚强保障。

湖南女子学院　朱元双

第 17 章

京东方
从追随者到颠覆者[1]

---

① 本章由北京工商大学商学院王楠教授编写。

20 世纪 90 年代开始，中国企业抓住了信息技术带来的巨大机遇，京东方和科大讯飞很好地利用了这种机遇，积极拥抱新的技术变革，大力实施产品和管理的数字化变革，创新能力和经营业绩持续提升。

京东方科技集团股份有限公司（BOE）创立于 1993 年 4 月，是一家全球创新型物联网公司，同时也是全球半导体显示产品龙头企业，为信息交互和人类健康提供智慧端口产品和专业服务。京东方在其近 30 年发展历程中，牢牢抓住创新这条“生命线”，始终将核心技术创新作为企业创新的根基，形成了“从模仿到自主再到颠覆”的“三步走”特色创新发展路径，先后经历了引进技术、合资开发的模仿式创新，自主研发、自主生产的自主创新，和突破行业局限、跨领域合作的颠覆式创新三个主要创新阶段，完成了由单一制造业领先企业向“互联网 +”企业，再向“1+4+N”一体四翼融合发展的航母事业群的战略转型和升级。除此之外，京东方还依托于开放式创新平台，实现了价值链上多主体的互联共生、价值共创，打造了完整的产业生态系统，带领中国显示产业实现了从无到有、从有到大、从大到强的重大转变。

一、京东方创新成果现状

党的十九大报告提出，要培育具有全球竞争力的“世界一流企业”。京东方响应国家号召，从战略管理能力、创新基础、创新投入以及创新产出四个维度积极建设与发展，通过不断地战略变革实现创新飞跃，向世界一流创新企业迈进。

（一）战略管理能力卓越，奠定创新崛起之源

京东方以“成为地球上最令人尊重的企业”为企业愿景，管理者及时洞察市场与行业环境的变化，明晰社会发展方向与客户需求，不断调整企业战略规划，充分发挥战略引导与目标导向作用，顺应时代发展进程，推动企业转型升级。起初，京东方通过持续技术创新成为显示行业领先企业，随后通过多元化战略布局成功转型为“互联网 +”企业。而今，京东方依托对半导体显示及物联网市场发展趋势及商业模式的思考，深化战略变革，以多层次、全方位平台化为基础，整合生态链，加速融合发展，实施“芯屏器合”的物联网转型战略，构建基于核心能力和产业价值链延伸的多层战略布局，形成了以半导体显示事业为核心，Mini LED、传感器及解决方案、智慧系统创新、智慧医工事业融合发展，并向物联网各场景价值链延伸的“1+4+N”航母事业群。京东方卓越的战略管理能力为创新提供了明确的方向、规划和集中的优质资源，为其成为一流企业奠定基石。

（二）创新基础坚实，筑牢持续发展根基

京东方具备良好的硬件和软件条件，完备的创新人才培养机制，以及宽容的创新氛围，为企业创新活动顺利展开提供了坚实的基础。京东方已在全国各地拥有了十几个大型生产基地，基地规模宏大、自动化程度高、环境标准强，为研发和生产活动提供了优秀的硬件条件。基地投资额常常达数百亿元，成为当地城市的一座“超级工厂”，并且绝大多数工作可以由机器设备自主完成，达到 24 小时不间断生产，生产车间洁净度比医院手术室标准还高 10 倍以上。

京东方通过兼并方式引进日、韩先进技术和优秀人才，与产业链上、下游企业进行协同开发和深度合作，其子公司遍布美国、日本、韩国、阿联酋等 19 个国家和地区，服务体系覆盖欧、美、亚、非等全球主要地区，与清华大学、北京大学、北京航空航天大学、北京理工大学、北京交通大学、美国麻省理工学院等知名高校共建联合实验室，借助多方平台力量整合全球人力、物力、智力资源，充分利用各方力量共创自主知识产权的核心技术，共育具有开拓意识和技术能力的创新人才。

京东方始终坚持“尊重人、一视同仁、激发创造力”的人才理念，重视人才成长。2015 年 7 月，京东方大学成立，以“学术驱动、专业引领”为宗旨，以“成为具有国际竞争力的、受人尊敬的产业大学”为愿景，从产业人、专业人、管理者和领军人四个方向，为企业提供源源不断的创新型人才力量。

（三）创新投入巨大，塑造自主创新源动力

为防止落入“引进、落后、再引进”的恶性循环，京东方不断加大研发投入力度，重视研发人才培养成为京东方自主创新进而保持全球领先竞

争力的源动力。京东方持续保障研发投入，不断强化自主创新能力，加强核心技术攻防体系建设，全力确保技术和产品的前瞻性和领先性。2010 年至 2020 年间，京东方研发投入总额从 7.5 亿元迅速增长至 94.41 亿元，增长近 13 倍。京东方创新投入比重（研发投入占营业收入比重）一直处于业内首位，多年来持续保持在 7% 左右。

前期，京东方通过收购 HYDIS 并引进韩国籍专家，从无到有地培养出具有规模的中国工程师和技术队伍。近 5 年来，研发队伍迅速扩大，研究人员数量已接近 2 万，相较 5 年前增长近 50%，研究人员占员工数量比重在 25% 以上，庞大的技术人才池为企业技术创新赋予巨大潜能。此外，京东方对研发人员进行分类培育，分成前瞻性问题研究与技术产品创新两类，以适应不同的研究需求，加快自主创新步伐。京东方高度重视自主创新和知识产权，在加大研发投入力度的同时，不断增加知识产权相关投入，形成以专利战略为龙头，以专利管理系统、能力提升平台、外部资源平台为支撑，以专利开发、专利风险管控和专利运营为核心业务的全面的企业专利管理体系，为创新投入向成果转化提供保障。

（四）创新成果辉煌，铸就一流创新企业

新东方创新驱动着核心显示技术不断取得新突破，加速基于核心技术产品的更新迭代，拓宽了海外市场布局，服务体系覆盖欧、美、亚等全球主要地区，2020 年显示屏市场占有率和出货率居全球第一，并由此带来京东方营业收入从负增长到高速增长的飞跃发展。更值得一提的是，京东方的全球专利布局能力和标准制定能力也不断取得新突破，专利申请数量从 2011 年的 1292 件激增至 2020 年的超 9000 件，增幅近 7 倍，累计可使用专利总量超过 7 万件。根据世界知识产权组织（WIPO）公布的全球国际专利申请排名情况，2020 年京东方以 1892 件 PCT 专利申请量位列全球

第七名，并已连续 5 年进入全球 PCT 专利申请 TOP10。在技术标准方面，截至 2020 年，京东方主持推进了包括 IEC、ITU 国际标准、中国国家标准、电子行业标准及团体标准等 72 项国际、国内标准制修订项目，研发的高级超维场转换技术（ADSDS）和 VA、IPS 技术一起构成了全球显示行业三大技术标准。

京东方始终坚持市场化、国际化、专业化的发展道路，产品与技术实力与日俱增，特别是自 2014 年品牌升级后，京东方持续携手全球创新伙伴共建智慧物联生态，品牌美誉度和影响力不断提升，发展为具有国际影响力的企业。2020 年，京东方首次跻身"全球品牌价值 500 强"榜单，成为榜上为数不多的中国科技品牌之一，并连续进入"Brand Finance 全球最有价值科技品牌 100 强"榜单和"BrandZ（TM）最具价值中国品牌 100 强"榜单。京东方以其强大的行业与国际影响力推动企业产品和服务价值提升，从而促进企业发展。

二、京东方创新发展经验分析

京东方坚持“技术领先、全球首发、价值共创”的创新理念，专注“芯屏器合、开放两端”的创新发展目标，始终将核心技术创新作为企业创新的根基，不断促进自主创新能力实现质的提升，从而有效应对市场变化，提升全球竞争优势。战略管理方面，京东方坚持多元布局与跨界融合，构建了包括研发、商业及服务为一体的协同创新平台，形成了各场景价值链延伸的事业群体系，有效地实现了价值传递和价值创造，推动企业向世界一流创新企业发展。

（一）技术创新追赶实现：从引进到自主再到颠覆

京东方坚持把技术创新作为企业发展的源动力，通过从技术引进到自主创新，最终实现技术的追赶和颠覆，突破国际技术封锁和压力，开发核心能力，掌握核心技术，解决“卡脖子”核心技术，成功跻身全球显示产业前列。

技术引进有效吸引，奠定自主创新基础。京东方的技术创新最初主要采用技术引进模式，采用多种合作方式引入国外先进技术。但京东方意识到核心技术对于企业未来发展的重要性，因此十分注重对引进新技术的学习与吸收。单纯的技术引进难以支撑企业创新发展，必须自主掌握核心技术，实现技术兴邦、产业报国。1993 年 4 月，怀着“产业报国”的坚定信念，京东方开启了国际化和产业创新之路，公司最初主要通过与日本多家企业合资办厂引进电子元器件相关的新技术和新工艺方式，其中包括日本旭硝子株式会社、日本端子株式会社、日伸工业株式会社。进入 21 世纪，随着产业探索经验的丰富，京东方更为注重对引进技术的学习和吸收，通过对前沿技术的研究逐渐开拓出适合企业发展的新技术能力与路径，有利于形成企业可持续自主创新的竞争优势。京东方从合资过程中拓展了技术的国际化视野，例如在与冠捷合作生产显示器和与日本松下合资生产 CRT 彩色显像管的过程中注重积累和提升研发技术能力。京东方技术创新追赶实现路径如图 17-1 所示。

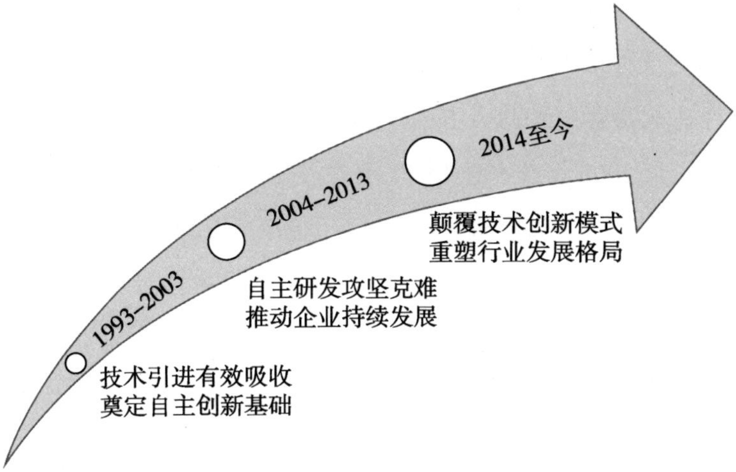

图 17-1　京东方技术创新追赶实现路径

此后，京东方通过对技术的消化、吸收和再创新，初步形成自己的核心技术和研发能力。随着新一轮技术的替换，CRT 市场需求与技术更新呈现颓势，京东方开始布局新战略并同时进行新技术的消化吸收。京东方成立预研小组，全面追踪等离子显示（PDP）、场发射显示（FED）、薄膜晶体管液晶显示（TFT-LCD）三大技术趋势，成功布局 TFT-LCD

技术产业。京东方抓住韩国现代出售旗下液晶显示业务的契机，以3.8亿美元收购该业务，获得进入TFT-LCD产业所需初步知识产权（包括TFT-LCD应用技术、设计技术和制造技术以及专利资源等）及团队。为了有效地将韩方的技术资源转化为自身的自主能力，京东方吸收120名韩国籍工程师，不仅培养起了具有规模的中国工程师和技工队伍，还组建运营自己的生产线，实现TFT-LCD技术的消化吸收并进行大规模产业化，最终占据主流技术和市场，奠定了京东方作为技术创新型企业的基石。

自主研发攻坚克难，推动企业持续发展。京东方前期采取收购手段进行模仿创新，实施自主建线，进而攻破核心技术。2003年1月，京东方抓住机遇，以3.8亿美元的价格收购韩国现代电子的TFT-LCD业务，获得了技术、专利资源等基本要素。借助技术与专利资源，京东方在国内自主建设5代线并投入生产，于2005年首次出货17英寸液晶屏。在此之后，京东方自主建设多条生产线，研发并成功申请多项自主创新专利，改写全球显示产业格局。

在自主研发的过程中，京东方始终遵循“尊重技术，坚持创新”的企业价值观。首先，京东方坚持高强度的研发投入，将企业每年7%左右的营收投入到研发活动。在企业最困难的时期，政府对京东方进行了一定的扶持，向其发放了贷款，京东方也将部分贷款用于研发支出，从而保证了足够的资金进行自主创新。其次，京东方建立产、学、研合作体系，与知名院校共建研发中心，共育研发人才。京东方与安徽省共同建设了“安徽省平板显示工程技术研究中心”，与电子科技大学共建了OLED联合实验室，提供研发基础条件。再次，京东方积极与高校合作实施联合人才培养，与清华大学、北京大学、中国科学技术大学、电子科技大学、合肥工业大学等知名高校合作进行高精尖人才培育以及自主专利技术的研究，为企业研发培养创新型人才。最后，京东方与供应链上下游企业建立合作开放平合。京东方与合作伙伴坚持“深度合作、协同开发、价值共创”，吸引了包括康宁等一系列世界 500 强企业，逐渐形成产业集群，提高了平台企业的技术水平与自主创新能力，攻克艰难险阻，推进中国显示行业的可持续发展。

颠覆技术创新模式，重塑行业发展格局。京东方既关注当下新兴技术的开发与商业化，又特别重视未来前瞻性技术。全息显示、人工智能和物联网等新兴数字技术颠覆了技术创新模式，重塑了行业发展格局。2015 年起，京东方突破传统显示产业的技术创新轨迹，从成长和发展的角度主动面临挑战，着手在显示领域提前进行前沿性产业布局，并倒逼企业持续进行自主技术创新，引领新一轮的颠覆式技术创新。例如，京东方将核心的显示、传感等技术与医学、生命科学相结合，应用到远程诊断、健康数据分析等方面，实现智慧健康服务技术的突破与创新。

京东方还将技术创新与产品创新、商业模式创新相结合，实现企业提供产品和服务的高度融合。基于这种理念，京东方所能提供的将不再仅仅是显示屏这样的硬件产品，而是集人工智能互联网、大数据与节能显示等功能于一体，能够彻底解决用户“痛点”与“痒点”的智慧型系统解决方案。

为了保持技术创新的持续性和颠覆性，京东方还建立了配套的完整技术创新体系，并且一直在内部鼓励创新，尤其鼓励员工进行颠覆式创新。例如，为促进内部颠覆，公司设立了多个事业部，每个事业部里又有不同的产品组，如果一个组做出好的产品，另一个组立即会在此基础上进行颠覆，从而形成内部竞争，通过互相 PK 不断创新。在这种独特的创新模式和氛围下，京东方在过去的数十年中凭借厚积薄发的技术优势，走过了从进入者、追赶者、挑战者到领先者的艰辛之路，实现弯道超车。

（二）战略转型：多元布局与跨界融合

京东方在其发展过程中坚持多元布局与跨界融合，在不同的发展时期采取不同的发展战略。在传统制造阶段，京东方在政府的资金支持下进行内部研发；在互联网发展初期，开始向外延展，吸收外部的新知识，迭代升级人工智能、大数据等先进技术，聚焦互联网领域进行技术跨界；随后伴随着物联网连接规模日益扩大，带来了物联网产业蓬勃发展，全球市场超万亿美元，且能为全球释放出十万亿美元经济价值，京东方紧跟时代潮流，依托自有的显示和传感核心技术优势，构建了向半导体显示产业链和物联网各场景价值链延伸的事业群体系，以及成功完成产线并购，稳固企业的竞争优势。京东方战略演进过程如图 17-2 所示。

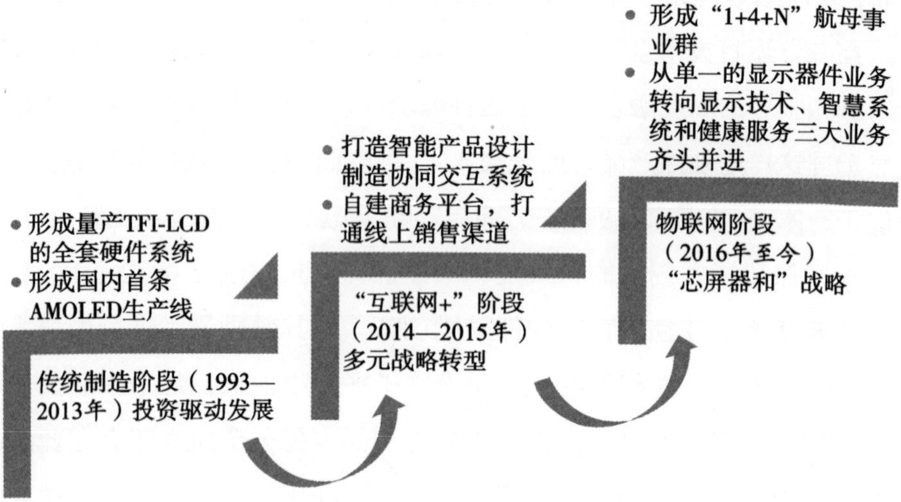

图 17-2 京东方战略演进过程

多元战略布局，向“互联网 +”企业转型。随着多年来在研发和生产线上的巨额投资，京东方取得了诸多成就，如形成了量产 TFT-LCD 的全套硬件系统和国内首条 AMOLED 生产线，以及成为全球半导体显示行业的代表性传统制造企业。但是，随着互联网经济的兴起和迅猛发展，以及人工智能、大数据、云计算等前沿科技的不断迭代升级，京东方又把目光重新聚焦于互联网领域，以显示屏业务为核心，运用互联网技术和思维，从产品、渠道和品牌等方面全面开启了“互联网＋”的转型升级之路。

在产品研发上主动融入互联网思维。虽然京东方此前一直在产品研发上投入巨大，技术方面也处于世界领先水平，产品的功能和质量优势明显，但是在互联网经济时代，随着用户需求的升级，传统优势将会被打破。为打造持续竞争优势，京东方在产品研发方面积极主动地融入互联网思维，挖掘并满足用户新需求，为用户创造更好的产品体验。例如，消费者提出自己对产品设计外观的想法，以及对产品 LED 功能、硬件参数的需求，京东方可以在工厂通过模块化的方式进行产品组合，提供高端定制化产品。此外，设计师与用户依托云平台互动交流，让用户的操作使用习惯或经验与产品建立一种稳定联系，打造精准定制个性设计方案，从而创立产品附加价值。京东方凭借这种智能的产品设计制造协同交互系统使设计制造更紧密便捷，适应了互联网时代多样化的设计需求，给用户带来全新思维认识。

在渠道方面自建商务平台。为了系统地推进企业的转型，京东方专门成立了智慧系统事业群和健康服务事业群，围绕着“互联网 +”概念进行软硬融合和应用整合，从 B2B 业务向 B2C 扩展，从原来单纯卖显示器件到软硬件一起卖，最后搭载特定服务，向服务化升级转型。在转型初期，为了配合 B2C 业务的开展，京东方 2014 年升级了品牌标识并研发了 BOE Alta。BOE Alta 是京东方面向消费者推出的显示终端产品，没有采用传统的苏宁、国美卖场渠道和京东、天猫等电商平台，而是在京东方的官网直销。这些面向终端消费者的产品都包含在智慧系统事业群，除了 BOE Alta，还包括商用产品、智慧照明、光伏储能和发电产品，按照产业链系统运作。同时，京东方成立了北京京东方多媒体科技有限公司，从产品层面独立运营 B2C 产品。

多领域跨界融合，实施“芯屏器合”新战略。京东方在全力发展自身显示业务的同时，对物联网市场的发展趋势进行了深入思考。通过分析行业与市场环境，京东方决定跨界到其他领域，与其他行业进行跨界合作，提高企业的业务能力和技术开发水平，构建新的竞争优势，在高层的管理决策下，最终确定了立足面板显示主业面向未来的产业布局，从单一的显示器件业务转向显示技术、智慧系统和健康服务三大业务齐头并进，并构建了三大新事业群。

首先，在显示技术的跨界中，京东方以产品跨界为主。2015 年，京东方推出新概念显示终端——BOE Alta。这时，京东方开始进行软、硬件融合发展，从一家器件供应商向一家器件、系统和服务供应商转型。由于京东方在显示领域做了 20 多年，在产品、技术、管理、团队等方面非常成熟。在此基础上，京东方通过实施相关多元化战略，将相关的芯片、显示器件、软件和内容、功能硬件和谐地组合起来为用户提供更有创新力的跨界产品和服务，驱动公司的长期成长。

其次，通过与大数据、人工智能、云计算等新兴技术进行融合，京东方巧妙地将智慧系统融入企业的设计整合模式中，提供多种系统解决方案，形成新的跨界行为。京东方将自身最核心的显示事业与传感领域相融合，为物联网系统提供各类解决端口；在所形成的新端口中，京东方使用最新的人工智能和智慧端口技术进行软硬相融合应用整合，为智造服务、智慧车联、智慧零售和智慧能源四个细分领域提供物联网系统解决方案和专业服务；在智慧政务、城市美化、智慧交通、智慧金融、智慧教育、智慧园区、智慧能源等物联网细分领域中，京东方以人工智能、大数据为技术支撑，聚焦软硬融合的产品与服务，为其提供智慧整体解决方案。

最后，在健康服务事业（HBG）领域，京东方力图与医学领域实现跨界创新，建立以人为本的服务体系。京东方将半导体显示、传感等电子信息技术与医学、生命科技相结合，跨界发展信息医学、移动医学和再生医学，建立以人为中心的健康服务体系和大数据系统，打造以健康管理为核心、智慧终端为工具、数字医院为支撑的“O+O”全周期健康服务闭环，让人们享受到高品质的智慧健康服务。在实现对用户的个性化健康管理的过程中，京东方的半导体技术、大数据与人工智能的技术优势凸显出来，如人造角膜研发，帮助解决效率低下与质量不稳等问题；又如液晶面板坏点修复技术，可以应用到某些微创手术中，与此同时，京东方与国际伙伴合作开发了无创血液监测产品，减少病人扎针取血的痛苦。目前，京东方已在北京、合肥、成都、苏州等地布局多家数字医院，围绕智慧急救、智慧康养等场景，提供定制化、软硬融合的健康物联网解决方案，为人们提供从“预防、诊疗到康复”全周期的健康医疗服务。

京东方以四大技术为核心能力，清晰化业务布局，将新产品与新技术、新领域进行融合，构建三大新事业群，培育企业下一个增长极，实现企业营收与利润的长期稳定可持续发展，最终实现创造客户价值的企业终极目标。

（三）协同创新平台：资源整合与价值共创

京东方始终坚持“技术领先、全球首发、价值共创”的创新理念，逐步构建了包括研发平台、商业平台及服务平台为一体的协同创新平台。在这样联动共生的协同创新平台中，以京东方为中心，供应商、研究机构、客户甚至是竞争企业等多元异构行为主体达成了资源结构互补、风险效用体系一致的共享机制，形成了知识与能力在网络内部的快速扩散与渗透，实现了创新成果的最快产出，从而有效进行价值传递与创造。京东方也因此成为全球排名第九位的 TFT-LCD 制造商，颠覆了全球产业格局。京东方协同创新平台如图 17-3 所示。

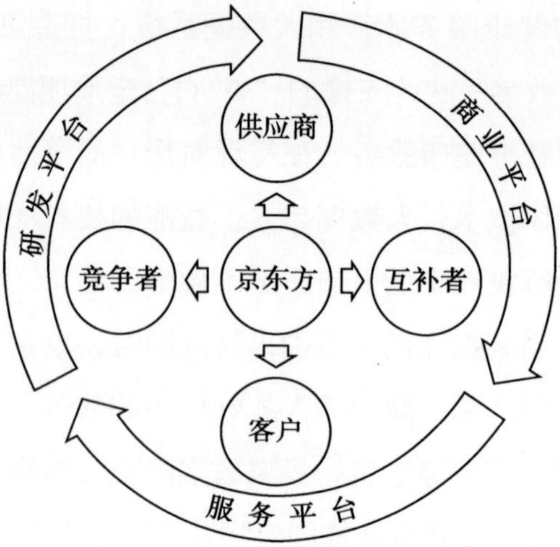

图 17-3 京东方协同创新平台

鼓励客户参与，实现需方价值匹配。在京东方的协同创新平台中，客户是贯穿研发平台、商业平台及服务平台的主要逻辑。京东方将客户整合到产品的开发中，以提高产品性能，促成微创新成果的转化，从而最大限度提高客户价值与满意度。作为半导体显示领域的世界顶级供货商，京东方与多家国内、外知名客户保持长期稳健合作，是众多国内、外一线品牌的核心供应商，包括联想、康佳、三星等。京东方坚持与客户一起开发、为客户定制的原则。首先，客户被认为是众多创新解决方案的重要来源，从而京东方不断地将客户整合到技术和产品的研发中来，成立了很多和客户合作的项目组，比如长虹专项组。其次，京东方不断追踪客户的需求，从研发初期就考虑客户的要求，为企业提供定制化的产品和服务。京东方在建设 8.5 线成为电视机工业的新供应商时，曾面临着客户不适应使用的模具而导致库存积压问题，京东方便根据各个电视制造企业的特点和传统，打造符合的产品并一一送样。最后，京东方主动向下游整机厂商推广新技术，从而在未来的市场竞争中夺得先机。京东方的 ADS 宽视角硬屏技术能够完美符合小屏手机的需要，获得了三星的青睐，成都 4.5 代线产出的 70% 和北京 5 代线产出的 50% 都供应三星。另外它所研发的 AFFS 宽视角核心技术，也正努力使其成为包括平板电视在内的诸多产品的国际主流技术标准。

企业与供应商合作创新，实现供方价值匹配。京东方坚持与供应商的合作创新，充分利用技术和生产资源的创造力，实现技术知识在供给端与需求端的快速流动，从而形成企业与供应商合作的价值配套新模式。2003 年，京东方敏锐地看到了未来显示器发展的方向——平板液晶化并清楚地意识到国内 TFT-LCD 的空白和巨大市场潜力，但由于产业刚起步且液晶行业本身是一个资金、技术双密集型产业，市场风险很大，大大提高了后来者的进入门槛。京东方选择了收购韩国现代旗下的 TFT-LCD 业务，成功进军 TFT-LCD 领域。除了获得了市场的准入条件外，京东方同时也将专利技术、先进生产线、营销网络以及技术创新人才吸收进企业价值网络中。随后，为了有效地转移知识、创造价值，京东方还派遣技术及管理人员到韩国子公司 BOEHYDIS 进行交流学习，而这些人才便成为了之后 5 代线建设和研发的中流砥柱。京东方 5 代线成功量产后，吸引了数十家上游厂商（以国际企业为主）在其附近投资建厂，为京东方配套。对于技术密集的 TFT-LCD 工业来说，尤其重要的是材料和设备供应商是新技术的重要来源之一，因为这些企业为了赢得市场会不断改进自己的技术，并向生产企业推销新的设备和材料。合肥 6 代线的建设迎得了更多全球设备、材料供应商的青睐和合作。此外，京东方为了从地理区位上促进更好地构建创新的开放式价值网络，所投资建立的京东方（河北）显示科技园吸引着产业链中包括材料、装备、芯片、软件等各个行业的全球伙伴入驻。京东方通过定期召开供应商大会，并制订“京东方金牌供应商计划”，将开放技术端和应用端，进一步发挥现有技术和生产资源的价值创造力，与供应链伙伴一起打造价值创造新生态。

建立竞争性联盟，实现产业集聚效应。为了推进产业集群的形成，京东方与众多企业建立竞争性战略联盟，在竞争中寻求合作，在合作中保持创新。京东方与日韩、欧美、东南亚等多家竞争者建立互利互惠的国际战略联盟，如对深圳聚龙光电投资40%的股权；与日本（夏普、东芝、松下、日立、NEC、索尼）、韩国（三星电子、LG、PHILIPS）、中国（上海广电、龙腾光电、聚龙光电）等TFT-LCD制造商建立合作伙伴关系；与日立、三洋、丸红株式会社等企业签订专利互换许可协议，共享双方在显示领域的专利技术。这种知识型的竞争性战略联盟极大地推动了京东方与竞争者之间“学习竞赛”的开展，促使京东方时刻扫描和追踪竞争者的技术信息和战略信息，不断激励其创新意愿和能力。此外，在京东方的带动下，众多国内显示行业企业逐渐形成产业集群，如北京数字电视产业园、中国（合肥）平板显示产业基地、大西南光电显示产业基地等产业集群效应尤为凸显，这对解决我国彩电企业的整体转型和产业升级，以及促进本土整机企业的技术进步，特别是促进显示屏与系统的技术整合，发展数字高清和下一代互联网时代的4C融合，核心竞争力的全面提升等均具有极为重要的意义。

搭建产、学、研互补平台，共筑价值创造新生态。产业集群的发展除了依靠竞争性联盟的合作，还需要搭建产、学、研互补平台来拓宽研发渠道，竞争性与互补性平台的综合发展才能够产生如虎添翼的效果。作为国内平板显示产业的领军者，京东方一直积极推动产、学、研合作，致力于研发自主知识产权的核心技术，充分利用研发基地所在地区的高校和高科技人才资源，为发展下一代平板显示技术进行技术和人才储备。2011 年 6 月，在安徽省科技厅与中国科学技术大学联合举办的“中国科学技术大学产、学、研合作专场对接会”上，京东方与中国科学技术大学签署了产、学、研合作框架协议，双方在高端人才培养、自主专利技术研究与合作开发等方面开展全面合作。此外，京东方与清华大学液晶工程研究中心等机构建立了人才培养计划，并选派人员到日本、韩国等开设液晶专业的院校去学习。京东方在整合北京大学、清华大学和中国科学院的技术资源基础上，不断进行自主创新，逐渐形成了我国光电显示产业的自主发展能力。京东方在产、学、研联合建设的过程中，将互补性较强的产、学、研机构结成网络，寻找并获取互补者的优势，激励互补者成为创新的重要源泉和动力；实时关注、跟踪国内、外各项先进技术动态，突破企业封闭系统的僵化性，对技术寻源、技术创新方面进行持续投入来保证自身技术不落后、不被颠覆。

京东方通过与产业上下游伙伴、客户竞争者和互补者建立协同创新平台，一方面重塑了竞合关系，使得原来的竞争者也可以入驻平台成为价值共创者，供应链上下游以及更多的利益相关者的共同参与有助于企业打通全产业价值链条；另一方面，平台整合力也得到增强，驱动着企业数字化转型的加快，真正实现制造协同、产能协同、产业协同、产融协同，为客户提供一站式服务，实现合作共赢。

三、京东方贡献与产业发展经验

京东方的成功离不开行业的发展，电子设备制造业自身具有的属性也给京东方的成功提供了一定的帮助，通过行业自身的产业生命周期特征、知识技术开发、产业链创新、向国家化发展等途径，京东方将自身打造成一个世界创新一流企业，推动自身成为电子设备制造行业的领军企业。

（一）明晰产业发展规律

电子设备制造行业是我国国民经济中重要的战略性产业，具有产业规模大、技术进步快、产业关联度强等特征，是我国经济增长的重要引擎之一。作为电子设备制造业中全球半导体显示产业的领军企业，京东方一次次打破国外技术垄断，改写了全球显示面板产业格局。从全球半导体发展情况来看，受宏观经济变化及技术革新的影响，半导体行业存在周期性。如何摆脱产业周期性影响，实现企业的可持续稳定盈利，需要行业企业培育和建设自身的核心能力。

探索市场机遇，顺应市场发展。中国的半导体产业发展较晚，在经历了从美国到日本再到韩国的两次全球产业转移后，第三次转移正发生在21世纪的中国。京东方毫无疑问承担起了作为全国半导体产业的领军企业的责任，其发展历程为其他中小企业提供了宝贵的经验。京东方成立初期正处于产业的萌芽阶段，为了克服自身技术匮乏，其选择了与国外企业合资办厂，随后以“海外收购，国内扎根”的方式收购韩国企业，打破创新的技术壁垒并迅速推进市场化进程，正式进军 TFT-LCD 领域。经过多年的自主创新和产业积累，京东方在显示技术及显示应用等领域取得了显著成绩，进入了产业蓬勃发展的成长阶段。在京东方研发投入过大而净利润持续走低的情况下，政府的大量投资如及时雨一般，为保证京东方的资金持续，加强其自主创新能力作出了巨大贡献。从 2016 年开始，经过一段时间的喷发后，产业内竞争加剧，企业更迭速度加快，整个产业趋于平稳发展，进入成熟期，尤其是半导体行业自 2018 年下半年进入调整期，市场竞争愈发激烈。随着第四次产业革命浪潮席卷而来，跨界融合趋势明显，软硬融合、应用整合等创新动能推动产业升级，各行业将加快进入物联网时代，为京东方软硬融合与创新转型业务带来诸多发展机遇，京东方也将在此基础上，通过软硬融合、应用整合、服务化转型促进业务的转型进化。由此，企业应从产业整体所处的发展阶段出发，有针对性地制订各潜力型产业的发展规划，不仅要因地制宜，还要因“时”制宜，只有这样才能使潜力型产业蕴含的潜能最大限度得以释放。处于产业萌芽期时，企业要顺应潮流，不断积累自身资源与实力，为成长期的爆发做准备；处于产业成长期中的企业，政府要继续加大扶持力度，扩大其规模和经济拉动力；处于成熟期时，企业应积极地探索产业发展新机遇，由顺应机会变为创造机会，并采取措施尽量延长这一时期，以发挥产业拉动的最大效能。

观察行业动向，提炼创新规律。显示行业具有投资大、技术进步快等特点，行业过山车式的周期波动给企业生存和发展带来了挑战。应对这样困境，只有不断快速提升技术能力和水平，迅速建立起自己的核心竞争力才能赢得市场。基于对显示行业规律的深入研究，在多年洞察思考基础上，京东方董事长王东升于 2010 年提出“显示产业生存定律”，业界称为“王氏定律”，即“若保持价格不变，显示产品性能每 36 个月需提升一倍以上。这一周期正被缩短。”

其中，产品性能是指产品功能与品质的总和。液晶显示产品的性能将朝着更精美、更轻薄、更节能、更环保、更便利、更人性的方向进步。产品性能提升可以用产品性能指数来衡量，产品性能指数是产品成本创新和价值创新程度的衡量工具，可以某时间点的产品边际收益为基准计算。这一曲线反映了以技术创新为驱动的企业创新对于提升企业价值的意义，是企业实现稳定盈利的生存法则：由于显示产品价格下降趋势不可避免，企业必须通过技术创新不断提升产品性能、成本力和产线效能，从而确保企业稳定盈利，实现良性循环和可持续发展。在液晶面板领域，王东升提出的“生存定律”已为行业 20 年进程所检验，堪称“实践出真知”。善于总结提炼技术创新规律，并尊重、运用技术创新规律，这是京东方为半导体显示行业及其他各个行业提出的创新思路。

（二）融合知识技术创新

电子设备制造行业种类繁杂，主要涉及各种电子器件的加工。目前，中国电子设备行业处于一个高速发展的阶段，各种新产品层出不穷，各大厂商都在抓住技术变革使劲朝前跑，加大研发投入，提高技术创新能力，将新技术与新知识融合到产品的设计与开发过程中，加快生产。

增大核心技术研发，提高产品安全性能。在 2015 年国务院发布的《中国制造 2025》中，强调电子设备制造业需要掌握高速互联、先进存储、体系化安全保障等核心技术；研发大容量存储、新型路由交换、新型智能终端、网络安全等设备，推动核心信息通信设备体系化发展与规模化应用。企业需要确保安全地配置其 IoT 设备，有效地进行通信，并可以使用加速而敏捷的方法对其进行更新。通过确保设备正确注册、管理，保护和升级，对设备配置的安全性进行命令分级操作控制，远程监视以及故障排除，提高产品的质量和安全性能。

加大数字技术与制造融合，实现智能发展。物联网见解需要传递到企业系统并接收参考元数据，以解释设备数据。与业务应用程序和企业系统的集成可以共享原始和已处理的数据，以及分析驱动的见解。通过深度的企业集成，物联网架构可以带来诸如提高效率、降低成本、增加销售、提高客户满意度以及创建和领导新市场等优势。为了共享数据和见解，企业需要诸如应用程序编程接口（API）网关、服务总线和自定义连接器之类的机制。每种物联网的实施方式都将有所不同，具体取决于每个企业的要求、预期成果、物联网和数据技能的水平以及技术基础设施的成熟度。

目前，电子制造行业主要推动基于互联网的视听节目服务、智慧家庭服务等产品的研发和应用，加强互联网电视接收设备、智能音响、可穿戴设备等新型信息消费终端产品研发创新；在国家政策的带动下实施网络强国战略，加快建设“数字中国”，推动物联网、云计算和人工智能等技术向电子设备制造行业全面融合渗透，升级智能化、高端化、融合化信息产品，发展先进制造业，支持传统产业优化升级，从而促进车联网、智能家居、健康服务等消费领域应用快速增长，实现智能发展；除此之外，将算法运用到制造中来，检查所有可能的变化，并生成最佳解决方案，这组解决方案可以由预先训练过的深度学习模型来进行评估，它有更强的洞察力，从而选出最佳选项；在智能家居的设计中，利用机器学习等技术支持智能家居产品的应用，提升家电、智能网络设备等产品的智能水平、实用性和安全性，发展智能安防、智能家具、智能照明、智能洁具等产品；将机器学习应用到智能制造系统，通过建设单个系统本身具备机器学习的功能或者是企业级的机器学习平台，为企业中的其他系统提供机器学习的能力和服务，为电子设备制造的产品提供见解。

（三）重构产业链的生态特征

从产业链的角度讲，电子信息产业链自上而下包括上游以集成电路为代表的半导体产业、中游电子零部件及模组产业、下游整机组装及终端应用产业。具体来看，上游以集成电路产业为代表的半导体产业可以分为由 IC 设计、IC 制造、IC 封测构成的集成电路主产业链，以及由 IC 材料、IC 设备组成的集成电路支撑产业链。中游电子零部件产业正在发生产业分工的进一步深化，模组厂商通过集成众多小零件来生产整块模组，然后供应给下游整机组装厂。下游整机组装及终端应用产业最终生产出面向市场的电子产品，主要应用领域包括智能手机、个人电脑、工业医疗、汽车电子等。电子产业链细分领域如表 17-1 所示。

表 17-1 电子产业链细分领域

产业链	细分领域
上游供应	集成电路（即芯片）设计、材料供应（硅片、光刻胶等）、设备供应（集成电路制造设备、封装及测试设备）
中游核心零部件制造	电子元器件制造（集成电路、光电器件、分立器件、传感器等）、集成电路封装
下游应用终端	计算机、通信设备、视听设备、广播电视设备和雷达及配套设备、其他电子设备

加快构建创新链，整合多边资源，联合攻克核心基础技术。整合产业链资源，以龙头企业为中心，众多企业、高校及研究所为轮辐，构建产业创新链，联合攻克核心技术。首先以工业互联网平台为枢纽，实时采集供应链上下游企业的设计、制造、封测、材料、应用方面的运行数据，结合供应链协同模型，优化全供应链资源配置，实现供应链上的协同创新。其次，建立官、产、学研用平台，充分利用高校、研究所以及政府等互补性平台的力量，整合多边资源拓宽创新渠道，实现产业链的全方位发展。最后，

打造以市场前景比较好的、科技含量比较高的、产品关联度比较强的优势企业和优势产品，以产品技术联系，以资本为纽带，上下连结、向下延伸、前后联系形成产品链，联合攻克核心基础技术，实现技术的不断创新。

运用多种合作模式，改变松散的产业链结构，构建产业生态链。为了改变松散的产业链结构，重构产业生态链，电子制造企业可以采取产业联盟、参股合资、长期战略合作等多种形式，构建信息资源对接渠道，加强产业协同和技术交流合作。在融资创新方面，京东方创造性地以职工出资为抵押开创了亏损企业进行股份制改造以及“债转股”的先河。同时，京东方一方面开创性地利用政府出资和政策性银行的扶持发展主业，另一方面积极进行融资变动，借助政府出资的良好信用改变融资结构，增加长短期借款数额。在产业创新方面，京东方独创性地建立开放式创新网络，与上游技术供应商、中游竞争者、下游客户、产业互补者积极形成战略联盟，通过建立生产线项目，落地开花吸引上下游企业，进而形成产业集群，充分发挥协同效应，推进面板显示产业的快速崛起。

（四）推动半导体行业国际化进程

从整个行业来看，电子设备制造业起步较晚，早期发展中的技术研发能力较弱，缺乏对核心技术的掌握，创新能力不足，这也导致行业的国际化程度不高。随着全球化浪潮的发展，行业国际化程度不断提高，如京东方这样的行业优势企业大力开展研发活动，重视自主创新，掌握关键技术；重视标准的制定，争取国际话语权；抓住全球化的机遇，不断推进创新的国际化，快速缩短与世界先进水平差距，逐渐成为世界一流创新企业。

重视自主研发，推进 R&D 国际化。电子设备制造业是技术密集型产业，产业的升级需要先进技术做支撑，而研发活动是企业获得先进技术的核心渠道，且随着创新国际化在全球范围展开，知识网络不断扩大，企业研发国际化的趋势也将越来越显著。2020 年，京东方面板整体出货量达到 4.08 亿片，以 21.6% 的市场份额位居全球第一。从 2017 年至 2020 年，京东方的研发投入从 69.72 亿元增长至 94.42 亿元，占总营收的比重始终维持在 7% 以上，投入总额位居行业第一。不难发现，重视自主研发，不断加大研发投入是京东方在创新领域取得硕果的关键。企业不仅一直保持着高投入，还非常重视研发的国际化，包括在美国、日本、韩国等多个国家建立自己的海外研发机构，并与一些海外科研机构达成技术联盟，充分利用海外的高技术人才，提高企业的研发能力。2019 年，京东方启用了京东方智慧系统创新中心这一全新的产业合作平台，向全球的战略技术与市场合作伙伴、具有创新点子的机构或个人开放，打破研发边界，提高企业研发的国际化程度。

重视标准的制定，争取国际话语权。产品要走向国外，就必须提升原有的标准体系，遵守国际标准和国外先进标准。加强采用国际标准是我国一项重要技术经济政策，是促进技术进步、扩大对外开放、加快与国际惯例接轨的重要措施。但仅仅作为标准遵守者是不够的，要想获得更多话语权，企业必须参与到行业标准的制定中去。基于对产业的深刻洞察，京东方共主持推进了包括 IEC 国际标准、中国国家标准等 10 个国内外标准的制定修订项目，参与修订、制定多项国内外技术标准，涵盖 LCD、OLED、裸眼 3D、透明显示、接口应用等多个技术领域。目前，京东方独有的 ADSDS 超硬屏技术已成为具有全球影响力的技术标准，由京东方牵头制定的多屏终端标准也被批准为国际标准。经过多年的自主创新和产业积累，京东方在行业和产品标准制定方面不断取得新的突破，这也大大增强了产品在国际市场上的竞争力，国际市场份额也随之不断提高，最终进入良性循环。

【案例点评】

京东方迈向世界一流创新企业的道路主要有以下三点值得关注。首先需要关注的是京东方战略指引下的创新。通常，关注战略管理的企业并不重视创新的问题，主抓创新管理的企业战略布局方面思考不多。但京东方将战略与创新融合，以战略的思维促进创新，以创新的发展成就战略。其次，整合资源，集中力量办大事，以多方合作促进创新。能整合上下游资源与横向资源，实现产、学、研等的协同创新，值得所有企业重点关注。最后，跨界多元创新，协同匹配形成合力。企业的多元化发展基本是一条充满诱惑但实际异常崎岖的道路。如何形成跨界多元，把创新的效能发挥到最大，保持良性的可持续发展，形成输血与造血的平衡，仍然是所有企业走向世界一流必须思考的难题。

天津师范大学管理学院　张党珠

第 18 章

科大讯飞

语音技术的领军者[①]

① 本章由武汉科技大学恒大管理学院童泽平教授编写。

科大讯飞成立于 1999 年，起初专注于语言产业，后续拓展到人工智能等多个领域。2008 年科大讯飞在深交所上市，成为中国 AI 产业第一家上市公司。科大讯飞以智能语音应用起家，后续拓展到语音及语言、自然语言理解、机器学习推理、自主学习等多个 AI 领域，伴随着人工智能技术进步而发展，构建人工智能生态体系，引领国内人工智能技术的发展，推动 AI 在教育、消费者、医疗、政法等行业场景应用落地。自上市以来，科大讯飞平均每两年非公开发行一次股票募集资金投入研发项目，使公司保持竞争力。目前，以科大讯飞为代表的中国人工智能企业已经在引领技术的发展，整体实力处于国际第一梯队。科大讯飞发展整体分为三大阶段。

2010 年之前，科大讯飞专注于语音产业。2010 年到 2014 年，人工智能在核心算法方面取得了突破并逐步进入业界，科大讯飞在 2014 年启动了讯飞超脑项目，研发基于人类神经网络的认知智能系统，并开始核心技术产业化。

1.0 时代，着重技术提升与场景探索。2015 年到 2018 年科大讯飞处于人工智能 1.0 时代，开始战略扩张，探索人工智能未来发展方向，推广产品量大、面广，以期构建可持续发展和长期盈利能力的产品矩阵。此阶段科大讯飞不追求税后利润增长，把资金投向各业务方向并取得丰硕成果，在消费者、智慧教育、智慧医疗、智慧证券等重点赛道上，推出了广大用户可实实在在感知到的人工智能应用成果。随着人工智能算法持续迭代进步，落地应用规模持续扩大，科大讯飞在关键赛道上“领先一步到领先一路”的格局持续加强。

2.0 时代，应用场景重点突破，进入高质量发展阶段。科大讯飞于 2019 年正式进入人工智能 2.0 时代，进入规模深耕、红利兑现期，提出人工智能应用红利的三大判断标准：有看得见的应用案例、能够规模化推广、能有统计数据来证明应用成效。此阶段科大讯飞新增了人均效益提升的目标，在保持技术领先的同时进一步整合资源，以提升重点业务方向的战略执行效率，有序推进人工智能在各行业的规模化落地应用。在消费者、教育、医疗、司法等重点领域，科大讯飞通过“人工智能核心技术 + 应用数据 + 领域支持”持续构建垂直入口或“行业刚需 + 代差优势”，打造盈利来源和现金流业务。科大讯飞以“平台 + 赛道”发展模式，2B、2C 双轮驱动发展，软硬件齐头并进，持续构建人工智能生态。

科大讯飞近三年主持和参与制定的已发布国家标准 9 项，国际标准 1 项，行业标准 2 项，公司及全资、控股子公司累计获得国内外有效专利超过 1000 件①。AI 商业化的深化带动公司营收规模快速扩张，2019 年科大讯飞实现营收 100.79 亿元，近 9 年营收 CAGR 为 43.6%，近 5 年 CAGR 为 42.2%。基于 AI 在各场景的横向扩张，科大讯飞收入来源更多元化，2015 年智慧城市收入占比达到 50.9%，2019 年降低到 20.6%，教育、消费者、开放平台、政法场景收入均达到一定规模，更加符合 AI 技术厂商定位。科大讯飞是国内 AI 龙头企业，在语音识别、自然语音理解、图像识别等领域有着技术领先性。科大讯飞以“平台 + 赛道”发展模式推进 AI 在消费者、教育、医疗、政法等核心应用场景的落地，形成了横跨 2G、2B、2C 的完整产品矩阵。科大讯飞 2011 年至 2019 年公司营收及增速如图 18-1 所示。

近年来科大讯飞技术能力不断突破，在智能语音、计算机视觉、认知智能等 AI 核心技术领域持续保持国际领先，2020 年 1 月，科大讯飞在德国 The 20BN-Jester Dataset 手势识别评测中以 97.26% 的准确率斩获冠军，

---

① 《科大讯飞 -002230- 深度报告：腾飞的 AI 龙头，技术红利兑现期到来》，国海证券，2021-01-27。

并刷新世界纪录；2020 年 5 月，国际多通道语音分离和识别大赛（CHiME）组委会在线揭晓最新一届 CHiME-6 成绩，科大讯飞第三次参赛并成功取得三连冠；同年 5 月，科大讯飞在多步推理阅读理解评测 HotpotQA 中再次荣登榜首，并全面刷新所有评测指标，为实现更深层次的语义理解打下基础；2020 年 6 月，在 ICFHR 2020 OffRaSHME 数学公式识别挑战赛中，科大讯飞以显著优势获得冠军。

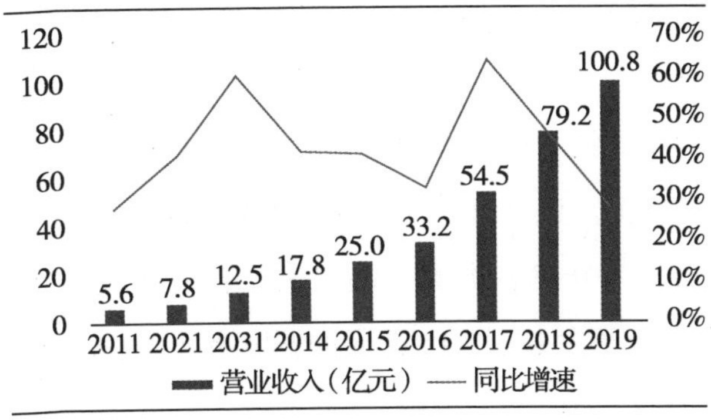

图 18-1　公司营收及增速（2011—2019 年）

资料来源：wind、国海证券研究中心

一、“平台 + 赛道”的战略部署

科大讯飞以智能语音为切入点，以传统感知为基础，向认知智能延伸，构建起完整的 AI 技术平台体系，并同步布局各类垂直赛道，推动“平台 + 赛道”的战略落地。

平台是指通用的技术开发平台，主要基于应用程序开发和部署，同样包含后端内容及服务。讯飞开放平台是以智能语音和人机交互为核心的人工智能开放平台，为开发者提供一站式人工智能解决方案。截至 2019 年末，讯飞开放平台已聚集超过 112 万人的开发者团队，总应用数超过 73 万，AI 大学学员总量超过 31 万①。

赛道是指专门的行业垂直应用程序。在开放平台基础上，科大讯飞持续拓展行业赛道，现已推出覆盖多个行业的智能产品及服务，主要推动在消费者、智慧教育、智慧医疗、智慧政务、智慧司法、智能服务、智能汽车等领域的深度应用，2B、2C 量端同步发展、驱动增长。

① 《科大讯飞 –002230– 后疫情时代的 AI 领航者》，华西证券，2021–01–21。

二、双轮驱动的业务框架

AI 商业化进程遵循 ToB 到 ToC 规律。考虑到 ToB 市场具有需求量大，标准化、集约化程度较高等特点，创新科技的商业化落地往往选择 ToB 市场进行“着陆”。科技产品前期投入巨大，大规模和较标准化的 ToB 项目能够使企业快速回笼成本，并逐渐形成规模效应，实现稳定边际成本目标。另外，ToB 业务实施能够协助企业收集标准化场景数据。近年来，科技产品通常伴随着算法的迭代与创新，顶层算法模型又是以深度学习、特征工程等大数据挖掘技术为基础的，此类算法需要海量数据输入，使得模型能够“识别”不同特征。ToB 项目较为标准化的数据能够使得算法模型快速学习对应特征，并提升算法精准率与识别度。由于 ToC 层面的数据个性化较强，口径不统一，如算法直接应用于 ToC 产品，很可能出现精准度不高等情况，影响用户体验。IBM 的个人计算机首先进入的是商用市场，最早的门户网站是为了整合企业网站，电子邮箱最初是商用收费的，电子商务最初也是 ToB 的业务。

ToB 领域坚持核心赛道，ToC 领域聚焦核心技术和做产品。科大讯飞主体业务围绕智能语音技术开展，目前已在智慧教育、智慧医疗、智能服务（家政服务热线、自然语言开放平台等）等多个行业得到应用。此外，科大讯飞利用雄厚的智能语音技术开发了多个 ToC 端产品，讯飞听见能够为个人提供录音快速转写服务；讯飞有声可为个人提供文章播报、小说有声阅读等服务；讯飞配音为用户打造一站式配音新体验，通过输入文字，讯飞配音可为用户生成个性化语音（语音效果较“讯飞有声”更加流利自然）。科大讯飞双轮驱动业务框架如图 18-2 所示。

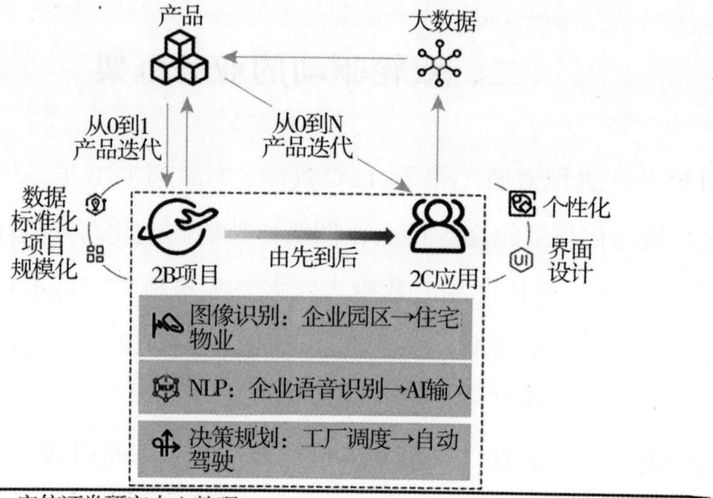

数据来源：安信证券研究中心整理

图 18-2 科大讯飞双轮驱动业务框架

ToC 产品更加注重营销，注重用户体验。对于人工智能企业 ToB 业务来说，技术壁垒对利润的影响往往大于销售渠道。对于科大讯飞而言，早期的高技术投入已经明确其在智能语音界的“龙头”地位，技术的不断迭代也加速了技术商业化落地。2014 年 6 月，科大讯飞发布多款 ToC 端产品。

灵犀 3.0 智能语音助手。科大讯飞联合中国移动发布的升级版语音助手，在原有的语音拨号、发短信、本地查询、声纹锁屏等基础功能之上，增加了秒呼、语音唤醒、音乐随心听、有声“悦”读、男女声识别等功能，同时宣布开放 300 万首正版歌曲和 40 万册正版图书访问。

讯飞语音云 3.0。在语音合成、识别、搜索等基础智能语音功能之上，新增方言语音识别、多语种识别、个性化识别、人脸识别、手势识别、声纹识别等创新功能，以及各类彩铃、广告、数据分析等增值服务，增强了产品的实用性、易用性和通用性。

智能音箱产品。整合了移动音乐基地数百万首正版音乐，用户可以用语音、哼唱、原声等多种方式进行音乐的检索，并可以通过手机远程操控。此外，科大讯飞还于 2014 年同安徽广电签署战略协议，在广电网络运营的技术及应用创新、电视购物及广告传播方面深度合作。科大讯飞围绕智能语音技术开拓各业务板块如图 18-3 所示。

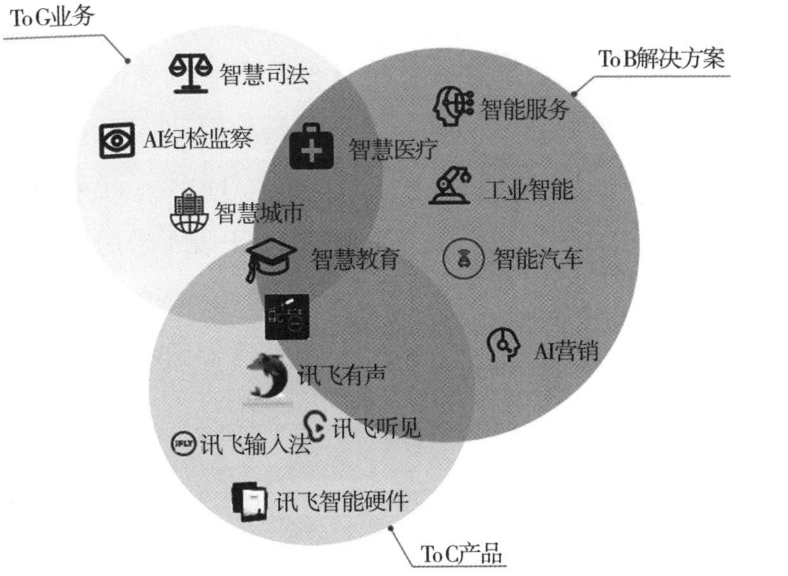

数据来源：科大讯飞公司官网，安信证券研究中心整理

图 18-3 科大讯飞围绕智能语音技术开拓各业务板块

三、高强度的研发投入

作为一流技术创新型企业，科大讯飞的研发人员占比超过 60%，研发投入占比超过 20%，技术优势显著。科大讯飞始终以技术立身，战略扩张过程中研发人员占比始终超过 60%，2019 年科大讯飞有研发人员 6404 名，研发投入 21.43 亿元，研发投入占营收比例为 21.3%。纵向比较，2015—2019 年，科大讯飞平均研发费用率为 21.8%，复合增速达 4.8%，占营运费用率很大比重。横向比较，公司研发费用率远超行业平均投入，2015—2019 年，行业平均研发费用率分别为 11.3%、11.8%、11.8%、12.1% 及 12.8%。公司研发投入主要用于各类深度学习与开发平台的建设，涉及教育、“ToB+ToC”智能硬件、司法、医疗及智慧城市等多个领域。科大讯飞研发投入（2011—2019 年）如图 18-4 所示，科大讯飞研发费用投入率（2015—2019 年）如图 18-5 所示。

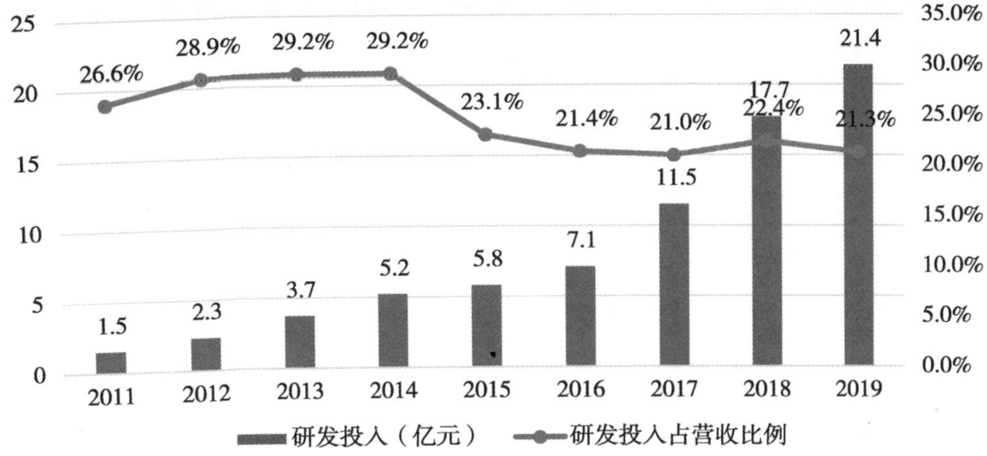

图 18-4 科大讯飞研发投入（2011—2019 年）

资料来源：wind、国海证券研究所

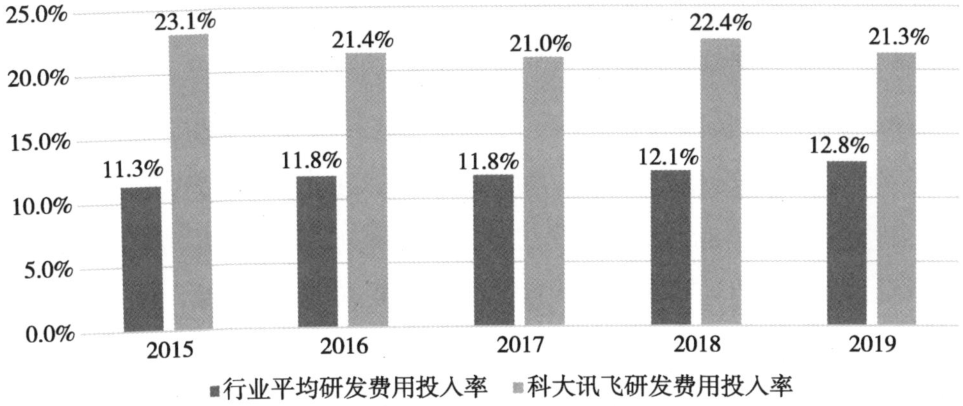

图 18-5 科大讯飞研发费用投入率（2015—2019 年）

资料来源：wind、安信证券研究中心

四、完善的人才培养体系

科大讯飞秉承“成就员工理想，创造社会价值”的核心理念与“人才是公司最大的资产，人才的升值是公司最重要的升值”的核心人才观，始终将人才作为公司最重要的资源，将人才培养与发展作为公司及各级管理者的核心工作之一。为建立健全的内部人才发展通道，科大讯飞从建立之初一直致力于打造基于产出、面向增量、牵引人才快速发展的体系：将员工成长与企业发展相结合，完善职业发展通道，建立良性的前后流动和轮岗机制，培养全面发展的人才，实现组织与员工个人的共同成功。

（一）多序列人才发展

根据岗位性质不同，科大讯飞划分经营管理、研发技术、技术支持、市场营销、职能管理五大职类，共 27 个序列，在此基础上形成任职资格标准，设立任职资格标准体系，员工可以根据自身实际情况在序列内纵向发展，做深做强，并可根据个人兴趣与公司需要进行跨序列横向发展，建立跨序列知识与经验积累。

（二）多样化人才培养

科大讯飞深入实践“721 培养模式”（70% 源自工作历练，20% 来自人际反馈，10% 来自培训教育），依据公司实际情况不断丰富课程内容。围绕文化融入，做精新人培养；围绕工作效率和职业素养，开发重点学习资源，外引内萃相结合，提升专业能力与重点学习资源沉淀相结合，让员工在个人发展的道路上不断学习与成长。

（三）2020 年度培训具体情况

2020 年，科大讯飞从人才识别、培训、应用等多个方面开展人才培养工作，促进员工的成长与发展，为人工智能产业的快速发展提供了有力的人才保障。公司开设了领导力课程、通用能力课程、专业课程，全面打造学习型组织。2020 年，科大讯飞全年 10874 人次培训：打通校招到青苗路径，精准选拔后储备高潜人才，全年培训 1037 人次；围绕工作效率和职业素养，开发重点学习资源，全年累计覆盖 2140 人次；聚焦销售、市场、产品，提升专业能力，全年累计覆盖 4243 人次；聚焦管理骨干，针对性提升管理技能，全年累计培训 241 人次。科大讯飞通过 e-learning 推广通用类课程、公众号持续推送学习材料、图书馆营造实体学习环境等多渠道建设学习氛围，员工感知逐步提升。

（四）实行股权激励

激励对象包括科大讯飞的中层管理人员、子公司主要管理人员以及科大讯飞董事会认为需要进行激励的核心技术（业务）人员[①]。科大讯飞上市以来已做过六次股权激励，起初使用股票期权作为激励工具，并随分红政策和人员变动情况调整激励对象和行权价格。2017 年后，科大讯飞使用限制性股票代替股票期权作为激励工具。限制性股票的授予使科大讯飞能够在短期融入资金，分批解锁规则也有利于企业稳定人才梯队。2020 年 10 月科大讯飞进行最新一次的股权激励，此次股权激励对象数量达到 1900 人，占公司总人数的 18.2%，考核目标为 2020—2022 年每年营收同比增速分别不低于 25%、20%、16.67%[②]，彰显企业信心。

---

① 刘崇：《科大讯飞科研人员股权激励效果分析》，新疆：石河子大学，2020。

② 《科大讯飞 -002230- 深度报告：腾飞的 AI 龙头，技术红利兑现期到来》，国海证券，2021-01-27。

五、布局认知智能技术能力创新

AI 模型训练是典型正反馈过程，数据积累、算法优化过程使得行业先发优势特征明显。科大讯飞是国内 AI 技术领导者，AI 底层技术储备充足，在语音、语言、文字领域具备高技术壁垒。

在算力方面，科大讯飞投资多家 AI 芯片设计公司，全产业链布局减少海外依赖。科大讯飞早年就开始布局上游芯片公司，成为包括寒武纪在内的多个芯片公司的战略投资者。2019 年 10 月起，科大讯飞逐步开始用国产芯片替代进口芯片，并在 2019 年 Q4 保持了业绩的高速增长。我们认为，科大讯飞投资 AI 芯片公司，一方面可以减少对海外供应链的依赖，另一方面能获取最先进的 AI 芯片，保持技术和产品领先性。

在算法方面，随着 AI 理论发展的持续进步，科大讯飞自主研发优势算法。2010 年，DNN（深度神经网络）在语音识别方面的应用具有革命性的突破，科大讯飞同年开展 DNN 语音识别研究并于 2011 年上线全球首个中文识别 DNN 系统，并陆续构建基于 DNN、CNN、RNN、GAN 等深度学习方法的算法模型，研发出全新深度卷积神经网络。科大讯飞算法的优势体现在：使用比较少的数据训练出更好的结果；更好的个性化，在小语种和方言方面，科大讯飞可以率先达到应用的门槛，算法就能根据数据训练迭代、自我进化。我们认为，科大讯飞构建的算法模型是自主领先核心技术的基础，算法的优势将使科大讯飞的产品率先达到可以落地的状态，形成产品的先发优势，并通过使用数据量的增加进一步增加算法优势。

在数据方面，科大讯飞覆盖用户广泛，丰富的数据是公司的“护城河”。科大讯飞产品广泛覆盖 G 端、B 端、C 端客户，软硬件产品的使用能够产生大量的用户行为数据和交互数据。科大讯飞在保护个人隐私的前提下构建用户数据平台（DMP），2018 年就已覆盖 9 亿有效用户信息，形成 2000 多个用户标签。用户数据平台的构建既可以持续改进算法，增强训练效果，又可以发展精准营销等大数据业务，带来收入。我们认为，产品使用带来的丰富数据是公司的“护城河”，它使得科大讯飞的核心技术在实际应用中跟数据互动持续迭代，形成更好的产品矩阵并拉开跟竞争对手的差距，构筑更高壁垒。

讯飞超脑采用“深度神经网络 + 大数据 + 涟漪效应”模式，推动科大讯飞认知智能技术能力发展。科大讯飞自 2014 年启动讯飞超脑计划以来，逐步将技术开发从感知智能向认知智能领域倾斜，目标是使得机器从“能听会说”到“能理解会思考”。讯飞超脑模拟人脑打造了拥有 100 多亿个神经元的深度神经网络，继而利用大数据来进行训练以提升相关算法。在训练期间，用户使用算法所产生的数据会上传到云端，系统中原始算法将自行学习并更新。这就使得用户群体如涟漪效应般不断扩大的同时，算法也日趋成熟。

科大讯飞不仅在语音技术领域是毫无争议的全球领军者，还早已深度布局 AI 全产业链。根据中国报告网发布的《2018—2023 年中国人工智能行业市场竞争现状分析与投资发展前景研究报告》显示，在目前的国内语音识别市场上，科大讯飞研发的语音合成产品的市场份额达到 70% 以上，在电信、金融、电力、社保等主流行业的份额更达到 80% 以上，开发伙伴超过 10000 家，以讯飞为核心的中文语音产业链已初具规模。科大讯飞有着深厚的语音技术实力，其布局也已经覆盖了整个 AI 产业链。

科大讯飞在业内首发远场麦克风阵列识别技术。智能硬件产品在很多场景下因语音交互体验不如人意而深受诟病，究其原因主要是受限于背景噪音、其他人声干扰、回声、混响等多重复杂因素，进而导致识别距离近、识别率低等明显痛点，讯飞远场识别技术能够很好地解决这些问题。科大讯飞在 CHiME 比赛中斩获全部三个项目的桂冠并大幅刷新各项目的历史最好记录，证明了其在语音技术方面的世界领先地位。

科大讯飞数据资源优势奠定了极深的“护城河”。海量数据是人工智能发展的基础，各类硬件和传感器的数据是大数据的核心，伴随着物联网的发展，数据开始以指数级规模增长，只有大量数据应用到人工智能算法模型的训练中，AI 才能快速发展。公司 ToB 端数据丰富：长期深耕教育与智慧城市等领域，积累深厚。公司 ToC 端数据爆发增长：发布多款 ToC 端智能硬件，翻译机等设备大受好评；利用语音技术赋能各大行业巨头与开发者，数据来源进一步扩大：拥有 45 万开发合作伙伴，开发了大量的 APP、机器人、智能硬件等产品，这些产品只要联网就能获得用户的行为数据、交互数据。在保证用户隐私的前提下，科大讯飞每天从 15.9 亿台终端设备上获取约 40 亿条数据。

六、开放的创新生态系统

讯飞开发平台构建闭环开放生态体系，多维度赋能开发者。2010 年，科大讯飞上线国内首家人工智能开放平台“讯飞语音云”，经过 10 年培育和发展，开放平台生态不断完善，从早期的只有语音合成和语音识别两个通用能力、不到 10 万的应用终端数、十几个团队创业者，到今天的 334 种复杂的 AI 能力及解决方案、20 多亿应用终端数、150 多万人的开发者团队。目前，讯飞开放平台的 AIOT 生态战略已经成为科大讯飞战略的重要内容。讯飞开放平台构造平台生态闭环如图 18-6 所示。

(一) 对开发者赋能

科大讯飞对开发者的赋能体现在以下几点。

技术赋能：降低 AI 技术使用门槛，开发者们可以借助 AI 开放平台灵活调用 API，打造自己的产品和服务，而无须投入大量资金进行基础设施建设；

市场赋能：建立 AI 服务市场对接供需双方需求，为开发者提供上游的软硬件厂商、营销支持等资源，帮助开发者打造更好的产品；

投资赋能：对初创团队在多方面予以扶持，通过讯飞创投等资金渠道，孵化人工智能企业。

讯飞开放平台收入持续高增。平台收入主要来自技术授权、AIOT 产品方案授权，以及基于人工智能能力的广告投放，讯飞开放平台营收在

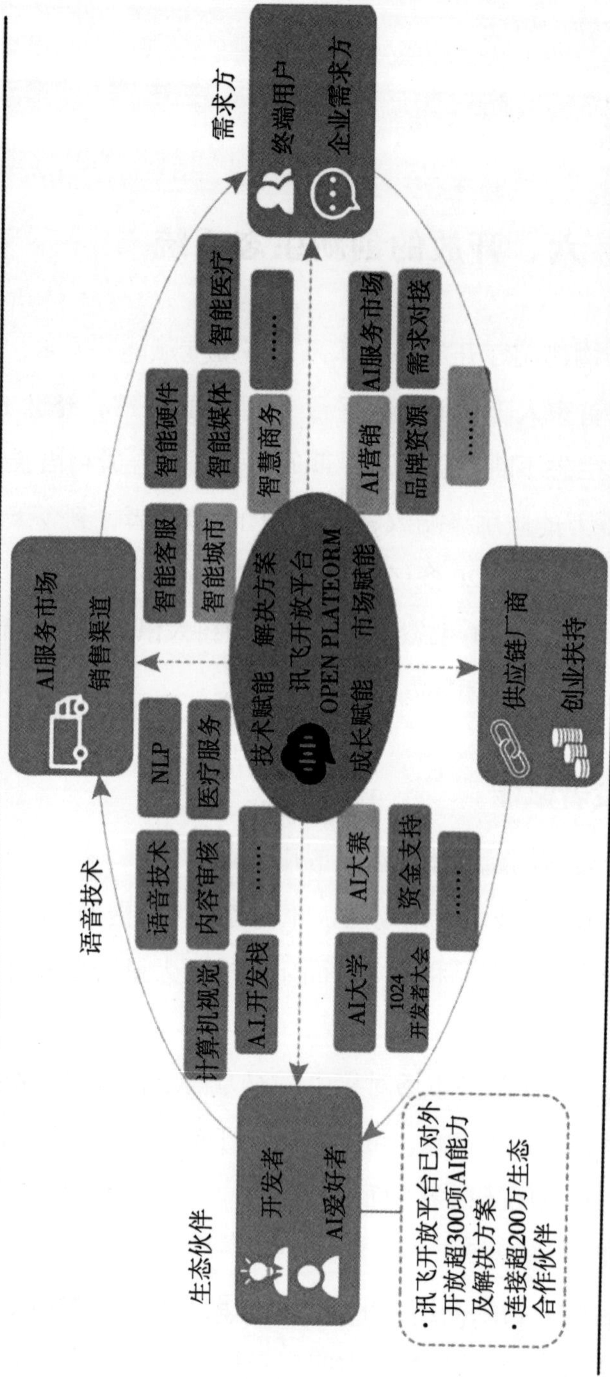

资料来源：艾瑞资询、国海证券研究所

图 18-6 讯飞开放平台构造平台生态闭环

2015—2019 年的年均复合增长率达到 81.7%，营收高速增长的原因主要体现在以下几点。

（1）开放平台对客户群的把握能力和理解能力越来越强，对特定用户群提供精准服务的能力明显增强；

（2）广告变现的技术能力不断提升，业界口碑不断积累，进一步增强科大讯飞在行业内的资源聚合能力；

（3）AIOT 持续发展所带来的在更多的行业领域中的发展机会。

AI 开放平台给科大讯飞带来飞轮增长。讯飞开放平台中开发者数量和应用产品的增多将形成网络效应，形成“开发者使用—数据留存—算法进化—AI 技术能力提升—应用场景拓展—更多开发者使用”的正反馈，带来更多的用户和收入，形成增长飞轮，持续提升科大讯飞 AI 技术的领先性，并使得科大讯飞更加受益于 AIoT 浪潮。讯飞开放平台使得公司能在早期发现优秀的创业团队，近年来公司除了参股优必选、商汤科技、寒武纪等独角兽企业之外，还通过内部创业和战略投资等机制，培育了淘云科技、云迹科技、猎居科技、云涧科技、咪鼠科技、筋斗云机器人等一批人工智能行业的创新企业。

（二）人工智能产业生态

从生态框架来看，目前科大讯飞专注人工智能产业生态，形成以下三个同心圆，如图 18-7 所示。

核心层：围绕“讯飞超脑”，科大讯飞的教育 BG、智慧城市 BG、消费者 BG、智慧政法 BG、智慧医疗 BU、智能服务 BU、智能汽车 BU、运营商 BU、工业智能业务部等共同构筑科大讯飞人工智能产业生态的核心层。

探索层：在探索性方向，科大讯飞鼓励内部实施创业机制和战略合作机制，通过资本纽带的形式推动人工智能产业化。

开发层：围绕人工智能核心开发平台，科大讯飞为创新创业者提供技术和数据支持，帮助创新创业者在各应用领域进行业务创新探索，推动整个产业生态构建。

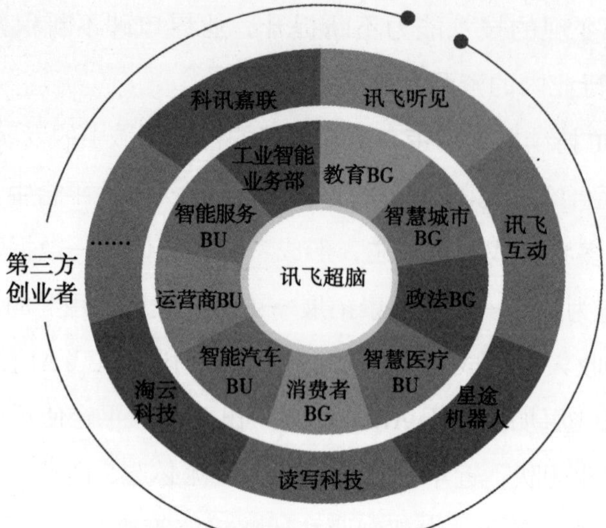

图 18-7 科大讯飞人工智能产业生态

七、经验启示

（一）坚持高强度的研发投入

学术界对研发投入与创新绩效之间的关系做了大量研究，尽管部分结论支持过高的研发投入可能存在“过度投入”而产生“挤占效应”，从而降低企业整体创新绩效，但从科大讯飞可以看出，高强度研发投入对于后发企业实现从追赶到超越的发展是不可或缺的战略性投入。这说明高强度研发投入是世界一流企业成长的必要非充分条件，打造了企业创新活动的基础设施。一种可能的解释是，企业通过文化和制度的变革克服了由高强度研发投入带来的“挤占效应”。因此，提升企业自主创新能力，必须坚持高强度研发投入，而同步需要做到战略注意力的聚焦和发挥创新文化的激励作用，以协同管理和技术发挥组合创新效应。

（二）平台化思维嵌入的创新生态系统

在企业创新生态系统的推动下，企业与其合作伙伴可以开展合作创新，创造共享价值。在数字化转型的推动下，长期存在的行业和市场边界逐渐模糊。在此情景下，企业能以更快的速度、更低的成本来交易和交换资讯，数字化因而成为催生行业颠覆性变革的重要情景和创新要素。从功能上看，作为技术基础架构，数字平台发挥了连接用户需求、吸引外部互补方、促进供需双方对接等突出作用，以其为基础形成的企业创新生态系统在不断推动各行各业的变革。从结构上看，基于数字平台的企业创新生态系统包括平台拥有者、用户、供应商、服务商等，他们彼此间既合作又竞争。基于数字平台，其他创新生态系统成员可以在此基础上开展竞争性或互补性的创新活动，而当数字平台赋能其他成员产生的创新越多时，它通过网络效应为用户创造的价值就越大。然而，要实现基于此类生态系统的颠覆性创新，数字平台拥有者往往需要跨越软硬件行业的边界，并牵引各方进行复杂、密切的合作，并且经常会采用令人意外的组织模式和工作方式。讯飞开发平台构建闭环开放生态体系，多维度赋能开发者。2010 年，科大讯飞上线国内首家人工智能开放平台“讯飞语音云”，经过 10 年培育和发展，开放平台生态不断完善，目前，讯飞开放平台的 AIOT 生态战略已经成为科大讯飞战略的重要内容。

【案例点评】

科大讯飞是我国语音技术领域的领先企业，目前，其在智能语音、计算机视觉、认知智能等人工智能核心技术领域实现了跨越式发展，很多核心技术在国际上都形成领先地位。科大讯飞的成长是我国本土企业通过自主创新实现向一流世界企业发展的典型。通过科大讯飞案例的学习，我们可以深切地感受到这家企业重点突破、以点带面、全面拓展的创新发展模式。当然，科大讯飞的成功也离不开以下两个核心要素：一方面，对于高素质技术人才的倚重，由于涉及的都是高端前沿的技术研发和运用，高素质技术人才招聘、储备十分重要。科大讯飞多序列人才发展和多样化人才培养模式就显得十分必要。另一方面，构建一个开放的技术平台，综合科大讯飞的技术储备围绕人工智能核心技术实现多项转移的技术创新体系建设。总之，科大讯飞的自主创新体系对于提升我国企业技术赶超世界一流企业具有非常重要的意义。

浙江工业大学　程聪

19

第 19 章

世界一流创新企业的成长规律

“唯创新者进，唯创新者强，唯创新者胜”。2020 年 10 月 29 日，党的十九届五中全会提出，坚持创新在我国现代化建设全局中的核心地位，把科技自立自强作为国家发展的战略支撑。到 2030 年跻身创新型国家前列，到 2050 年建成世界科技创新强国，成为世界主要科学中心和创新高地。创新是企业的灵魂，是企业持续发展的保证，是引领发展的第一动力，培育世界一流创新企业，对于我国建设成为世界科技创新强国、成为世界主要科学中心和创新高地具有重要意义。

成长为世界一流创新企业，既要求企业具有持续的自主创新能力，又要求建立和完善利于创新的内在机制；不仅要求企业关注自身规模和效益，还要求具有整体观，关注社会需要和人类发展，形成科技创新和制度创新双轮驱动，实现经济效益与社会效益同步发展的双重价值。世界一流创新企业是科技创新强国建设的“领头雁”，纵观企业发展史和世界 500 强企业，以及那些对人类社会和产业进步发挥重要推动作用的卓越企业，中国企业必须认识到，世界一流创新企业不是单纯规模大、产值高或市场占有率高的企业，也不单是具备单一市场或单一技术、产品优势的企业，更不是单纯追求经济效益的企业。世界一流创新企业是立足本土、面向全球、愿景清晰、使命高远、秉持企业家精神，有效把握和运用企业经营管理基本规律，依靠艰苦奋斗和持续创新持续引领企业和产业技术跃迁，从而有能力、有效和持续地进行经济价值创造，同时承担社会与国家发展使命的企业。

世界一流创新企业分布在不同的产业特征和技术产品情境中，通过跨案例比较分析 17 家世界一流创新企业共同的成长规律是艰难的，但意义重大，不仅从路径、机制上丰富了关于世界级企业（The World Class Enterprises）的理论体系，还从实践上回应了中国后发企业超越追赶（beyond catching-up）过程中的实践关切。我们借鉴案例研究的过程和逻辑，基于对 17 个世界一流创新企业成长路径的单独编码和提炼，以共性的视角经跨案例反复比较，最后总结了世界一流创新企业的成长规律。当然，共性的成长规律并不适宜不择情境地简单化“生搬硬套”和模仿复制，其价值在于为情境化的世界一流创新企业成长研究提供一个基本的“平台”。

一、布局高瞻远瞩的创新战略

布局高瞻远瞩的创新战略是世界一流创新企业成长的首要特征，是引领企业文化和经营哲学的重要载体，为创新行为、创新范式提供了方向上的指引。“高瞻远瞩”出自清·夏敬渠《野叟曝言》二回：“遂把这些粉白黛绿；莺声燕语；都付之不见不闻；一路高瞻远瞩；要领略湖山真景。”意即看得高远，目光远大，不要只顾眼前的繁华景象。而这一特征正是世界一流创新企业区别于一般企业的战略逻辑。“使命—逻辑—行动”构成了三位一体的刻画维度。

（一）使命：从人类发展趋势中确定意义性创新

21 世纪以来，人类在享受着创新收益的同时负面效应也逐渐显现，诸如基因伦理危机、核科学应用与核技术管理风险等，不仅对人类健康构成严重威胁，还对人类社会生活秩序造成极大挑战。与此同时，伴随科技的进步与人类文明的不断演进，气候变暖、能源需求、资源有限性、食品安全、民众健康、社会老龄化等问题成为发展的重大挑战，逐渐进入全球与地区发展的远景规划。在此背景下，超越经济利益的创新使命问题成为公共部门和学者共同关注的焦点，其中具有代表性的是欧盟于 2011 年发布的“地平线 2020”发展报告中提出的“责任式创新”（responsible innovation，RI）①，

① 梅亮、陈劲、李福嘉：《责任式创新：“内涵 – 理论 – 方法”的整合框架》，载《科学学研究》，2018(3)：521 ~ 530。

责任式创新提倡一种在科学、政策、社会之间责任分享的社会契约，是研究与创新活动的自我反思、自我评估和重构，总体上认为创新应与社会价值实现统一，提出以来至今影响深远。2019年清华大学技术创新研究中心主任陈劲提出“有意义的创新”（meaningful innovation, MI），认为在愈发高度不确定性的环境下，创新应将注意力转向“更加长期与深层次的社会意义与人类发展大趋势”上[①]，依靠意义确定创新目标和创新的主动性。

从人类发展趋势中确定意义性创新，正是世界一流创新企业长期主义发展理念的基本遵循，它们直面人类社会发展的挑战，直面挑战的宣言即是选择的创新战略，不仅成就了自己，也促进了行业、社会、人类的共同进步。因此，要想成长为世界一流创新企业，就必须紧扣人类社会发展大趋势，必须根植于企业自身的基础，提高社会责任意识，以天下为己任，扩大眼界与格局，增强服务社会的意识，而不应仅仅将短期利益当作企业发展的唯一目标。

如微软设立初期提出了“让每台桌上、每个家里都有一台个人计算机”的愿景。随着整体业务的扩展，微软逐步开始向桌面计算机软件之外的软件市场发展，例如服务器、移动设备、嵌入式设备等，在这个方向的驱动下，微软调整了企业的愿景：在任何时候，任何地方，于任何设备上，提供能够为人类发挥最大潜力的优秀软件。2002年，随着信息技术的进一步应用和互联网的高速发展，微软进一步更新了企业愿景：帮助全世界的个人和企业充分发挥他们最大的潜力。西门子聚焦未来发展趋势，密切关注老龄化、城市化、气候变化、全球化等与人类和社会发展息息相关的

---

① 陈劲、曲冠楠、王璐瑶：《有意义的创新：源起、内涵辨析与启示》，载《科学学研究》，2019（11）：2054 ~ 2063。

问题，西门子不断调整业务组合，以便为全人类共同面临的最严峻的挑战提供解决方案，从而使西门子得以可持续创造价值，进而带来有吸引力的股东回报。在 2020 年愿景战略规划中，西门子将数字化、建筑、交通运输、能源、医疗健康等业务作为公司重点产业布局。法国电力公司认为储能、光伏及电动汽车是塑造未来能源系统的关键，因此在中长期技术研发战略（2030）中聚焦智能电网、智慧用能及可再生能源三大战略领域，以智慧城市、储能技术、电能替代等六项技术为重点研究与开发方向，持续增加在储能方面的研发投入，并组建新光伏研发中心，其目的是竞逐法国本土及全球能源系统，准备下一代电力系统，巩固并发展有竞争力的低碳发电技术。

（二）逻辑：创新逻辑超越市场逻辑

基于市场逻辑的创新从属于战略，服务于战略，而战略往往是企业综合考量内外部经营环境后做出的最符合企业理性目标的方案集（Bundle of Solutions），但这并没有从根本上回应在一个涵盖政府、社会、行业、企业的宏大视野中的问题：企业为什么创新？如何创新？如此看来，基于市场逻辑的创新并不总是符合“从人类发展趋势中确定意义性创新”的使命，作为为了达成理性目标的手段，是否有助于增进行业与社会共同福祉是不确定的，甚至不排除为了自身利益而实施的创新有损害行业和社会福祉的可能。而基于创新逻辑的创新，价值导向超脱于企业自身利益和价值的满足，致力于企业自身利益和促进社会利益的双元平衡，更加重视在促进社会进步的过程中实现自身利益；突破企业自身价值考量去考虑创新，创新是履行社会责任的必要不充分手段；贡献于企业、行业、社会和国家；依靠创新型文化自觉这种内生动力推动创新，这也是引领性创新的基本内涵[①]。

基于创新逻辑的创新是世界一流创新企业创新行动的逻辑出发点。苹果公司为了在制造过程中消耗更少的材料，设计师和工程师们不断用创新的方式，用更少的材料制造产品。在苹果公司的产品中，全新 Mac Pro 的铝金属和钢材料用量比上一代减少了 74%；全新 21.5 英寸 iMac 的用料比第一代产品减少了 68%；而全新 MacBook 比第一代 Mac Book Air 节省了 32% 的铝金属。即使一般人没有留意的产品包装，苹果公司的设计师也会寻找各种方法设计更小的包装规格并尽可能多地使用再生纸。从 2016 年开始，苹果公司超过 60% 的包装用纸来自再生木纤维，iPhone 7 包装盒内的配件盘就采用可再生竹纤维和甘蔗渣混合制成。而到了 iPhone X 时代，苹果公司开始使用纤维材料来取代包裹着电源适配器的聚丙烯材料。通用实施"绿色创想"业务战略，旨在为市场开发使用更少能源和资源的产品，同时降低本公司自身运营中的能源和水资源消耗，其中突出的案例包括高效能机车、智能电网设备和高质量风力发电机等，自 2010 年至今，通用为全球绿色创新研发投入 50 亿美元，而相关认证产品累积为通用创收 250 亿美元。

（三）模式：基于探索性创新提升创新新颖性

创新在很大程度上依赖于企业吸收外部知识、与已有知识结合并提供新的市场供应能力，因此企业的战略挑战是如何寻找、整理和利用内外部知识与信息资源，以最大化并维持创新。世界一流创新企业创新的新颖性通过企业的技术和市场双元探索性创新实现，技术的新颖性是根本，这是因为探索性创新帮助世界一流创新企业获得了异质性的新技术知识和新市

① 刘海兵、许庆瑞：《引领性创新：一种创新管理新范式——基于海尔集团洗衣机产业线的案例研究（2013—2020 年）》，载《中国科技论坛》，2020(09)：39 ~ 48。

场知识，有利于避免“学习短视”，从而基于新知识建立的新技术轨道和市场轨道实现了原始创新、突破性创新和颠覆性创新，能够从根本上拉开与行业其他企业的技术距离和市场距离，由此获得长期竞争优势。世界一流创新企业通过探索性创新提升创新新颖性，牢牢掌握了行业技术的前沿面，洞悉行业发展趋势，掌握产业链的价值高点。而新颖性是提高创新独占性、获得高额创新租金的基础。因此，依靠新颖性，世界一流创新企业具有强大的产品经营能力和优异的财务绩效。

西门子追求潮流设定者（Trendsetter）战略，这种致力于掌握关键领域破坏性技术的探索性创新（exploratory innovation）使西门子掌握的技术始终处于行业前列，有力保证了西门子技术和市场创新的新颖性。而这种新颖性也进一步反馈到西门子卓越的创新绩效和经营绩效上，2019 财年西门子营业收入达到 868.49 亿欧元，名列“2020 福布斯全球企业 2000 强榜”第 62 位。谷歌的“10 倍哲学”中提出：要比竞争对手优秀 10 倍，也要比前一版本优秀 10 倍。谷歌光纤可以为已覆盖的美国城市提供速度高达 1GB/ 秒的超级数据传输服务，这比美国现有网络的平均传输速度快 100 倍。但谷歌的主要目的不是开发新商业领域或在全球范围内直接与电信公司以及电缆公司竞争，而是着眼于未来的新应用程序、在线流媒体服务以及虚拟现实。这种超前的技术创新布局给谷歌带来了强大的技术实力，根据美国商业专利数据库发布的报告，截至 2021 年 1 月 4 日，谷歌拥有 21762 项国际专利，全球排名第 13 位，在互联网公司中仅次于微软排名第 2[①]。在技术创新的驱动下，谷歌母公司 Alphabet 2020 年的营业收入高达 1825.27 亿美元，营业利润为 412.24 亿美元。

---

① 引自：https://www.ificlaims.com/rankings-global-assets-2020.htm

二、建设二元协同的研发组织结构

考虑到可持续的竞争优势，世界一流创新企业对于当前能力利用与未来机会探索之间的权衡提出要求。因此，根据组织学习和战略更新的不同范式，企业创新战略可分为探索性创新和利用性创新。为了提升创新效率，快速追赶领导者，利用性创新战略能够帮助后发者通过利用内部知识快速响应市场变化，但过度地利用现有知识可能使企业产生路径依赖性与“学习短视”，错失长期发展机会。过度地探索新知识也会耗费组织大量资源，且由于新技术收益的不确定性导致失败率较高，很容易陷入“创新陷阱”。对于世界一流创新企业而言，也要平衡好探索性创新与利用性创新这两者之间的关系，而二元协同的研发组织结构便是重要的手段，“二元”和“协同”是世界一流创新企业研发组织结构的核心特征。

（一）构建面向二元创新的分布式研发组织

研发组织结构决定了企业内部创新注意力、创新权力分配、研发信息沟通和创新资源分配模式。通过观察 17 家世界一流创新企业不难发现，绝大多数企业采用了分布式研发组织结构设计，一方面建立集中式研发组织，如中央研究院研发体系和实验室体系，对竞争前技术、前瞻性技术进行研究；另一方面建立分散式研发组织，在靠近用户端的产品线布局能够及时响应市场需求的中短期产品开发部门。因此，分布式研发结构是一种集权和分权相结合的结构设计，这种结构较好地利用了集中式研发组织和分散式研发组织的优点，尽可能克服了它们的弊端。

集中式研发组织使得企业远离市场需求的短期压力，有利于企业集中创新注意力、发挥资源合力，能自由跨越组织边界对更广阔的、更深层的技术领域进行技术搜索，从事有利于实施企业高瞻远瞩创新战略的长期技术研发并获得异质性新知识。这类研发的不确定性高、难度大、周期长、知识密集度高，需要一流企业投入高度的创新注意力、集中式创新权力配置和便捷的信息沟通。集中式研发组织容易形成突破性创新和颠覆性创新，创新成果一般是支持若干产品的关键核心技术，可能并不局限于某个事业部或者分公司，但集中式研发组织距离客户较远，不易利用客户知识。

分散式研发组织的其中一项任务是利用客户获得市场知识。创新是高风险的活动，考虑到经营活动的可持续性，世界一流创新企业需要以基于客户的确切知识降低由于探索性创新带来的风险系数。然而，利用客户获得有用的确切知识常常是隐形的或不明确的，尤其要接近领先客户极具挑战性。这就需要产品设计者与客户进行频繁而有效地交流和互动。而分散式研发组织的权能设置、行为逻辑、考核方式有助于产品线、事业部或分公司更接近客户，能够根据客户需求及时做出反应，并快速整合企业内外部创新资源开发本地化产品而响应客户需求，由此增加了企业与客户之间的黏性。但分布式研发组织容易忽视关乎企业长期利益的研发，容易丧失对未来技术的理解和储备。

到访谷歌园区的人会看到两台高速运转的机器：一台是赚钱机器，即通过高端的搜索引擎技术，雇佣上千员工经营广告业务；另一台是未来机器，即成立无数实验室，聚集数千信息技术研究者、机械制造工程师、生物学家以及医药学者进行基础研究。前者是利用分散式研发组织发展相对成熟稳定的业务，主要以利用现有知识的渐进性创新为主，而后者是利用集中式研发组织从事面向未来的前瞻性业务，主要以探索式创新和突破性创新为主。2015 年重组后，谷歌 X 实验室等从事新业务的部门成为独立的子公司。通用的全球研发中心更多关注能应用到各业务集团下一代新产品上的、改变游戏规则的技术，将这些技术开发出来后转到各业务集团，由各业务集团的团队进行技术的应用开发，这些项目占 60% ~ 70%，还有 20% 的项目近期可能没有直接的产品应用，但是通用的业务集团感兴趣的、关乎通用未来发展的前瞻性技术，研究中心必须预测未来的发展趋势，做出判断要在哪些领域里发展。美的实施从先行研究到产品开发的四级研发体系：涵括各个事业部研发平台和中央研究院，事业部层面有产品开发和先行研发，集团中央研究院层面负责共性技术和未来技术研究，这两层技术研究是美的的中长期技术储备以及探索。四级研发体系是以中央研究院为龙头、博士为主导、院士为顾问、创新为核心的多种创新平台模式，涵盖了消费电器、暖通电器、机器人、工业自动化和现代化物流的多个领域。

可以看出，谷歌、通用、美的等世界一流创新企业普遍采用了既有中央研究院体系的集中式研发组织，又有产品线、事业部或分公司研发体系的分散式研发组织，共同构成了既从事探索性创新又进行利用性创新的分布式研发组织体系，保证了世界一流创新企业不仅可以储备着眼未来的竞争前技术，还获得中短期产品市场。

（二）构建技术导向与市场导向互动的创新协同机制

技术导向和市场导向是战略导向（strategic orientation）的两个解释维度，反映了企业对外部环境和内部环境理解基础上的资源选择方向，是对企业经营团队创新认知的诠释。技术导向的研发组织是集中式研发组织，而市场导向的组织是分散式研发组织，世界一流创新企业的成功之处在于不仅组建了面向二元创新的研发组织，更关键的是还较好地实现了技术导向和市场导向这两者的有序互动，从而提升了动态且平衡的创新能力。

前瞻性研究以意义性创新为目标，技术导向的创新鼓励以前瞻性研究发现异质性知识，通过探索式创新提升技术的新颖度。为避免前瞻性研究过于求“新”而耗费大量组织资源、降低企业经营能力，世界一流创新企业能够采用不同形式的创新协同制度，从事前瞻性研究的中央研究院被要求必须将事业部作为自己的“客户”，研究院的预算经费被要求有一定比例来自事业部。从中可以看出，各事业部研究是市场导向的应用性研究，受基于客户需求的经济价值驱动，前瞻性研究为应用性研究通过创新协同活动提供底层技术支撑，应用性研究则以受助的底层技术为依据向前瞻性研究组织按价值贡献返还创新租金，根据不同的发展阶段设定不同的比例。其实质是以组织制度推动构建了前瞻性研究与应用性研究之间的内部市场化机制，通过该机制既能为前瞻性研究提供研发资金，又较好地保证了企业能够对未来趋势技术主导，不至于形成为创新而创新的“没用的新颖度”；通过该机制，企业较好地平衡了技术导向的探索式创新与市场导向的利用式创新。简言之，世界一流创新企业十分重视在集中式研发组织与分布式研发组织之间建立技术导向和市场导向有序互动的创新协同机制。

西门子在中央研究院与事业部之间建立了“联合研究屋”（House），采取这种机制可以使研究院更好地服务于事业部这个内部客户，获取其需求和任务，并与其保持紧密的合作关系和沟通渠道；研究院的预算经费被要求有 60% ~ 70% 左右来自事业部。研究院需要确保合作成果能让事业部受益，为事业部带来实际经济价值，从而创造更多的合作机会，获得事业部更多的支持；各事业部一般都有自己的研发（R&D）机构，它们也是研究院的最直接合作伙伴，如何有效定义各自分工、发挥各自优势、互相配合，的确是个挑战。谷歌不仅重视开发以科技洞见为基础的产品，目的是引领甚至颠覆现有市场，还重视开发“登屋顶”项目。谷歌搜索引擎的强大力量，以及为引擎提供动力的数据中心的惊人效率，都是建立在一个个“登屋顶”项目上的。由此谷歌形成了 70/20/10 的创新资源配置原则，即将 70% 的资源配置给核心业务，20% 分配给新兴产品，10% 投在全新产品上。

思科的研发体系具有很大的弹性，中央研究院的研发人员可以跟着研发技术转移到产品研发部门，产品研发部门的人员也可以流动到中央研究院。思科还通过建立虚拟团队来整合各个部门的人员联合开展研发活动，让中央研究院的技术研发人员做产品开发顾问，实现科技创新智力的流动。虚拟团队人员的考核仍然由其归属的部门领导进行，并对虚拟员工的原有工作量进行调整，不使员工任务过重。

因此，世界一流创新企业必须建立兼顾探索性创新和利用性创新的二元研发组织，即在确保核心业务的同时专门设立超前创新部门。这样做的目的有二：其一，既保持传统业务的持续性运转，维持企业的现实基础，又兼顾企业探索性创新带来的新产品和新工艺的推广；其二，由于创新具有高风险性和不确定性，二元研发组织的设立和协同有利于企业大胆创新，降低创新可能为企业带来的负面性。

三、坚持高强度研发投入

研发投入是创新活动和创新能力提升的基础设施，一般分为研发资金投入和研发人才投入两部分。其中，关于研发投入和创新绩效、创新能力关系的研究已十分丰富，普遍认为它们之间不是简单的线性关系，当企业研发投入超过一定阈值时，增加研发投入会挤占企业在管理、市场等方面投入，管理和市场创新活动的受限会降低不确定性环境中的组织动态能力，从而降低由技术创新活动供给的组织贡献，这种“挤占效应”解释了“为什么大量高价值公司积累了没用的能力”。也正因为如此，很多研究在讨论研发投入与创新绩效、创新能力之间的额调节变量，包括政府创新政策、独立董事结构、技术董事的专家效应、高管团队稳定性等，如龚红和彭玉瑶认为技术内部董事在创新方面存在短期行为，更关注企业短期业绩的提升，会限制高风险和高不确定性的创新活动，因而并不能发挥“专家效应”，对创新绩效会产生显著的抑制作用，同时，对于高研发投入的企业，技术独立董事对创新绩效的正向影响会削弱。然而，一个不争的事实是，世界一流创新企业在战略的设定中都明确保持高强度研发投入，且研发投入强度高于其他企业，这是一个共性的发现。这说明高强度研发投入是世界一流创新企业成长的必要非充分条件，打造了企业创新活动的基础设施。一种可能的解释是，世界一流创新企业在成长过程中努力通过管理、市场、制度、文化的创新克服了由高强度研发投入带来的“挤占效应”，并持续确保高强度研发投入，从而实现高压强原理下的突破性创新，获得异质性新知识，发明异质性新技术，开拓新市场，收获高创新绩效。

（一）研发投入强度超过 8%

美国企业创新能力之所以能遥遥领先，与其高额的研发投入密不可分，根据欧盟工业研发投资排名，美国企业在研发投入方面表现明显优于其他国家，美国的强创新公司无一例外都有着较高的研发投入比例。表 19-1 与表 19-2 对比了中美的研发投入。如表 19-1 所示，展示了 Alphabet、Apple、HP、IBM、Microsoft 等 16 家公认的创新型领军企业 2019 年的研发投入总额及研发强度，Alphabet 以 1857 亿元人民币占据榜首，研发投入比例达到 16.1%，16 家企业的平均研发投入为 680.5 亿元，研发强度为 7.76%。对比我国企业，华为、中国中车等企业近些年发展迅猛，创新能力突出，已经具备较强的创新能力和国际竞争力，如表 19-2 所示，展示了华为等我国 9 家创新表现突出企业的研发投入和研发强度，其中，仅有华为以 1340 亿元人民币的研发投入总额超过表 19-1 所列的世界创新型领军企业的均值，9 家中国企业的均值为 315.5 亿元，与世界创新型领军企业研发投入均值的一半仍有差距，但是，可以看到，9 家中国企业的研发强度均值达 6.9%，基本接近世界级创新领军型企业的标准。

表 19-1 世界一流创新企业研发投入及研发强度（2019 年）

公司	国家	所属产业	研发投入（百万元人民币）	研发强度（%）
ALPHABET	US	Technology Hardware & Equipment	185771.4	16.1
APPLE	US	Software & Computer Services	115791.2	6.2
SAMSUNG ELECTRONICS	South Korea	Software & Computer Services	124529.1	8.8
FACEBOOK	US	Construction & Materials	97105.5	19.2
IBM	US	Software & Computer Services	38242.4	6.9
DAIMLER	Germany	Construction & Materials	77244.2	5.6
DELL TECHNOLOGIES	US	Construction & Materials	38035.4	5.8
SIEMENS	Germany	Oil & Gas Producers	48817.0	7.0
3M	US	Automobiles & Parts	8682.4	3.8
GENERAL ELECTRIC	US	Technology Hardware & Equipment	22241.2	3.3
PROCTER & GAMBLE	US	Software & Computer Services	13095.0	2.6
CISCO SYSTEMS	US	Software & Computer Services	46960.1	12.7
BMW	Germany	Construction & Materials	51488.1	6.2
HP	US	Software & Computer Services	10703.0	2.6

续表

公司	国家	所属产业	研发投入（百万元人民币）	研发强度（%）
MICROSOFT	US	Construction & Materials	137582.8	13.5
TOYOTA MOTOR	Japan	Construction & Materials	72655.4	3.7
平均投入			68051.2	7.76

注：数据来源 2020 EU R&D Scoreboard。

表 19-2　中国创新型领军企业研发投入及研发强度（2019 年）

公司	所属产业	研发投入（百万人民币）	研发强度（%）
华为	Technology Hardware & Equipment	134055.7	15.3
腾讯	Software & Computer Services	31053.3	8.1
中建集团	Construction & Materials	22351.1	1.6
百度	Software & Computer Services	18748.0	17.1
中国铁建	Construction & Materials	16890.2	2.0
中国铁路	Construction & Materials	16872.6	1.9
中石油	Oil & Gas Producers	16009.5	0.6
上汽	Automobiles & Parts	15091.9	1.9
中兴通讯	Technology Hardware & Equipment	13306.4	14.4
平均投入		31553	6.9

同时，世界一流创新企业十分重视研发人才的投入。自 1997 年起，三星始终保持营业额 5% 以上的投入研发，其工程师占员工比例也大幅提升到 24%。西门子在全球共有 4.8 万名专业人员从事研究开发，SAP 研发人员占总人数的 29%，2020 年研发投入 24.54 亿欧元，占比 16.29%。已经实现并跑和局部实现领跑的中国企业同样证实了研发人才投入对成长为世界一流创新企业的重要性。华为在全球现有超过 8 万名研发人员，占总人数 45% 左右。美的目前研发人员超过 15000 人，其中外籍资深专家超过 500 人，近两年研发人员数量在员工总人数中占比稳定在 10.5% 左右。京东方 2020 年研发投入 94.41 亿元，占比 6.97%，研究人员占员工数量比重在 25% 以上。

（二）平均用于基础研发的经费占研发总经费的 6.4%

我国领先企业的研发投入结构仍需调整。随着人类对科学技术探索的不断深入以及企业创新水平的提高，跟踪模仿逐渐不能满足企业，然而，颠覆性技术的开发不是空中楼阁，需要强大的基础研发奠基，企业的研发工作将逐渐向基础研究延伸。

作为世界上一流创新企业最多的国家，美国的经验值得学习。美国国家科学基金会下属的国家科学与工程统计中心（NCSES）调查显示，2014 年，美国企业平均用于基础研发的经费占研发总经费的 6.4%，在制药等高技术行业，这一比例将更高。3M 将 20% 的研发资金投入到基础研究。华为近几年的跨越式增长和在 5 G 技术上取得的卓越成就，得益于对基础研发的持续投入，华为亦表示计划将 20% ~ 30% 的研发经费用于基础研究，作为中国本土的领军企业，这一标准可以为我国培育创新型领军企业提供重要参考。

四、形成价值共创的创新生态系统

美国战略专家穆尔首先提出了商业生态系统概念，将其概念化为“基于组织互动的经济联合体”，是“一种由客户、供应商、主要生产商、投资商、贸易合作伙伴、标准制定机构、工会、政府、社会公共服务机构和其他利益相关者等所构成的动态结构系统”。随后，有学者将商业生态系统与创新管理研究相结合，指出创新生态系统已经成为一种新的范式（创新范式 3.0）（线性创新—创新系统—创新生态系统），并发展成为包含企业微观、产业中观和国家宏观的多层次嵌套系统。在微观层次，企业创新生态系统是市场与组织的网络，企业以其为载体，能够在维持核心业务的同时，向客户提供更为复杂的解决方案。在企业创新生态系统的推动下，企业与其合作伙伴可以开展合作创新，实现价值共创。开放式创新、用户创新为创新生态系统的研究和兴起奠定了基础，但创新生态系统提供了一种以生态的视角理解创新合作网络的更全面的理解，不仅思考创新网络的中心企业如何整合供应商、竞争者、用户的知识，还要思考中心企业怎样赋能网络成员，促进价值共创，形成价值网络。世界一流创新企业的竞争优势中，一个重要因素就是形成价值共创的创新生态系统，强大的知识触达能力和成员协调能力是创新生态系统得以保持强竞争力的核心能力。

（一）形成强大的知识触达能力

知识触达能力被定义为“有两方或多方合作者共同持有的一种动态能力，该能力能够促进各方对现有知识的了解”。知识触达能力强调合作各方能够了解彼此拥有的知识资源，并且在需要合作方的知识进行协同价值创造时能够获得其知识的进入权。知识触达能力强调能力和资源的非重复建设，即合作各方不会“窃取”和“觊觎”彼此的核心能力和资源，只是将资源和能力“借鉴为我所用”，以使用权代替控制权[①]。对世界一流创新企业而言，仅靠自身并不能有效应对所有的创新需求，一是因为组织没法提供所有的创新资源投入或创新投入是低效的，二是会降低对核心创新业务的资源配置，钝化创新的突破性和颠覆性。当然，一个可持续的、健康的世界一流创新企业的创新生态系统中，生态成员之间的知识应当相互触达，而并非开放式创新模式中过于强调从企业外部整合创新资源，只索取而不贡献的生态成员在动态发展中必然会被整个系统淘汰出局，否则创新生态系统将不可持续。形成强大的知识触达能力，意味着系统成员可以专注从事异质性知识的开发和利用。

西门子目前已经有三个知识互换中心在运作，分别是与慕尼黑工业大学建立的有关医药技术和信息通信技术的知识互换中心；与亚琛工业大学建立的有关工业技术和专业人才开发的知识互换中心；与丹麦技术大学就可持续工程、环境技术、生物技术、医药技术建立的知识互换中心。另外还有两个特殊的知识互换中心，即在德国格拉夫瓦尔德大学建立的有关医药技术的知识互换中心，以及在弗赖堡技术大学建立的有关污水处

① 宋华、陈思洁：《高新技术产业如何打造健康的创新生态系统：基于核心能力的观点》，载《管理评论》，2021，33(06)：76 ~ 84。

理、矿业技术的知识互换中心。通用构建的 WORK-OUT 体系让客户和供应商可以直接参与到研制和开发过程。SAP 创立了一个“人员往来项目”，目的是让公司的研发更加靠近客户而进行价值创新：一方面，公司邀请客户来 SAP 工作一段时间；另一方面，SAP 也让其雇员（主要是开发人员）到客户公司工作一段时间。这样，在不增加额外研发投入的情况下，通过与竞争对手、顾客联盟，公司获得了特定产业系统的产业性专业知识，能够更好地被合作伙伴的客户所接受，除了共同分担研发费用外，其既定的研发资源可用于更多的项目开发。IXM 通过组建开放实验室、成立创新项目和创新团队等实体创新合作方式，来加强创新参与者之间的交流与合作，提高创新效率。

因此，在世界一流创新企业的创新生态系统中，自主创新能力的提升使企业不仅仅局限于吸收外部知识，也不局限于专利发明的获取、互利或转让，而是和高等院校、科研院所、供应商、客户等系统成员进行知识互换，形成知识触达能力。知识触达能力形成了系统成员相互依存、相互信赖的关系，为系统的价值创造提供了知识基础。

（二）形成强大的系统成员协调能力

系统成员之间的相互依赖关系是建立在价值共创需求基础上的，成员之间的协调和互动是整个系统价值共创的力量之源。因此，创新生态系统的生成和维持依赖于强大的系统成员协调能力。这是因为，当竞争由企业转向创新生态系统时，原有的企业与企业之间的交易关系转变为了价值共创的联盟关系，“一荣俱荣、一损俱损”成为成员在生态系统中行事的基本规范，成员之间因为相同的价值创造诉求而形成良好的协调沟通能力是共同的夙愿。然而，在弱市场机制的调节中，成员的异质性和多样性对松散的生态系统结构形成严峻的挑战，如果没法调节处理成员之间的利益冲突或利益供需矛盾，整个系统将无法维持稳定，甚至可能解体。既要发挥成员异质性的优势，又要协调成员之间的关系，是一个健康的可持续的创新生态系统必须要妥善解决的问题。协调系统成员关系并不能依靠系统每一个成员自发地完成，世界一流创新企业常常会成为所在主导产业的创新生态系统的中心成员，中心成员的协调活动更具有让成员服从于系统整体秩序的能力，从而使整个创新生态系统得以可持续运转，并确保让每个成员从中获益。

系统中心成员的知识、技术和商业化能力更强，因此，对系统成员积极赋能是世界一流创新企业常用的一种协调工具。西门子技术加速器通过提供专家建议和资金支持来帮助建立或启动年轻的创业公司，它们将不属于西门子核心业务，但具有潜力的技术引入创业企业确保及时获取外部的优势技术、商业机会，以及内部知识产权的商业价值最大化运营。SAP 企业级创新营，一头连接初创公司，一头连接 SAP 智慧企业框架，为初创企业提供了六个方面的服务：第一是创新场景孵化；第二是商业前景分析，即根据联合创新场景，协助合作伙伴对商业前景进行评估和分析；第三是技术可行性验证；第四是产品开发指导；第五是对优秀的联合创新场景提供市场推广支持；第六是由 SAP 中国联合创新中心提供产品认证服务。意大利国家电力公司积极赋能体现在对于外部创意给予的技术、资金、市场方面的支持，技术方面提供外部人员不具备的专业知识和专业技能；资金方面，Enel 会极力说服投资人对可行的项目进行投资，值得强调的是，这项工作是由 Enel 去完成的；在市场方面，Enel 将购买基于开放式创新研发的产品，以便通过工业规模上的应用拉动市场需求，再以市场需求拉动该产品的持续创新并形成产品生态。

通过对合作企业和供应商在技术和资金上的赋能，形成价值共创的利益共同体，不仅可以增强产业链整体竞争力，还有利于企业获取风险技术。特别是在数字技术发展的环境下还要重视与竞争对手的合作，以准确把握行业趋势技术，从中捕获颠覆性商业机会。

五、获得战略性创新型企业家和全员创新的有力支持

（一）战略性创新型企业家的支持

构建世界一流创新企业需要企业家的战略眼光与持续支持。

从事超过 2000 项发明活动和拥有 1093 项专利的发明家兼企业家托马斯·阿尔瓦·爱迪生，既是对世界极大影响的留声机、电影摄影机、钨丝灯泡等产品的创新者，又是人类历史上第一个利用大量生产原则和电气工程研究的“企业实验室”的创立者，他在 1900 年就成立实验室，推动企业研究工作的开展。而今，通用在医疗系统、工业系统和飞机发动机等领域拥有的一系列核心技术和产品，均源自爱迪生始终执着技术创新所产生的企业文化基因。

本田从 1948 年由摩托车起家，在小排量发动机方面具有强大的技术实力，而后发展出汽车，1986 年开始研发飞机，30 年后 HONDA JET 小型客机获得了最难攻克的涡轮发动机，投入市场一举成功。如今，本田的氢动力技术早已成熟，油电混合的市场占有率与丰田不分伯仲，人形机器人 ASIMO 享誉日本市场，这些都源自公司创始人本田宗一郎对“梦想”的追求和对创新的热爱，以及对创新的亲历而为。

中国中化集团董事长宁高宁深刻地认识到，企业在市场上的竞争，表面上是产品服务的竞争，背后是科学技术实力的竞争，基于“科学”研究和“技术”积累高投入、高风险、长周期等特点，加上现代“专利”机制的保障，才能为企业构筑起一定时期内稳固的“门槛”和“壁垒”，获取长

期的竞争优势。因此，他在我国企业发展历史上首提坚持“科学至上”的理念，创造性提出创新主体、创新方式和创新文化撬动企业创新的“创新三角”，引领和推动企业实现以科学为基础的创新发展。

海尔集团董事局主席张瑞敏超前感知了用户导向和员工至上的企业发展模式，在 2005 年创造性提出“人单合一”的管理模式，以应对家电行业激烈的市场竞争。“人单合一”超越了丰田的“改善”和“阿米巴”管理模式，并且为海尔进一步迈入生态圈和为核心的商业新模式打下了坚实的基础。张瑞敏进一步提出“产品让位于场景、产业让位于生态”的崭新经营理念，不仅让海尔稳居世界家电企业的前茅，还支撑了海尔在物联网若干领域对核心技术的拥有。

因此，对企业家而言，创新是其主要职能，企业家必须明确三类需求，分别是当前的用户需求、未满足的用户需求以及未明确的用户需求。当前的用户需求是企业存在和生存的基础；未满足的用户需求是企业创新的方向及动力；未明确的用户需求则是企业需要加以重视的方面，可以时刻警醒企业创新，采取积极措施防患于未然。IBM 的创始人托马斯·约翰·沃森早年有一个定则：IBM 每 10 年就应该来一次“彻底改造”，托马斯·约翰·沃森的“彻底改造”之举是放弃机械卡片机而全面进入电子化，小托马斯·约翰·沃森的“彻底改造”之举是投资 50 亿美元研发大型机 System 360。此后两个世纪的时光跨越中，IBM 秉承了这种“彻底改造”的传统，收获的是巨大的技术领先和经济效益。IBM 领导层对创新的传承和坚守是 IBM 创新战略及其管理背后的重要推手。IBM 的创新管理历经几十载，有着丰厚的历史沉淀，同时也充满了变革精神。

所以，正如美国经济学家约瑟夫·熊彼特所述，企业家们“永不间断的创新行为”是经济增长的根本动力。进一步发扬企业家精神在创新中的重要作用，积极履行“爱国、创新、诚信、社会责任、国际视野”，培养具有战略视野、关注全球未来科技趋势的企业家，是世界一流创新企业极为重要的义务。企业家在持续做好现有产业经营管理的同时，必须把对未来科技趋势的研判、核心技术的掌握和前沿引领技术、颠覆性技术的开发作为企业工作的新重点，以建设世界一流创新企业为抓手，加大核心技术自主可控程度、标准制定、品牌辐射、中华文化输出等“非财务”指标，努力加大研发投入乃至基础研究投入，联合高校院所加强关键核心共性技术相关研发，加快提升关键共性技术攻关引领能力，加快组建创新联合体，不断完善产、学、研协同，以及大中小融通、国有民营互补、本土跨国共生的新型创新生态体系。

（二）全员创新的有力支持

创新不仅仅是高层领导的事情，每一位员工对企业的创新发展都可以贡献一份力量。

为了成长为世界一流创新企业，企业必须充分重视全员创新。

华为有一万五千余名专业化人才从事基础研究，有六万余名人才从事应用型研究。此外，作为创新型企业，还要建立对创新部门充分认可的制度。比如，提升创新部门在公司的地位，赋予创新部门更多的自主权等。创新是多元异类人才互动的结果。企业要为全员创新提供一个良好的氛围。国家电网广泛开展企业双创线下活动，连续多年举办“青年创新创意大赛”，吸引企业 8 万余名青年职工参与，迄今已成立“劳模创新工作室”“质量管理（QC）小组”“职工技术创新团队”“青年创新工作室”等超过 19 万个线下众创空间，累计获得专利数量超过 1 万项。

第一，自由探索的机制设计。鼓励自由探索一方面激发了员工由好奇心驱使的创新激情，无论是参与者规模和参与的意愿都得到了极大提升；另一方面，在没有明确目标约束的情况下，更易扩大知识搜索的宽度和深度。

在谷歌内部，没有人会轻易否定哪个想法太傻或者太大，相反其领导人愿意刺激员工思考。鼓励员工自由探索的典型措施是 20% 法则，20% 法则允许员工用 20% 的工作时间来进行自主探索，意味着公司的科学家和工程师每周可花费长达一天的时间研究自己的构想。20% 法则使得谷歌拥有了一个庞大的创意机器，建立了数以百计乃至数以千计的研究项目。3M 公司有名的"15% 规则"就是允许每个技术人员在工作时间内可用 15% 的时间来"干私活"。SAP 推出大力支持员工实现梦想的 Let's Shine 项目（员工梦想创意大赛），对最终获奖的员工梦想给予时间和经费上的支持。

第二，创造开放的对话平台，如适宜的工作场所、信息分享机制、头脑风暴、动态互动等。亚马逊发起了许多有趣的项目来保持员工的创新能力，比如为员工提供参与艺术研讨会和创新课程机会的"表达实验室"（Expressions Lab），以及由 100 位员工组成的亚马逊交响乐团，还有为员工提供有助于激发创新与合作的办公场所。微软创建了微软车库，一个旨在促进"草根创新"的中心。IBM 在企业内网设立了一个名为"Think Place"的在线工具，全球所有员工不分地域、不辨层级，每天 24 小时随时可以把自己富有创新性的想法实名公布到这个空间里，一批有资历的管理人员被选定为"创新促进员"。

第三，不应仅仅关注企业内部的创新资源，还应将目光放在企业的外部，关注客户与社会。一方面大力推动用户创新，从用户层面汲取创新的创意来源，海尔的开放式用户创新平台 HOPE 就集中了全球的力量来解决创新问题，既降低了企业的创新风险，又实现了创新的有效发展；另一方面关注社会全员在其他领域的创新，关注社会创新的发展动向，紧跟社会对创新的需求，防止被新兴技术颠覆。

六、建设鼓励冒险、宽容失败的创新文化

企业的文化氛围会影响员工的思维方式和行为方式，良好的企业文化氛围对企业的创新发展有极大的推动作用。创新企业必须建立容错机制和宽容失败的创新文化。创新是一件高风险的事情，前期需要投入大量人力、物力和财力，而创新结果却具有高度不确定性。企业应该鼓励冒险，允许失败，从根源上消除员工对创新的担忧和顾虑。创新文化是企业文化重要的构成部分，营造了企业创新的环境氛围，体现了企业的创新态度，也规定了企业创新的价值观和创新的行为规范，明确回答了“为了什么而创新”“坚持什么样的创新路径”“重点在哪些领域创新”等问题。根据计划行为理论，创新文化所营造的组织氛围会提高员工对于创新意向和行为的积极态度，降低创新不确定性所带来的社会压力。尽管创新文化已经成为企业文化中不可或缺的构成部分，很多企业声称是鼓励创新的文化，从环境氛围到创新奖励都十分重视创新，然而，鼓励冒险、宽容失败还是很多企业在创新文化建设中未曾做到的，它是世界一流创新企业创新文化的一大特色。

（一）鼓励冒险

创新是高风险的活动，相比利用性创新，探索性创新的风险更高。而探索性创新是世界一流创新企业探索未知、储备未来技术、主导行业技术发展趋势的重要手段。如果没有鼓励冒险的制度设计，从事探索性创

新的积极性必定受到抑制，进而也会影响到世界一流创新企业的技术创新能力。

其一，鼓励不受限制的自由探索。探索性创新赖以进行的知识基础更深、更广，甚至缺乏已有知识基础，往往具有不可预测的不确定性。因此，鼓励自由探索才有可能突破人类认知的有限理性，发现新规律、发明新技术、开辟新市场。谷歌的办公楼里设有两块约 10 米长的白板，一块写着谷歌的“外星计划”，另一块是“谷歌的大师计划”，上面均是员工书写、绘制的各种异想天开的“计划”：如买下火星、消灭罪恶、开办谷歌银行，当然也有做出谷歌的操作系统——这其中一些注定不会实现，但也有一些已经变成了现实。这就形成了一种“没有限制”的开发哲学。谷歌的工程师在设计一个产品之初不去考虑 CPU 计算能力、存储、带宽、商业化等众多局限想象力的问题，谷歌才能进行大量多数企业难以开展的项目。微软的企业文化鼓励员工保持好奇心、想象力，用技术创新来满足客户未能表达和未被满足的需求。

第二，奖励承担冒险的创新行为。奖励是承担冒险创新的动力。对于高风险的创新，若一旦失败就给予绩效考核的不合格，只会让有意愿冒险创新者望而却步，企业的探索性创新也就止步于此。因此，企业鼓励冒险，除了支持员工开展不受限制的自由探索项目，还要给予相应的奖励，当然是区别于获得了探索性技术的奖励，主要体现在员工的高福利和对冒险创新行为的评估奖励。3M 公司实行员工终身雇佣制，给员工安全感；15% 的自由时间，允许员工“私酿酒”让员工有自由感；为了提高员工的精神追求，每年会选出前 20 名杰出的研发人员进行嘉奖表彰，此外，还特意为普通员工设立“发明家奖”，颁发给利用 15% 工作时间开发出新产品的员工。

（二）宽容失败

冒险创新是高压力情境下的创新活动，若只有鼓励冒险没有宽容失败，则冒险的创新行为不可持续，可以说，宽容失败是鼓励冒险的减压器。宽容失败，意味着企业对非个人主观意愿的失败给予物质和精神的认可，尽管以绩效的视角看没有直接给企业带来创新的贡献，但是积累了研发知识、培养了研发人才，是后续冒险创新行为的“定心丸”。很多企业支持创新但并不宽容失败，一个普遍的现象是，企业对成功的研发项目给予高额回报，但对研发失败的项目没有任何奖励，甚至要启动追责、问责程序，而宽容失败恰恰是世界一流创新企业所十分重视的。

3M 公司对“错误”有着很高的包容度，认为每一个“错误”的本身都包含着成功的影子，坚信“失败乃成功之母”，公司管理者鼓励员工不惧错误和失败，大胆创新。亚马逊员工会定期对新产品和服务进行试验及测试，其中有些产品取得了巨大成功，而有些产品因失败而被改进或放弃，但从这些失败中得到的经验也将成为下一个伟大创意的基础。

世界一流创新企业还必须建立开放宽容、自由活泼的创新文化，尊重文化差异，建立更加多样化的员工队伍，在异类人才互动的过程中激发创新。谷歌一直致力于建立轻松愉悦的创新文化与创新环境，不限制员工的行为方式，同时构建了许多灵活的创新方式，如建立创新小团队，建立供内部交流合作的网络平台，由此实现信息的互通共享，为创新排除一切障碍。

七、形成科学的创新管理系统

哈佛商学院管理学者罗莎贝斯·莫斯·坎特曾经说过，尽管许多企业都在强调创新的重要性，但是却没有获得创新的实质性突破，其主要原因是没有合理的战略、没有实现新旧业务的连接、没有适宜的流程控制，此外也缺少恰当的领导者及鼓励创新的氛围。许多企业创新之所以能够取得不错的成绩，都是源于对创新的有效管理。中国国际海运集装箱集团开启创新升级战略，横向整合了企业各个模块与外界的合作，纵向打通了信息的沟通渠道，以全员参与为基础，综合科技创新和管理创新，最终为实现系统的战略创新而服务。

企业的重要管理活动大致可以分为质量管理、项目管理、知识管理及创新管理。传统意义上的企业管理主要包括质量管理和项目管理，而新一代的创新型企业还要注重知识管理和创新管理。知识是企业赖以生存的一项重要的隐性资源，而创新是企业未来发展的重要驱动力。对知识和创新的管理需要企业突破以往的定式思维，保持变化、包容的心态。近年来惠而浦经过多重布局，从改变领导职能、价值观、文化、知识管理、奖惩机制等各个方面入手，成立“创新团队”“创新委员会”“创新 E 空间”等，在各个环节实现了与全球资源的融合与对接，全面促进创新管理，提升企业的创新水平。

通用、IBM、思科在成果共享机制上实行公司集团知识产权统一归属总部的产权管理，专利使用和技术转让在集团内部是无偿的。思科为了促进公司科研知识和信息的协同共享，建立了全球协作能力框架，包括外部协作、应用协作、文件共享、知识管理、实时信息、视频会议、语音服务等。研发人员的一个思路，可以通过信息手段及时发布，让相关人员及时看到，并提出完善建议。思科还建立了集成的协作沟通平台，大大提高了内部研发人员交流的速度。员工可以根据需要将博客和论坛、视频、协作编辑、呼叫和会议、社团和部门空间等集成起来，创建属于自己的门户，将自己的议题或问题在平台上发布，获得其他工程师的建议，充分发挥社团的优势，提高交流的速度和效率。为了建立协作文化，思科还建立了促进协作的组织保障。

西门子 ShareNet 系统通过网络把遍布全球的 46 万多名员工的知识集合起来，充分发挥知识管理的作用，该系统包括聊天室、数据库和搜索引擎三块内容，来自世界各地的员工可通过该系统进行沟通交流，彼此学习。为更好地发挥 ShareNet 系统作用，鼓励员工使用该系统进行交流，西门子组织了项目团队，专门负责训练员工使用 ShareNet，回答员工的疑问，并且监督 ShareNet 系统。西门子采取了一种既能把全球的知识资源聚集到一起，又能保留跨地区文化差异的方法——全球本土化的解决方案。总部和各地分公司共同制定 ShareNet 的战略方向，系统的主要战略性维护会落到各地分公司。

要真正促进一个企业的技术创新和商业成功，就要使好的专利战略能够发挥作用，先进的技术创新管理机制是战略落实的基本保障，而技术创新管理机制的关键在于应当有一整套成熟的专利管理系统。经过近五十年的探索和实践，IBM 已经建立起一整套极其完备、成熟并且行之有效的专利管理系统，体现在多元高效的专利人才队伍建设、完备实用的专利管理流程、功能强大的专利管理工具、独树一帜的专利组合管理和行之有效的发明人奖励机制。

创新是一个非常复杂的过程，创意的产生、创新的落地以及价值创造的整个流程都充满着不确定性。企业打造一个科学的创新管理体系，要破除传统的只关注制造与运营的管理模式，在横向整合研发、制造、运营、销售的基础上，将创新加入企业的纵向战略之中，构建以创新战略、创新流程、创新组织制度与文化为核心要素的创新管理系统，充分运用创新资源与工具推动创意产生、新产品开发及商业化过程。对外，关注外界技术、政策、市场及社会动态，加强对外合作，合力促进创新发展；对内，构建开放交流的全员创新平台，充分发掘员工创造潜力，不断完善企业创新氛围与创新管理系统。

八、善于拥抱技术范式的变革，积极实施数字化创新

数字化时代，云计算、高速互联网、物联网、大数据等数字技术业已成为助推企业获取全球竞争优势、驱动创新能力演化的第一生产力，在促进企业创新绩效提升和产业升级方面发挥着越来越重要的作用，有近 90% 的企业期待通过数字技术和数字化提升企业绩效。研究显示，目前完成数字化转型的企业仅有 21%。2019 年企业在数字化转型方面共投入 2 万亿美元，占技术投入的 40%。在全球性新冠肺炎疫情突袭而至后约有 52% 的企业缩减投入，但仅有 9% 的企业缩减数字化创新项目。预计到 2025 年约有超过 90% 的新产品中采用了人工智能技术。87% 的企业认识到数字技术会颠覆原有产业，其中蕴含着对基于数字技术的创新有着强烈的需求，企业必须提升自身能力以应对和利用数字技术带来的机会。数字技术对企业产生的颠覆性创新已经被美国前五大公司近年来的发展证实，有苹果公司、微软、亚马逊、新谷歌“伞形公司”和脸书，他们运用的数字技术使传统产业更具有可扩展性（Scalability）、更广泛的市场范围和更快的战略行动，甚至还有外延产品和服务绩效。

事实上，世界一流创新企业近几年纷纷将数字化创新作为发展战略的重要部分，无论是产品还是管理模式都推崇基于数字技术驱动的变革。西门子数字化创新包含产品设计数字化、生产和设备数字化以及性能数字化。产品设计数字化指产品的数字化设计、仿真和验证，也就是有效的新产品设计；生产和设备数字化指利用数字化技术去规划整个生产过程，包括自

动化设备和机器人工艺动作、人的作业步骤、生产线物流、生产节拍以及虚拟验证，对设备制造商，可以通过模型模拟设备的运动和工作状况，实现机械和电气的联动；性能的数字化“双胞胎”，实现采集、分析、应用产品和生产的操作数据，有了真实生产之后，西门子通过实时采集生产过程中的生产数据以及产品运行数据，通过工业物联网平台 MindSphere 去分析数据并转化成有价值的信息，反馈到最初的产品设计和生产规划中，继而持续改进整个生产和产品质量、成本及效率。西门子工业自动化产品成都生产研发基地（SEWC）于 2013 年正式投产，作为西门子工业自动化全球生产及研发体系中最新建成的一座“数字化企业”，SEWC 实现了从产品设计到制造过程的高度数字化。